Personal de Servicios Generales de la Administración de la Comunidad Foral de Navarra

Julio 2025

Curso
MAD360

*La diferencia entre aprobar
y sacar plaza*

Personal de Servicios Generales

COMUNIDAD FORAL DE NAVARRA

Si aún no dispones de tu **Curso MAD360**, te ofrecemos un acceso GRATIS de 30 días para que disfrutes de los siguientes recursos:

- Técnicas de Memoria 360.
- MADTEST: Test *online* Nivel PRO.
- Temario en formato digital.
- Vídeos.
- Esquemas.
- Acceso al Curso *online* de psicotécnicos.
- Planificación de estudio.
- Foro entre opositores hasta la fecha del examen.*
- Recursos y novedades exclusivas.
- Consúltanos sobre tu oposición y proceso selectivo.
- Actualizaciones legislativas (Boletines Oficiales) hasta 60 días antes de la fecha del examen.*

Para acceder a esta prueba del Curso MAD360** será necesaria la compra de todos los libros para esta especialidad de la edición 2025.

Regístrate en **mad.es/iniciar-sesion** y en la pestaña BIBLIOTECA valida los códigos que encuentras en la última página de tus libros.

NOTA IMPORTANTE:

* Examen de esta categoría profesional correspondiente a la convocatoria publicada en el BON núm. 101, de 22 de mayo de 2025, o hasta el 31 de julio de 2026, lo que se cumpla antes, y previa renovación del servicio.

** El acceso al CURSO MAD360 estará disponible desde julio de 2025 (algunos recursos podrían estar disponibles en fecha posterior). Tendrá una duración de 30 días RENOVABLES mediante pago, desde la validación de códigos, o hasta el 31 de enero de 2027, lo que se cumpla antes.

MAD se reserva el derecho a ampliar dichas fechas.

Personal de Servicios Generales de la Administración de la Comunidad Foral de Navarra

Test del temario

Autores

ÁLVAR MUÑOZ LABIANO
Licenciado en Derecho

JOSÉ ANTONIO GUERRERO ARROYO
Cuerpo Superior de Letrados

PATRICIA PÉREZ SÁNCHEZ-ROMATE
Licenciada en Derecho

LIDIA PONCE MARTÍNEZ
Licenciada en Psicología

FRANCISCO JESÚS TORRES FONSECA
Licenciado en Derecho

ANA MARÍA SERRANO BÁRCENA
Licenciada en Biología

JUAN MANUEL GIL RAMOS
Licenciado en Medicina. Master en Salud Ambiental.

HERMINIA ANDRADES ROMERO
Diplomada en Fisioterapia. Técnico Superior en Imagen para el Diagnóstico. Técnica Superior en Laboratorio de Análisis Clínico. Prevencionista de Riesgos laborales (grado intermedio). Auxiliar de Enfermería.

ROCÍO CLAVIJO GAMERO
Licenciada en Psicología

ENCARNA ROJO FRANCO
Redactora Senior

© 7 Editores Recursos para la Cualificación Profesional y el Empleo, S.L. (7 Editores)
© Los autores
Primera edición, julio 2025 (444 páginas)
Derechos de edición reservados a favor de 7 Editores
IMPRESO EN ESPAÑA
Diseño Portada: 7 Editores
Edita: 7 Editores
Avda. San Francisco Javier, 9 · Edificio Sevilla 2 · Planta 11 · Módulos 25-27 · 41018 Sevilla
Teléfono: 954 784 411 · WEB: www.mad.es · e-mail: administracion@7editores.com
ISBN: 978-84-142-9719-3
© "Editorial Mad" y "Eduforma" son nombres comerciales registrados de
7 Editores Recursos para la Cualificación Profesional y el Empleo, S.L.

Índice

TEST PARTE ESPECÍFICA

TEST PARTE GENERAL

TEST N.º 1

La Constitución Española de 1978: Principios generales. Derechos y deberes fundamentales. La Corona. Las Cortes Generales: composición y funciones. El Gobierno y la Administración del Estado. El Poder Judicial. El Tribunal Constitucional: Composición, naturaleza y competencias

1. ¿En qué se fundamenta la Constitución Española?

a) En un Estado social y democrático de Derecho.
b) En la indisoluble unidad de la Nación española.
c) En la independencia de los poderes del Estado.
d) En la organización territorial del Estado.

2. Según el artículo 3 de la CE, el castellano es la lengua oficial del Estado y todos los Españoles:

a) Tienen el deber de usar y el derecho de conocer el castellano.
b) Tienen el derecho y el deber de conocer el castellano.
c) Tienen el deber de conocer y el derecho de usar el castellano.
d) Tienen el derecho de conocer y usar el castellano.

3. La Constitución Española reconoce y garantiza el derecho a la autonomía:

a) De las nacionalidades que la integran.
b) De las regiones que la integran.
c) De las Comunidades Autónomas que la integran.
d) De las nacionalidades y regiones que la integran.

4. El Preámbulo de la Constitución:

a) Tiene en sí carácter de norma jurídica.
b) Es una declaración de intenciones, destinada a interpretar lo que se quiere alcanzar con el contenido normativo de la Constitución.

c) Se trata de un texto sin fuerza jurídica de obligar.

d) Las respuestas b) y c) son correctas.

5. Señala la afirmación correcta, respecto de la aprobación, ratificación y publicación de la Constitución Española:

a) Aprobada por las Cortes el 31 de octubre de 1978, ratificada por el pueblo en referéndum el 6 de diciembre de 1978 y publicada el 29 de diciembre de 1978.

b) Aprobada por las Cortes el 30 de octubre de 1978, ratificada por el pueblo en referéndum el 16 de diciembre de 1978 y publicada el 27 de diciembre de 1978.

c) Aprobada por las Cortes el 31 de octubre de 1978, ratificada por el pueblo en referéndum el 16 de diciembre de 1978 y publicada el 29 de diciembre de 1978.

d) Aprobada por las Cortes el 10 de octubre de 1978, ratificada por el pueblo en referéndum el 26 de diciembre de 1978 y publicada el 30 de diciembre de 1978.

6. ¿En qué parte de la Carta Magna se establece la exposición de motivos que impulsan la norma constitucional y los objetivos que con ella se pretenden alcanzar?

a) En el Título preliminar.

b) En el Preámbulo.

c) En el Título I.

d) En el Título II.

7. La Constitución Española fue sancionada por:

a) El Rey.

b) El Presidente del Congreso.

c) Las Cortes Generales.

d) El Presidente del Gobierno.

8. ¿Cuáles de los siguientes españoles de origen pueden ser privados de su nacionalidad?

a) Exclusivamente los miembros de grupos terroristas.

b) Los miembros de grupos terroristas y los que atenten contra el Rey u otro miembro de la Casa Real.

c) Los que atenten contra un miembro de la Familia Real o del Gobierno de la Nación.

d) Ningún español de origen podrá ser privado de su nacionalidad.

9. Según la CE son fundamentos del orden político y la paz social:

a) La dignidad de la persona, los derechos violables que les son inherentes y el respeto a la ley.

b) La dignidad de la persona, el desarrollo limitado de la personalidad y el respeto a la ley.

c) El respeto a la ley, a los reglamentos administrativos y demás disposiciones legales.

d) La dignidad de la persona, los derechos inviolables que le son inherentes, el libre desarrollo de su personalidad, el respeto a la ley y a los derechos de los demás.

10. ¿Cuál de los siguientes es considerado por la CE como uno de los valores superiores del ordenamiento jurídico?

a) La jerarquía normativa.
b) El pluralismo político.
c) La publicidad normativa.
d) La equidad.

11. La forma política del Estado español es:

a) Democracia parlamentaria.
b) Gobierno parlamentario.
c) Monarquía parlamentaria.
d) República democrática.

12. La parte de la CE que regula la estructura de los principales órganos del Estado recibe el nombre de:

a) Parte dogmática.
b) Parte orgánica.
c) Parte estatal.
d) Parte estructural.

13. Según la CE, la soberanía nacional:

a) Corresponde a las Cortes Generales, al estar compuestas por los representantes del pueblo.
b) Corresponde al Rey.
c) Reside en el pueblo español.
d) Corresponde al Gobierno de la Nación elegido directamente por el pueblo.

14. El derecho a la propiedad en nuestra Constitución es un Derecho:

a) Inherente a la condición humana.
b) Absoluto.
c) Limitado por la función social de la misma.
d) Ninguna de las respuestas anteriores es correcta.

15. ¿En qué parte de la Carta Magna se señalan los valores superiores del ordenamiento jurídico?

a) En el Preámbulo.
b) En el Título Preliminar.

c) En el Título I.
d) Ninguna respuesta es correcta.

16. ¿Cuál de las siguientes es una de las características de nuestra Constitución de 1978?

a) Consensuada.
b) Corta.
c) Conservadora.
d) Originalidad.

17. Son el fundamento del orden político y de la paz social:

a) El libre desarrollo de la personalidad.
b) Los derechos inviolables que les son inherentes.
c) El respeto a la ley y a los derechos de los demás.
d) Todas las respuestas son correctas.

18. Señala la respuesta incorrecta respecto al Tribunal Constitucional:

a) Se organiza a través de las figuras del Presidente, el Pleno, las Salas y las Secciones.
b) El Presidente, será nombrado entre sus miembros por el Rey, a propuesta del mismo Tribunal en Pleno y por un período de tres años.
c) El Pleno lo preside el Presidente del Tribunal y, en su defecto, el Vicepresidente y, a falta de ambos, el Magistrado de mayor edad.
d) La distribución de asuntos entre las Salas del Tribunal se efectuará según un turno establecido por el Pleno a propuesta de su Presidente.

19. Para la adopción de los acuerdos de las Secciones, se requerirá:

a) La presencia siempre de sus tres miembros.
b) La presencia de dos miembros, salvo que haya discrepancia, requiriéndose entonces la de sus tres miembros.
c) La presencia de tres miembros, salvo que haya discrepancia, requiriéndose entonces la de sus cinco miembros.
d) La presencia siempre de sus cinco miembros.

20. Señala la respuesta incorrecta respecto a las sentencias del Tribunal Constitucional:

a) Las sentencias y resoluciones del Tribunal Constitucional tendrán la consideración de títulos declarativos.
b) Todos los poderes públicos están obligados al cumplimiento de lo que el Tribunal Constitucional resuelva.

c) Las sentencias del Tribunal Constitucional se publicarán en el Boletín Oficial del Estado con los votos particulares, si los hubiere.

d) Salvo que en el fallo se disponga otra cosa, subsistirá la vigencia de la ley en la parte no afectada por la inconstitucionalidad.

21. ¿Quién nombra a los miembros del Tribunal Constitucional?

a) El Rey.
b) El Presidente del Gobierno.
c) Las Cortes Generales.
d) El Presidente del Tribunal Constitucional.

22. ¿Cuántos de los miembros del Tribunal Constitucional son propuestos por el Consejo General del Poder Judicial?

a) Cuatro.
b) Tres.
c) Dos.
d) Ninguno.

23. Los miembros del Tribunal Constitucional deberán ser nombrados entre Magistrados y Fiscales, Profesores de Universidad, Funcionarios Públicos y Abogados, todos ellos Juristas de reconocida competencia:

a) Con más de veinte años de ejercicio profesional.
b) Con más de quince años de ejercicio profesional.
c) Con más de doce años de ejercicio profesional.
d) Con más de diez años de ejercicio profesional.

24. Dispone la Carta Magna que todos contribuirán al sostenimiento de los gastos públicos de acuerdo con su capacidad económica mediante un sistema tributario justo inspirado en los principios de:

a) Legalidad y equidad.
b) Igualdad y progresividad.
c) Publicidad y legalidad.
d) Eficacia y sostenibilidad.

25. Las primeras elecciones democráticas celebradas en España tras la muerte de Franco tuvieron lugar en:

a) 1975.
b) 1976.
c) 1977.
d) 1978.

26. El referéndum en el que se aprobó popularmente la Constitución se llevó a efecto el:

a) 27 de diciembre de 1978.
b) 6 de diciembre de 1978.
c) 31 de octubre de 1978.
d) 29 de diciembre de 1979.

27. La ponencia encargada de redactar el borrador de la Constitución se constituyó en el:

a) Senado.
b) Senado y Congreso de los Diputados.
c) Congreso de los Diputados.
d) Gobierno de la Nación.

28. Si un poder público, en su actuación, infringe lo dispuesto en el Preámbulo de la Constitución:

a) Incurre en nulidad.
b) Incurre en inconstitucionalidad.
c) No pasa nada salvo que, como consecuencia de esa actuación, se infrinja un artículo de la propia Constitución.
d) Nada de lo anterior es cierto.

29. El principio en virtud del cual el ciudadano está amparado por una legislación no sujeta a continuos vaivenes es el de:

a) Legalidad.
b) Publicidad normativa.
c) Seguridad jurídica.
d) Jerarquía normativa.

30. El principio en virtud del cual un Reglamento no puede contradecir una ley es el de:

a) Legalidad.
b) Jerarquía normativa.
c) Las respuestas a) y b) son correctas.
d) Seguridad jurídica.

31. Según la Constitución, una norma que imponga una nueva pena más leve para un delito:

a) No se aplica retroactivamente.
b) Puede aplicarse retroactivamente.

c) Ha de ser reglamentaria.
d) Atenta contra el principio de legalidad penal si se aplica retroactivamente.

32. Todos los españoles, respecto al castellano, tienen el:

a) Derecho-deber de conocerlo.
b) Derecho de usar y deber de conocerlo.
c) Derecho-deber de usarlo.
d) Nada de lo anterior.

33. La capital del Estado en España es:

a) La propia de cada Comunidad Autónoma.
b) La villa de Madrid.
c) Aquella donde se establezca en cada momento el Gobierno de la Nación.
d) Aquella en la que resida generalmente el Rey.

34. El Título de la Constitución que trata de la reforma constitucional es el:

a) Primero.
b) Décimo.
c) Noveno.
d) Undécimo.

35. El Defensor del Pueblo se regula en el siguiente Título y Capítulo de la Constitución, respectivamente:

a) Preliminar y 1.º
b) Segundo y 4.º
c) Segundo y 3.º
d) Primero y 4.º

36. El Título de la Carta Magna que trata del Gobierno y la Administración es el:

a) Tercero.
b) Cuarto.
c) Quinto.
d) Sexto.

37. Los principios rectores de la política social y económica se regulan en el siguiente Capítulo y Título de la Constitución:

a) Segundo del Primero.
b) Tercero del Primero.
c) Tercero del Preliminar.
d) Primero del Séptimo.

38. La derogación de una norma posconstitucional que vaya en contra de la Constitución se efectúa por el/la/las:

a) Propia Constitución.
b) Tribunal Constitucional.
c) Cortes Generales.
d) Gobierno de la Nación.

39. El pluralismo político, para nuestra Constitución, es un/una:

a) Principio General del ordenamiento político.
b) Valor superior del ordenamiento jurídico.
c) Principio rector de la política social y económica.
d) Derecho fundamental.

40. La forma política del Estado español es:

a) Unitaria y regionalizada.
b) Federal.
c) La Monarquía Parlamentaria.
d) La propia de un Estado Social y Democrático.

41. La justicia, según nuestra Constitución, es un/una:

a) Principio de nuestro ordenamiento jurídico.
b) Valor superior del anterior.
c) Manifestación del Estado democrático.
d) Todo lo anterior.

42. Un español de origen puede perder esta nacionalidad:

a) Por sanción administrativa.
b) Cuando libremente renuncie a la misma.
c) Por condena penal.
d) En ningún caso.

43. Constituye el fundamento del orden público y de la paz social, según la Constitución, el/la/los:

a) Derechos inviolables inherentes a la persona.
b) Estado social y democrático de Derecho.
c) Seguridad jurídica.
d) Justicia.

44. Las Comunidades Autónomas deben usar o instalar la bandera española:

a) En sus edificios.
b) En los actos oficiales.
c) Cuando lo solicite el Delegado del Gobierno de la Nación en las mismas.
d) Cuando lo estimen oportuno.

45. Deben tener una estructura interna y un funcionamiento democrático los/las:

a) Partidos Políticos.
b) Colegios Profesionales.
c) Organizaciones Profesionales.
d) Todos ellos.

46. La defensa de la integridad territorial de España se atribuye por la Constitución a/al/a las:

a) Fuerzas y Cuerpos de Seguridad.
b) Fuerzas Armadas.
c) Gobierno de la Nación.
d) Todas las anteriores.

47. El Título de la Constitución que trata de las relaciones entre el Gobierno y las Cortes Generales es el:

a) Cuarto.
b) Quinto.
c) Sexto.
d) Tercero.

48. La Constitución entró en vigor:

a) Al día siguiente de su publicación en el Boletín Oficial del Estado.
b) El 27 de diciembre de 1978.
c) El 29 de diciembre de 1978.
d) Al ser aprobada en la sesión conjunta por el Congreso de los Diputados y el Senado.

49. Según la Constitución, el Estado es:

a) Apolítico.
b) Aconfesional.
c) De bienestar social.
d) Federal.

50. El derecho a la vida se consagra en el siguiente artículo de la Constitución:

a) 10.
b) 16.
c) 15.
d) 24.

51. La pena de muerte en España:

a) Ha quedado abolida.
b) Puede aplicarse en cualquier momento.
c) Solo se aplicará, en tiempo de guerra, a los militares.
d) Rige solo en el ámbito civil.

52. La inmediata puesta a disposición judicial derivada del habeas corpus, se produce por:

a) Detención ilegal.
b) Prisión ilegal.
c) Prisión preventiva.
d) Detención preventiva.

53. El proceso en el que se enjuicie a un presunto delincuente debe:

a) Ser sumario.
b) No dilatarse.
c) Entorpecer los instrumentos probatorios.
d) Nada de lo anterior es cierto.

54. La entrada en un domicilio en caso de flagrante delito, sin autorización de su titular:

a) Puede dar lugar a la aplicación del habeas corpus.
b) Requiere autorización previa de la autoridad judicial.
c) Puede efectuarse en todo momento.
d) No puede realizarse en momento alguno.

55. Cuando, al conocerse la comisión de un delito por una persona, se acude a su domicilio para detenerla:

a) Está obligada a franquear la entrada.
b) Se necesitará autorización judicial para entrar, si no da su consentimiento para ello.
c) Pese a que no dé su consentimiento, se puede entrar.
d) Nada de lo anterior es correcto.

56. La autorización previa para celebrar una manifestación pública:

a) La da el Subdelegado del Gobierno en la Provincia.
b) Es ineludible.
c) Sería inconstitucional.
d) Se da cuando no se prevean alteraciones al orden público, con peligro para personas o bienes.

57. El tipo de sufragio que consagra la Constitución es el:

a) Proporcional.
b) Universal.
c) Censitario.
d) Las respuestas a) y b) son correctas.

58. Además de la no autoinculpación, la Constitución prevé que no se está obligado a declarar sobre un hecho presuntamente delictivo en caso de:

a) Parentesco y afinidad.
b) Cláusula de conciencia.
c) Secreto profesional.
d) Las respuestas a) y b) son correctas.

59. Los Tribunales de Honor están prohibidos respecto de los/la/las:

a) Sindicatos y Organizaciones Profesionales.
b) Administración Civil y Militar.
c) Organizaciones Profesionales y la Administración Civil.
d) Todas las respuestas anteriores son correctas.

60. El secreto profesional, constitucionalmente, sirve para:

a) Ejercer con libertad una profesión titulada.
b) La libertad de creación científica y técnica.
c) No declarar sobre hechos presuntamente delictivos.
d) Todo lo anterior.

61. La fundación de una Internacional Sindical por un sindicato español:

a) Es libre.
b) Está prohibida.
c) Debe plasmarse en un Tratado Internacional.
d) Nada de lo anterior es cierto.

62. El ejercicio del derecho de petición a través de una manifestación ciudadana:

a) No se admite.
b) Se admite en algún caso.
c) Se admite, salvo para los militares.
d) Ni se admite ni se prohíbe.

63. Nuestro sistema tributario ha de ser:

a) Regresivo e igualitario.
b) Progresivo y generalizado.
c) Confiscatorio.
d) Justo y regresivo.

64. ¿Cuántas salas tiene el Tribunal Constitucional y de cuántos Magistrados se componen cada una de ellas?

a) Las Salas son tres, compuestas cada una por cuatro Magistrados.
b) Las Salas son dos, compuestas cada una por seis Magistrados.
c) Las Salas son tres, compuestas cada una por seis Magistrados.
d) Las Salas son dos, compuestas cada una por cuatro Magistrados.

65. Las Fundaciones son:

a) Entidades constituidas para fines de interés general.
b) Administración Corporativa.
c) Entidades privadas con fines de carácter también privado.
d) Asociaciones de personas para conseguir fines de interés general.

66. La asistencia de todo orden a los hijos habidos extraconyugalmente:

a) No está prevista en la Constitución.
b) Es un deber de los padres.
c) Se dispensará por Instituciones de Beneficencia.
d) Se dispensa solo a los que de ellos tengan discapacidad.

67. La especulación urbanística, según la Constitución:

a) Debe evitarse.
b) Está permitida.
c) Genera plusvalías para la colectividad.
d) Pueden hacerla los poderes públicos.

68. No es susceptible de recurso de amparo el derecho a la/de:

a) Sindicación.
b) Investigación científica.
c) Secreto de las comunicaciones.
d) Lo son todos ellos.

69. No es susceptible de recurso de amparo el derecho de:

a) Libertad de cátedra.
b) Negociación colectiva.
c) Manifestación.
d) Huelga.

70. Es susceptible de recurso de amparo el derecho de/a la:

a) Libre sindicación.
b) Petición.
c) Cláusula de conciencia.
d) Lo están todos ellos.

71. Una vez declarado el estado de excepción no se puede suspender el derecho/ libertad de:

a) Huelga.
b) Enseñanza.
c) Adopción de medidas de conflicto colectivo.
d) Libertad de circulación.

72. Durante el estado de excepción, un detenido conserva el derecho de/a:

a) Setenta y dos horas para ser puesto a disposición judicial.
b) Secreto de comunicaciones.
c) Asistencia de Letrado.
d) Ninguno de ellos.

73. Se puede suspender, con motivo de investigaciones relativas a bandas armadas, el derecho de:

a) Huelga.
b) Inviolabilidad del domicilio.
c) Libertad de circulación.
d) Las respuestas b) y c) son correctas.

74. ¿En qué fecha aprobaron las Cortes Generales la Constitución Española?

a) El 31 de octubre de 1978.
b) El 6 de diciembre de 1978.
c) El 27 de diciembre de 1978.
d) El 29 de diciembre de 1978.

75. ¿Cuál de las siguientes no es una característica de la Carta Magna?

a) Su rigidez.
b) El establecimiento, como forma política del Estado, de la monarquía hereditaria.
c) Su codificación en un solo texto.
d) Su extensión.

76. ¿De cuántos artículos consta la Constitución Española de 1978?

a) De 154.
b) De 163.
c) De 169.
d) De 171.

77. ¿Cuál de los siguientes no es uno de los valores superiores de nuestro ordenamiento jurídico?

a) El pluralismo político.
b) La solidaridad.
c) La libertad.
d) La igualdad.

78. A tenor del artículo 11 de la Constitución, los españoles de origen podrán ser privados de su nacionalidad:

a) Cuando así lo determinen las leyes.
b) Cuando entren al servicio de las armas de un país extranjero.
c) Cuando así lo apruebe el Consejo de Ministros.
d) En ningún caso un español de origen podrá ser privado de su nacionalidad.

79. Las Cortes Generales, ¿en qué Título de nuestra Constitución se recogen?

a) En el Título II.
b) En el Título III.
c) En el Título IV.
d) En el Título VI.

80. Según la Disposición Final de nuestra Constitución, esta entrará en vigor:

a) Al día siguiente de su publicación en el Boletín Oficial del Estado.
b) A los veinte días de la publicación de su texto oficial en el Boletín Oficial del Estado.
c) El mismo día de la publicación de su texto oficial en el Boletín Oficial del Estado.
d) Al año de la publicación de su texto oficial en el Boletín Oficial del Estado.

81. Nuestra Constitución trata de los derechos y deberes fundamentales de los españoles en su Título I, denominado:

a) De los derechos y deberes fundamentales.
b) De los deberes de los españoles.
c) De los derechos de los españoles.
d) De los derechos y deberes principales de los españoles.

82. ¿En qué artículos de nuestra CE se recogen los derechos fundamentales y de las libertades públicas?

a) En los artículos 10 a 43.
b) En los artículos 25 a 38.
c) En los artículos 31 a 45.
d) En los artículos 15 a 29.

83. ¿Qué órgano es el intérprete supremo de la Constitución, es independiente de los demás órganos constitucionales y está sometido solo a la Constitución y a su Ley Orgánica?

a) El Tribunal Supremo.
b) El Consejo de Estado.
c) El Tribunal Constitucional.
d) El Consejo General del Poder Judicial.

84. ¿Por cuántos años es nombrado el Presidente de Tribunal Constitucional?

a) Por tres.
b) Por cuatro.
c) Por cinco.
d) Por seis.

85. Según la Constitución Española, arbitra y modera el funcionamiento regular de las instituciones:

a) El Presidente del Gobierno.
b) El Rey.
c) El Estado.
d) Los tribunales de Justicia.

86. Las abdicaciones y renuncias se resolverán:

a) Por ley.
b) Por decreto ley.
c) Por decisión de las Cortes Generales.
d) Por ley orgánica.

87. Si no hubiese a quien corresponda la Regencia, esta será nombrada por:

a) Las Cortes Generales.
b) El Congreso de los Diputados.
c) El Senado.
d) El Gobierno.

88. No necesita de refrendo:

a) Declarar la guerra y hacer la paz.
b) Expedir los decretos acordados en Consejo de Ministros.
c) Nombrar y relevar a los miembros civiles y militares de la Casa Real.
d) Todos los actos del Rey necesitan refrendo.

89. ¿A quién corresponde manifestar el consentimiento del Estado para obligarse por medio de tratados?

a) Al Rey.
b) Al Gobierno.
c) Al Estado.
d) Al Presidente del Gobierno.

90. Si el príncipe heredero contrae matrimonio contra la expresa prohibición de las Cortes Generales:

a) No podrá casarse.
b) Podrá casarse, pero no podrá vivir en el palacio real.
c) Deberá antes de pedir autorización a las Cortes para poder contraerlo.
d) Será excluido en la sucesión de la corona.

91. Según el art. 59.5 de la Carta Magna, la Regencia se ejercerá:

a) Por mandato constitucional y en nombre del pueblo español.
b) Por mandato constitucional y en nombre de las Cortes Generales.
c) Por mandato constitucional y en nombre de la soberanía popular.
d) Por mandato constitucional y en nombre del Rey.

92. Las Cámaras se reúnen en sesiones:

a) Ordinarias y extraordinarias.
b) Simples o conjuntas.
c) Ordinarias, extraordinarias y conjuntas.
d) Ordinarias, extraordinarias y de urgencia.

93. Para adoptar acuerdos, las Cámaras deben estar reunidas reglamentaria-mente y con asistencia de la mayoría de sus miembros. Dichos acuerdos, para ser válidos, deberán ser aprobados:

a) Por la mayoría de los miembros presentes.
b) Por mayoría absoluta de sus miembros.
c) Por los 3/5 de cada una de las Cámaras.
d) Por los 2/3 del conjunto de las Cámaras.

94. ¿En qué plazo deberá ser convocado el Congreso electo tras la celebración de elecciones?

a) Entre los 30 y 60 días siguientes.
b) Dentro de los 25 días siguientes.
c) Entre los 10 y 30 días siguientes.
d) Dentro de los 30 días siguientes.

95. En las causas contra Diputados y Senadores será competente:

a) La Sala de lo Civil del Tribunal Supremo.
b) La Sala de lo Social del Tribunal Supremo.
c) La Sala de lo Contencioso-Administrativo del Tribunal Supremo.
d) La Sala de lo Penal del Tribunal Supremo.

96. Las Diputaciones Permanentes estarán presididas por:

a) El diputado de mayor edad.
b) El diputado del grupo parlamentario más numeroso.
c) El Presidente del Gobierno.
d) El Presidente de la Cámara respectiva.

97. ¿Cuántos Senadores corresponderán a Menorca?

a) 1.
b) 2.
c) 3.
d) 4.

98. Las sesiones conjuntas del Senado y del Congreso serán presididas:

a) Por el Rey.
b) Por el Presidente del Gobierno.
c) Por el Presidente del Congreso.
d) Por el Presidente del Senado.

99. Los Senadores por provincias se elegirán por:

a) Sufragio universal, libre, igual, directo y secreto.
b) Sufragio directo, libre, igual, directo y secreto.
c) Sufragio internacional, directo, igual y secreto.
d) Sufragio universal, libre, secreto, igual y secreto.

100. ¿Cuál de las siguientes no es una de las cuatro Salas que integran la Audiencia Nacional?

a) De lo Contencioso-Administrativo.
b) De lo Penal.
c) De lo Civil.
d) De Apelación.

101. ¿Cuál es la Sala Tercera del Tribunal Supremo?

a) De lo Contencioso-Administrativo.
b) De lo Social.
c) De lo Penal.
d) De lo Militar.

102. ¿Cuántos Vocales integran el Consejo General del Poder Judicial?

a) Diez.
b) Doce.
c) Quince.
d) Veinte.

103. ¿Cuál de los siguientes no es uno de los órganos del Consejo General del Poder Judicial?

a) La Comisión de Catalogación.
b) La Comisión Permanente.
c) La Comisión Disciplinaria.
d) La Comisión de Igualdad.

104. ¿A quién corresponde ejercer la alta inspección de Tribunales, así como la supervisión y coordinación de la actividad inspectora ordinaria de los Presidentes y Salas de Gobierno de los Tribunales:

a) Al Tribunal Supremo.
b) Al Ministro de Justicia.
c) Al Consejo General del Poder Judicial.
d) Al Tribunal Constitucional.

105. La asunción de funciones constitucionales por la Reina consorte:

a) Está prevista como regla general.
b) Depende de la voluntad del Rey.
c) Está prohibida.
d) Está limitada.

106. La tutoría del Rey puede recaer en:

a) Cualquier persona nombrada por las Cortes Generales, en su caso.
b) Sus hijos.
c) Una, tres o cinco personas.
d) Nada de lo anterior es cierto.

107. Una hija del Príncipe de Asturias ostentará este tratamiento:

a) Cuando su padre acceda a la condición de Rey, si es la primogénita, aunque tenga hermanos varones.
b) Al morir su padre.
c) Al acceder a Rey su padre, si no tiene hermano varón.
d) Cuando delegue en ella el propio Príncipe.

108. La Regencia se ejerce:

a) Por mandato del Rey.
b) En nombre de este.
c) Por mandato constitucional.
d) Las respuestas b) y c) son correctas.

109. La dirección de la defensa del Estado es competencia genuina del/de las:

a) Rey.
b) Fuerzas Armadas.
c) Gobierno de la Nación.
d) Todos ellos.

122. El Presidente de la Diputación Permanente del Congreso de los Diputados es el:

a) Del partido mayoritario.
b) Portavoz del partido con mayor número de escaños.
c) Presidente de la Cámara.
d) Elegido por los Portavoces de los Grupos Parlamentarios.

123. El mínimo de miembros integrantes de una Comisión de Investigación según el artículo 76 de la Constitución es de:

a) Veintiuno.
b) Mayoría simple.
c) Mayoría absoluta.
d) No se establece.

124. No puede solicitar la celebración de una sesión extraordinaria de las Cortes Generales el/la:

a) Mayoría absoluta de sus miembros.
b) Diputación Permanente de ellas.
c) Mesa de cada Cámara.
d) Gobierno de la Nación.

125. El primer período de sesiones de las Cámaras concluye, según la Constitución:

a) Al finalizar su mandato.
b) En enero.
c) En diciembre.
d) En junio.

126. No puede delegarse en una Comisión Legislativa Permanente la posibilidad de aprobar una Ley:

a) Tributaria.
b) De funcionarios públicos.
c) Orgánica.
d) Las respuestas a) y c) son correctas.

127. La justicia se administra en nombre del:

a) Juez o Tribunal que la imparta.
b) Pueblo español.
c) Rey.
d) Justiciable.

104. ¿A quién corresponde ejercer la alta inspección de Tribunales, así como la supervisión y coordinación de la actividad inspectora ordinaria de los Presidentes y Salas de Gobierno de los Tribunales:

a) Al Tribunal Supremo.
b) Al Ministro de Justicia.
c) Al Consejo General del Poder Judicial.
d) Al Tribunal Constitucional.

105. La asunción de funciones constitucionales por la Reina consorte:

a) Está prevista como regla general.
b) Depende de la voluntad del Rey.
c) Está prohibida.
d) Está limitada.

106. La tutoría del Rey puede recaer en:

a) Cualquier persona nombrada por las Cortes Generales, en su caso.
b) Sus hijos.
c) Una, tres o cinco personas.
d) Nada de lo anterior es cierto.

107. Una hija del Príncipe de Asturias ostentará este tratamiento:

a) Cuando su padre acceda a la condición de Rey, si es la primogénita, aunque tenga hermanos varones.
b) Al morir su padre.
c) Al acceder a Rey su padre, si no tiene hermano varón.
d) Cuando delegue en ella el propio Príncipe.

108. La Regencia se ejerce:

a) Por mandato del Rey.
b) En nombre de este.
c) Por mandato constitucional.
d) Las respuestas b) y c) son correctas.

109. La dirección de la defensa del Estado es competencia genuina del/de las:

a) Rey.
b) Fuerzas Armadas.
c) Gobierno de la Nación.
d) Todos ellos.

110. El refrendo de los actos del Rey está íntimamente relacionado con:

a) Su irresponsabilidad política.
b) Su inhabilitación.
c) La Regencia.
d) Sus poderes discrecionales.

111. En caso de que el Rey sea menor de edad:

a) No tomará posesión de su cargo hasta su mayoría de edad.
b) Ejercerá la Regencia el Príncipe heredero.
c) Ejercerá la Regencia su cónyuge.
d) Nada de lo anterior es cierto.

112. Si el Príncipe heredero tuviera descendientes y renunciara a sus derechos al trono:

a) Su cónyuge ejercería la Regencia hasta que su primogénito varón fuere mayor de edad.
b) Su cónyuge ejercería la Regencia hasta que dicho primogénito fuera proclamado Rey.
c) Se nombraría Princesa heredera a su hermana mayor, si la hubiere.
d) Nada de lo anterior es cierto.

113. La presidencia por el Rey de las reuniones del Consejo de Ministros:

a) Se permite solo respecto de las decisorias.
b) Ha de efectuarse a petición del Presidente del Gobierno de la Nación.
c) Está prevista constitucionalmente para dirigir la Administración Civil y Militar.
d) Las respuestas a) y b) son ciertas.

114. El juramento lo prestará el Rey ante el/las:

a) Cortes Generales.
b) Gobierno de la Nación.
c) Miembros de la Familia Real.
d) Pueblo español.

115. Si se agotan todas las líneas llamadas a la sucesión en la Corona de España, se:

a) Nombran Regentes.
b) Proveerá a la sucesión en la Corona por las Cortes Generales.
c) Proclama la República.
d) Establece una Dictadura.

116. La inhabilitación del Rey se reconoce por el/los/las:

a) Gobierno de la Nación.
b) Congreso de los Diputados.
c) Cortes Generales.
d) Tres Poderes constitucionales.

117. El Regente nombrado en defecto de padre, madre, pariente mayor de edad o Príncipe heredero mayor de edad se designa por el/las:

a) Propio Rey.
b) Cortes Generales.
c) Congreso de los Diputados.
d) Consejo de Regencia.

118. El número mínimo de Diputados previstos para el Congreso de los Diputados es de:

a) 250.
b) 300.
c) 400.
d) 350.

119. No es incompatible para ser elegido Diputado del Congreso de los Diputados un:

a) Militar en activo.
b) Miembro de una Junta Electoral.
c) Juez.
d) Ministro.

120. La Palma elige los siguientes Senadores:

a) Ninguno.
b) Dos.
c) Uno.
d) Cuatro.

121. La declaración del estado de sitio debe hacerla el/las:

a) Gobierno de la Nación.
b) Rey.
c) Congreso de los Diputados.
d) Presidente del Gobierno de la Nación.

122. El Presidente de la Diputación Permanente del Congreso de los Diputados es el:

a) Del partido mayoritario.
b) Portavoz del partido con mayor número de escaños.
c) Presidente de la Cámara.
d) Elegido por los Portavoces de los Grupos Parlamentarios.

123. El mínimo de miembros integrantes de una Comisión de Investigación según el artículo 76 de la Constitución es de:

a) Veintiuno.
b) Mayoría simple.
c) Mayoría absoluta.
d) No se establece.

124. No puede solicitar la celebración de una sesión extraordinaria de las Cortes Generales el/la:

a) Mayoría absoluta de sus miembros.
b) Diputación Permanente de ellas.
c) Mesa de cada Cámara.
d) Gobierno de la Nación.

125. El primer período de sesiones de las Cámaras concluye, según la Constitución:

a) Al finalizar su mandato.
b) En enero.
c) En diciembre.
d) En junio.

126. No puede delegarse en una Comisión Legislativa Permanente la posibilidad de aprobar una Ley:

a) Tributaria.
b) De funcionarios públicos.
c) Orgánica.
d) Las respuestas a) y c) son correctas.

127. La justicia se administra en nombre del:

a) Juez o Tribunal que la imparta.
b) Pueblo español.
c) Rey.
d) Justiciable.

128. El titular de la Justicia es el/los:

a) Poder Judicial.
b) Rey.
c) Pueblo soberano.
d) Jueces y Tribunales.

129. El artículo 117 de la Constitución no incluye como característica de los Jueces y Magistrados la:

a) Independencia.
b) Responsabilidad.
c) Inamovilidad.
d) Incluye a todas ellas.

130. La ejecución de lo juzgado es competencia genuina de la/los:

a) Juzgados y Tribunales.
b) Consejo General del Poder Judicial.
c) Policía Judicial.
d) Administración Pública.

131. Los supuestos de suspensión o movilidad de los Jueces deben estar establecidos en un/una/la:

a) Ley.
b) Reglamento.
c) Instrucción del Consejo General del Poder Judicial.
d) Constitución.

132. Según la Constitución, el procedimiento en el ámbito de la administración de justicia debe ser:

a) Gratuito siempre.
b) Predominantemente oral.
c) En audiencia pública.
d) Motivado.

133. La colaboración con los Jueces y Tribunales por los particulares es obligatoria:

a) En el proceso.
b) Antes del procesamiento.
c) Solo cuando no exista Policía Judicial.
d) En todo caso.

134. Los Jueces y Tribunales deben elevar al Tribunal Constitucional:

a) La cuestión de inconstitucionalidad.
b) El recurso de inconstitucionalidad.
c) La inconstitucionalidad de las normas reglamentarias.
d) Todo lo anterior.

135. La cúspide de la jurisdicción en España la ostenta el:

a) Consejo General del Poder Judicial.
b) Ministerio Fiscal.
c) Tribunal Constitucional.
d) Tribunal Supremo.

Solución al test n.º 1

1. b) En la indisoluble unidad de la Nación española.

2. c) Tienen el deber de conocer y el derecho de usar el castellano.

3. d) De las nacionalidades y regiones que la integran.

4. d) Las respuestas b) y c) son correctas.

5. a) Aprobada por las Cortes el 31 de octubre de 1978, ratificada por el pueblo en referéndum el 6 de diciembre de 1978 y publicada el 29 de diciembre de 1978.

6. b) En el Preámbulo.

7. a) El Rey.

8. d) Ningún español de origen podrá ser privado de su nacionalidad.

9. d) La dignidad de la persona, los derechos inviolables que le son inherentes, el libre desarrollo de su personalidad, el respeto a la ley y a los derechos de los demás.

10. b) El pluralismo político.

11. c) Monarquía parlamentaria.

12. b) Parte orgánica.

13. c) Reside en el pueblo español.

14. c) Limitado por la función social de la misma.

15. b) En el Título Preliminar.

16. a) Consensuada.

17. d) Todas las respuestas son correctas.

18. c) El Pleno lo preside el Presidente del Tribunal y, en su defecto, el Vicepresidente y, a falta de ambos, el Magistrado de mayor edad.

19. b) La presencia de dos miembros, salvo que haya discrepancia, requiriéndose entonces la de sus tres miembros.

20. a) Las sentencias y resoluciones del Tribunal Constitucional tendrán la consideración de títulos declarativos.

21. a) El Rey.

22. c) Dos.

23. b) Con más de quince años de ejercicio profesional.

24. b) Igualdad y progresividad.

25. c) 1977.

26. b) 6 de diciembre de 1978.

27. c) Congreso de los Diputados.

28. c) No pasa nada, salvo que, como consecuencia de esa actuación, se infrinja un artículo de la propia Constitución.

29. c) Seguridad jurídica.

30. c) Las respuestas a) y b) son correctas.

31. b) Puede aplicarse retroactivamente.

32. b) Derecho de usar y deber de conocerlo.

33. b) La villa de Madrid.

34. b) Décimo.

35. d) Primero y 4.º.

36. b) Cuarto.

37. b) Tercero del Primero.

38. a) Propia Constitución.

39. b) Valor superior del ordenamiento jurídico.

40. c) La Monarquía Parlamentaria.

41. b) Valor superior del anterior.

42. b) Cuando libremente renuncie a la misma.

43. a) Derechos inviolables inherentes a la persona.

44. b) En los actos oficiales.

45. d) Todos ellos.

46. b) Fuerzas Armadas.

47. b) Quinto.

48. c) El 29 de diciembre de 1978.

49. b) Aconfesional.

50. c) 15.

51. a) Ha quedado abolida.

52. a) Detención ilegal.

53. b) No dilatarse.

54. c) Puede efectuarse en todo momento.

55. b) Se necesitará autorización judicial para entrar, si no da su consentimiento para ello.

56. c) Sería inconstitucional.

57. b) Universal.

58. c) Secreto profesional.

59. c) Organizaciones Profesionales y la Administración Civil.

60. c) No declarar sobre hechos presuntamente delictivos.

61. a) Es libre.

62. a) No se admite.

63. b) Progresivo y generalizado.

64. b) Las Salas son dos, compuestas cada una por seis Magistrados.

65. a) Entidades constituidas para fines de interés general.

66. b) Es un deber de los padres.

67. a) Debe evitarse.

68. b) Investigación científica.

69. b) Negociación colectiva.

70. d) Lo están todos ellos.

71. b) Enseñanza.

72. c) Asistencia de Letrado.

73. b) Inviolabilidad del domicilio.

74. a) El 31 de octubre de 1978.

75. b) El establecimiento, como forma política del Estado, de la monarquía hereditaria.

76. c) De 169.

77. b) La solidaridad.

78. d) En ningún caso un español de origen podrá ser privado de su nacionalidad.

79. b) En el Título III.

80. c) El mismo día de la publicación de su texto oficial en el Boletín Oficial del Estado.

81. a) De los derechos y deberes fundamentales

82. d) En los artículos 15 a 29.

83. c) El Tribunal Constitucional.

84. a) Por tres.

85. b) El Rey.

86. d) Por ley orgánica.

87. a) Las Cortes Generales.

88. c) Nombrar y relevar a los miembros civiles y militares de la Casa Real.

89. a) Al Rey.

90. d) Será excluido en la sucesión de la corona.

91. d) Por mandato constitucional y en nombre del Rey.

92. c) Ordinarias, Extraordinarias y Conjuntas.

93. a) Por la mayoría de los miembros presentes.

94. b) Dentro de los 25 días siguientes.

95. d) La Sala de lo Penal del Tribunal Supremo.

96. d) El Presidente de la Cámara respectiva.

97. a) 1.

98. c) Por el Presidente del Congreso.

99. a) Sufragio universal, libre, igual, directo y secreto.

100. c) De lo Civil.

101. a) De lo Contencioso-Administrativo.

102. d) Veinte.

103. a) La Comisión de Catalogación.

104. c) Al Consejo General del Poder Judicial.

105. d) Está limitada.

106. a) Cualquier persona nombrada por las Cortes, en su caso.

107. c) Al acceder a Rey su padre, si no tiene hermano varón.

108. d) Las respuestas b) y c) son correctas.

109. c) Gobierno de la Nación.

110. a) Su irresponsabilidad política.

111. d) Nada de lo anterior es cierto.

112. c) Se nombraría Princesa heredera a su hermana mayor, si la hubiere.

113. b) Ha de efectuarse a petición del Presidente del Gobierno de la Nación.

114. a) Cortes Generales.

115. b) Proveerá a la sucesión en la Corona por las Cortes Generales.

116. c) Cortes Generales.

117. b) Cortes Generales.

118. b) 300.

119. d) Ministro.

120. c) Uno.

121. c) Congreso de los Diputados.

122. c) Presidente de la Cámara.

123. d) No se establece.

124. c) Mesa de cada Cámara.

125. c) En diciembre.

126. c) Orgánica.

127. c) Rey.

128. c) Pueblo soberano.

129. d) Incluye a todas ellas.

130. a) Juzgados y Tribunales.

131. a) Ley.

132. b) Predominantemente oral.

133. a) En el proceso.

134. a) La cuestión de inconstitucionalidad.

135. d) Tribunal Supremo.

TEST N.º 2

La Unión Europea: El Parlamento Europeo. El Consejo Europeo. El Consejo de la Unión Europea: competencias, estructura y funcionamiento. La Comisión Europea: composición, organización y funcionamiento. El Tribunal de Justicia. Las Fuentes del ordenamiento jurídico comunitario: el derecho originario y el derecho derivado

1. El Tribunal de Justicia de la Unión Europea comprenderá:

a) El Tribunal de Justicia, el Tribunal General y los tribunales especializados.
b) El Tribunal de Justicia y el Tribunal General.
c) El Tribunal de Justicia, el Tribunal General, los tribunales especializados y el Tribunal de Primera Instancia.
d) El Tribunal de Justicia y los tribunales especializados.

2. El Consejo está compuesto por:

a) Un representante de cada Estado miembro, de rango ministerial, facultado para comprometer al Gobierno del Estado miembro al que represente y para ejercer el derecho de voto.
b) Los Jefes de Estado o de Gobierno de los Estados miembros, así como por su Presidente y por el Presidente de la Comisión.
c) Los Jefes de Estado o de Gobierno de los países miembros.
d) Todas son falsas.

3. Excepto cuando los Tratados dispongan otra cosa, el Consejo se pronunciará por:

a) Mayoría simple.
b) Unanimidad.
c) Mayoría cualificada.
d) Mayoría simple y cualificada.

4. ¿Cuál es el órgano ejecutivo de la Unión Europea?

a) El Consejo.
b) El Consejo Europeo.
c) La Comisión.
d) El Presidente de la Comisión.

5. Los miembros de la Comisión son nombrados por:

a) El Parlamento.
b) El Parlamento y el Consejo Europeo de forma conjunta.
c) El Consejo Europeo, por mayoría cualificada.
d) El Consejo, por mayoría cualificada.

6. Señala la respuesta verdadera:

a) El Parlamento Europeo y el Consejo estarán asistidos por un Comité Económico y Social y por un Comité de las Regiones que ejercerán funciones consultivas.
b) El Parlamento Europeo, el Consejo y la Comisión estarán asistidos por un Comité Económico y Social y por un Comité de las Regiones que ejercerán funciones consultivas.
c) El Parlamento Europeo, el Consejo, la Comisión y el Tribunal de Justicia estarán asistidos por un Comité Económico y Social y por un Comité de las Regiones que ejercerán funciones consultivas.
d) Todas las respuestas son falsas.

7. El Parlamento Europeo:

a) Estará compuesto por representantes de los ciudadanos de la Unión.
b) La representación de los ciudadanos será decrecientemente proporcional, con un mínimo de seis diputados por Estado miembro.
c) No se asignará a ningún Estado miembro más de noventa y seis escaños.
d) Todas las respuestas son verdaderas.

8. Los Diputados al Parlamento Europeo serán elegidos para un mandato de:

a) Cuatro años.
b) Seis años.
c) Cinco años.
d) Todas son falsas.

9. El presupuesto anual de la UE es decidido (aprobado):

a) Conjuntamente por el Consejo y el Parlamento, por un procedimiento especial.
b) Por el Parlamento.

c) Por la Comisión.
d) Por la Comisión y el Parlamento, por un procedimiento ordinario.

10. El Coreper es:

a) La representación de cada miembro ante la UE.
b) Un órgano de la Comisión.
c) Un órgano del Parlamento.
d) La reunión de los miembros de la Comisión.

11. La Mesa del Parlamento tiene los siguientes Vicepresidentes:

a) 14.
b) 15.
c) 16.
d) 5.

12. La Comisión se designa para un periodo de:

a) 5 años.
b) 6 años.
c) 4 años.
d) El que determine el Parlamento.

13. La sede de la Comisión está en:

a) Estrasburgo.
b) Bruselas.
c) Luxemburgo.
d) París.

14. El mandato de los miembros de la Comisión será:

a) Renovable por una sola vez.
b) Renovable.
c) No será renovable.
d) Renovable cuando así lo determine el Parlamento.

15. Los acuerdos de la Comisión se adoptarán:

a) Por unanimidad.
b) Por mayoría cualificada.
c) Por 2/3 partes.
d) Por mayoría del número de miembros.

16. El Tribunal de Justicia de la Unión Europea tendrá su sede en:

a) Luxemburgo.
b) Bruselas.
c) Frankfurt.
d) La Haya.

17. El Presidente de la Comisión:

a) Definirá las orientaciones con arreglo a las cuales la Comisión desempeñará sus funciones.
b) Determinará la organización interna de la Comisión velando por la coherencia, eficacia y colegialidad de su actuación.
c) Nombrará Vicepresidentes, distintos del Alto Representante de la Unión para Asuntos Exteriores y Política de Seguridad, de entre los miembros de la Comisión.
d) Todas las respuestas son verdaderas.

18. Respecto a las elecciones al Parlamento Europeo, en España se ha optado porque:

a) La circunscripción electoral sea única para todo el territorio nacional.
b) La circunscripción electoral sea por Comunidades Autónomas.
c) La circunscripción electoral sea por provincias.
d) Todas las respuestas son falsas.

19. La Institución en la que están representados los intereses nacionales y por ello encarna el principio de la representación de los Estados en la Unión Europea, es:

a) El Consejo.
b) La Comisión.
c) El Parlamento.
d) Todas las respuestas son verdaderas.

20. En relación con la Comisión:

a) Solamente los nacionales de los Estados miembros podrán ser miembros de la Comisión.
b) Los miembros de la Comisión ejercerán sus funciones con absoluta independencia y en interés general de su país.
c) Los miembros de la Comisión podrán, mientras dure su mandato, ejercer actividades profesionales, retribuidas o no, solamente fuera de la Comunidad.
d) Todas las respuestas son verdaderas.

21. Respecto del Parlamento Europeo:

a) El periodo parcial de sesiones será la reunión que celebre el Parlamento, por regla general, cada mes. Este periodo se dividirá en sesiones.
b) La legislatura coincidirá con la duración del mandato de los diputados.
c) La duración del periodo de sesiones será de un año.
d) Todas las respuestas son verdaderas.

22. Señala la respuesta verdadera:

a) Todo miembro de la Comisión que deje de reunir las condiciones necesarias para el ejercicio de sus funciones o haya cometido una falta grave podrá ser cesado por el Tribunal de Justicia, a instancia del Consejo, por mayoría simple, o de la Comisión.
b) Todo miembro de la Comisión que deje de reunir las condiciones necesarias para el ejercicio de sus funciones o haya cometido una falta grave podrá ser cesado por el Tribunal, a instancia del Consejo, por mayoría simple, o de la Comisión.
c) Todo miembro de la Comisión que deje de reunir las condiciones necesarias para el ejercicio de sus funciones o haya cometido una falta grave podrá ser cesado por el Tribunal de Justicia, a instancia del Consejo, de la Comisión o del Parlamento.
d) Todas las respuestas son falsas.

23. El Tribunal de Justicia estará compuesto por:

a) Un Juez por Estado miembro y 11 abogados generales.
b) Al menos un juez por Estado miembro y nueve abogados generales.
c) Al menos un juez por Estado miembro y los abogados generales rotarán por países.
d) Dos jueces por cada Estado miembro.

24. Las elecciones al Parlamento Europeo se celebran cada:

a) Seis años.
b) Cinco años.
c) Cuatro años.
d) Ocho años.

25.¿Qué país presidirá el Consejo en el segundo semestre de 2025?

a) Hungría.
b) Polonia.
c) Bélgica.
d) Francia.

26. Habrá quórum en el Parlamento cuando se encuentre reunida en el salón de sesiones:

a) La cuarta parte de los diputados que integran el Parlamento.
b) La quinta parte de los diputados que integran el Parlamento.

c) La mitad de los diputados que integran el Parlamento.
d) La tercera parte de los diputados que integran el Parlamento.

27. Serán necesarios para formar grupo parlamentario en el Parlamento Europeo:

a) 25 diputados, que representen al menos a una cuarta parte de los Estados miembros.
b) 25 diputados, que representen al menos a cinco Estados miembros.
c) 25 diputados, que representen al menos a una tercera parte de los Estados miembros.
d) 23 diputados, que representen al menos a una cuarta parte de los Estados miembros.

28. El Presidente del Parlamento Europeo tendrá un mandato de:

a) Tres años.
b) Dos años y medio, sin prórroga.
c) Cinco años, con prórroga.
d) Dos años y medio, prorrogable por otros dos años y medio.

29. No será Institución de la Comunidad:

a) El Consejo de la Unión Europea
b) El Tribunal de Justicia.
c) El Defensor del Pueblo.
d) Todas son Instituciones.

30. Fijar los sueldos, dietas y pensiones del Presidente del Consejo Europeo, del Presidente de la Comisión, del Alto Representante de la Unión para Asuntos Exteriores y Política de Seguridad, de los miembros de la Comisión, de los Presidentes, miembros y secretarios del Tribunal de Justicia de la Unión Europea y del Secretario General del Consejo corresponde al:

a) Parlamento.
b) Consejo.
c) Consejo Europeo.
d) Comisión.

31. El Parlamento:

a) Se reunirá con previa convocatoria el segundo martes de marzo.
b) Se reunirá sin necesidad de previa convocatoria el segundo martes de marzo.
c) Se reunirá la segunda semana de enero con previa convocatoria.
d) Se reunirá el 2 de enero de cada año.

32. En el Parlamento Europeo, las sesiones plenarias mensuales, a las que asisten todos los diputados, se celebran en:

a) Estrasburgo (Francia).
b) Bruselas (Bélgica).

c) Luxemburgo.

d) Holanda.

33. Tendrá derecho a presentar al Parlamento Europeo, individualmente o asociado con otros ciudadanos o personas, una petición sobre un asunto propio de los ámbitos de actuación de la Comunidad que le afecte directamente:

a) Solamente los Estados miembros.

b) Cualquier ciudadano de la Unión, así como cualquier persona física o jurídica que resida o tenga su domicilio social en un Estado miembro.

c) Exclusivamente cualquier ciudadano de la Unión.

d) Todas las respuestas son falsas.

34. El Parlamento Europeo podrá tener, en su caso como máximo, los siguiente Diputados:

a) Su número no excederá de setecientos cincuenta, más el Presidente.

b) Su número no excederá de setecientos cincuenta y uno, más el Presidente.

c) Su número será de setecientos treinta y seis.

d) Su número no excederá de 720 en todo caso

35. El Parlamento Europeo, en caso de que se le someta una moción de censura sobre la gestión de la Comisión:

a) Solo podrá pronunciarse sobre dicha moción transcurridos tres días desde la fecha de su presentación y en votación pública.

b) Solo podrá pronunciarse sobre dicha moción transcurridos tres días como mínimo desde la fecha de su presentación y en votación pública.

c) Solo podrá pronunciarse sobre dicha moción transcurridos cinco días como mínimo desde la fecha de su presentación y en votación pública.

d) No se establece plazo.

36. Las Instituciones Comunitarias en sentido estricto son:

a) El Parlamento Europeo, el Consejo, la Comisión, el Tribunal de Justicia, el Comité de las Regiones y el Comité Económico y Social.

b) El Parlamento Europeo, el Consejo, la Comisión, el Tribunal de Justicia y el Comité de las Regiones.

c) El Parlamento Europeo, el Consejo, la Comisión, el Tribunal de Justicia y el Comité Económico y Social.

d) El Parlamento Europeo, el Consejo, la Comisión, el Tribunal de Justicia, el Tribunal de Cuentas, el Banco Central Europeo y el Consejo Europeo.

37. ¿Qué Institución de la Unión Europea está compuesta por un representante de cada Estado miembro de rango ministerial?

a) La Comisión.
b) El Consejo.
c) El Tribunal de Justicia.
d) El Comité Económico y Social.

38. Respecto de la moción de censura:

a) Si la moción de censura es aprobada por mayoría de dos tercios de los votos emitidos que representen, a su vez, la mayoría de los diputados que componen el Parlamento Europeo, los miembros de la Comisión deberán dimitir colectivamente de sus cargos y el Alto Representante de la Unión para Asuntos Exteriores y Política de Seguridad deberá dimitir del cargo que ejerce en la Comisión.

b) Si la moción de censura es aprobada por mayoría de dos tercios de los votos emitidos que representen, a su vez, la mayoría de los diputados que componen el Parlamento Europeo, los miembros de la Comisión deberán dimitir colectivamente de sus cargos, excepto el Alto Representante de la Unión para Asuntos Exteriores y Política de Seguridad.

c) Si la moción de censura es aprobada por mayoría de tres quintos de los votos emitidos que representen, a su vez, la mayoría de los diputados que componen el Parlamento Europeo, los miembros de la Comisión deberán dimitir colectivamente de sus cargos y el Alto Representante de la Unión para Asuntos Exteriores y Política de Seguridad deberá dimitir del cargo que ejerce en la Comisión.

d) Todas son falsas.

39. El número mínimo de Diputados al Parlamento por país será de:

a) Seis.
b) Cinco.
c) Cuatro.
d) Ocho.

40. El Consejo decidirá la organización de la Secretaría General por:

a) Unanimidad.
b) Mayoría simple.
c) Mayoría cualificada.
d) Consenso.

41. La mayoría cualificada en el Consejo, cuando actúe a instancias de la Comisión, se definirá:

a) Como un mínimo del 55 % de los miembros del Consejo que incluya al menos a quince de ellos, que represente a Estados miembros que reúnan como mínimo el 65 % de la población de la Unión.

b) Como un mínimo del 65 % de los miembros del Consejo que incluya al menos a quince de ellos, que represente a Estados miembros que reúnan como mínimo el 55 % de la población de la Unión.

c) Como un mínimo del 55 % de los miembros del Consejo que incluya al menos a quince de ellos, que represente a Estados miembros que reúnan como mínimo el 72 % de la población de la Unión.

d) Como un mínimo del 55 % de los miembros del Consejo que incluya al menos a diez de ellos, que represente a Estados miembros que reúnan como mínimo el 72 % de la población de la Unión.

42. Son formaciones de existencia necesaria en Consejo:

a) El Consejo de Asuntos Generales y el Consejo de Asuntos Exteriores.

b) El Consejo de Asuntos Generales, el Consejo de Asuntos Exteriores y el Consejo de Asuntos de Justicia e Interior.

c) El Consejo de Asuntos Generales, el Consejo de Asuntos Exteriores y el Consejo de Asuntos Económicos y Financieros.

d) El Consejo de Asuntos Generales y el ECOFIN.

43. Los Tratados establecen, respecto de la composición de la Comisión, que a partir del 1 de noviembre de 2014, la Comisión estará compuesta por:

a) Un número de miembros correspondiente a los tres quintos del número de Estados miembros, a menos que el Consejo Europeo decida por unanimidad modificar dicho número.

b) Un número de miembros correspondiente a los dos tercios del número de Estados miembros, a menos que el Consejo de la Unión Europea decida por unanimidad modificar dicho número.

c) Un número de miembros correspondiente a los dos tercios del número de Estados miembros, a menos que el Consejo Europeo decida por unanimidad modificar dicho número.

d) Un número de miembros correspondiente a los dos tercios del número de Estados miembros, a menos que el Parlamento Europeo decida por unanimidad modificar dicho número.

44. En el Consejo y cuando se vote por mayoría cualificada, para bloquear una decisión, son necesarios:

a) Al menos 4 países, que representen, como mínimo, al 35 % de la población total de la UE.

b) Al menos 3 países, que representen, como mínimo, al 35 % de la población total de la UE.

c) Al menos 4 países, que representen, como mínimo, al 55 % de la población total de la UE.

d) Al menos 4 países, que representen, como mínimo, al 65 % de la población total de la UE.

45. Los jueces elegirán de entre ellos al Presidente del Tribunal General por un periodo de:

a) Seis años no renovables.
b) Cinco años renovables.
c) Tres años y su mandato será renovable.
d) Cuatro años renovables.

46. La Presidencia del Consejo y las de sus distintas formaciones están asistidas por:

a) El Consejo Económico y Social.
b) El Parlamento.
c) Una Secretaría General
d) El Órgano Consultivo de la Unión Europea.

47. Señala la respuesta verdadera:

a) El Parlamento Europeo representa a los ciudadanos de la UE y es elegido directamente por ellos.
b) El Consejo de la Unión Europea representa a los Estados miembros individuales.
c) La Comisión Europea defiende los intereses de la Unión en conjunto.
d) Todas son verdaderas.

48. Señala la respuesta falsa:

a) La Comisión tendrá su sede en Bruselas, aunque algunos de sus servicios se establecerán en Luxemburgo.
b) El Tribunal de Justicia de la Unión Europea tendrá su sede en Luxemburgo.
c) El Tribunal de Cuentas tendrá su sede en Luxemburgo.
d) El Comité Económico y Social tendrá su sede en La Haya.

49. Cuando hablamos del Consejo nos estamos refiriendo:

a) Al Consejo de la Unión Europea.
b) Al Consejo Europeo.
c) Al Consejo de Europa.
d) Todas las respuestas son falsas.

50. En el Parlamento el periodo de sesiones será:

a) El primero de septiembre a diciembre y el segundo de febrero a junio.
b) El primero de enero a junio y el segundo de septiembre a diciembre.
c) La duración del periodo de sesiones será de un año.
d) De enero a octubre.

51. La Presidencia del Consejo de la Unión Europea:

a) Es rotatoria cada 6 meses.
b) Es de dos años y medio.
c) Será rotatoria solamente la del Consejo Europeo.
d) Será de un año.

52. La Presidencia de las formaciones del Consejo:

a) Será desempeñada por los representantes de los Estados miembros en el Consejo mediante un sistema de rotación igual.
b) Con excepción de la de Asuntos Exteriores, será desempeñada por los representantes de los Estados miembros en el Consejo mediante un sistema de rotación igual.
c) Será desempeñada por el presidente del Consejo Europeo.
d) Todas las respuestas son falsas.

53. En el Consejo es una formación de existencia obligatoria:

a) El Consejo de Asuntos Exteriores.
b) El Consejo de Asuntos Económicos y Financieros (ECOFIN).
c) El Consejo de Asuntos de Justicia e Interior, que reúne a los Ministros de Justicia o de Interior.
d) El Consejo de Empleo, Política Social, Salud y Consumidores.

54. Respecto a la Secretaría General del Consejo:

a) La Presidencia del Consejo y las de sus distintas formaciones están asistidas por la Secretaría General del Consejo, órgano administrativo y de gestión interna cuya dirección detenta un Secretario General, nombrado por el Consejo.
b) El Consejo decidirá por mayoría simple la organización de la Secretaría General.
c) El Consejo se pronunciará por mayoría simple en las cuestiones de procedimiento y para la aprobación de su reglamento interno.
d) Todas las respuestas son verdaderas.

55. El Consejo:

a) Por mayoría cualificada, podrá pedir a la Comisión que proceda a efectuar todos los estudios que él considere oportunos para la consecución de los objetivos comunes y que le someta las propuestas pertinentes. Si la Comisión no presenta propuesta alguna, comunicará las razones al Consejo.
b) Por mayoría simple, podrá pedir al Parlamento que proceda a efectuar todos los estudios que él considere oportunos para la consecución de los objetivos comunes y que le someta las propuestas pertinentes.

c) Podrá pedir a la Comisión que proceda a efectuar todos los estudios que él considere oportunos para la consecución de los objetivos comunes y que le someta las propuestas pertinentes. Si la Comisión no presenta propuesta alguna, comunicará las razones al Consejo.

d) Por mayoría simple, podrá pedir a la Comisión que proceda a efectuar todos los estudios que él considere oportunos para la consecución de los objetivos comunes y que le someta las propuestas pertinentes. Si la Comisión no presenta propuesta alguna, comunicará las razones al Consejo.

56. Los miembros de la Comisión serán elegidos en razón de su competencia general y de su compromiso europeo:

a) Será necesario haber ostentando el cargo de ministro en su país miembro.
b) Será necesario haber sido miembro del Parlamento Europeo.
c) De entre personalidades que ofrezcan plenas garantías de independencia.
d) De entre personalidades de cada Estado miembro que sean a su vez miembros del gobierno nacional de cada país.

57. A los vicepresidentes de la Comisión los nombra:

a) El Presidente.
b) El Consejo.
c) El Consejo Europeo.
d) La Comisión en pleno.

58. La Comisión será nombrada por:

a) El Parlamento.
b) El Consejo.
c) Conjuntamente por el Parlamento y el Consejo.
d) El Consejo Europeo, por mayoría cualificada.

59. De acuerdo con el TUE, las instituciones mantendrán entre sí:

a) Relaciones de coordinación.
b) Relaciones de cooperación.
c) Una coordinación y cooperación leal.
d) Una cooperación leal.

60. Las responsabilidades que incumben a la Comisión:

a) Vienen determinadas para cada Comisario en el Tratado de Lisboa.
b) Se las atribuye el Consejo.
c) Serán estructuradas y repartidas entre sus miembros por el Presidente.
d) Serán atribuidas de acuerdo con el reglamento interno de la Comisión.

61. Como regla general, la Institución que tiene la iniciativa legislativa es:

a) El Consejo.
b) La Comisión.
c) El Parlamento.
d) Todos ellos.

62. El número mínimo y máximo, respectivamente, de parlamentarios por país es de:

a) 5 y 96.
b) 6 y 99.
c) 6 y 96.
d) 6 y 98.

63. En el Parlamento Europeo los parlamentarios que no pertenecen a ningún grupo, se denominan:

a) No inscritos.
b) Grupo mixto.
c) Grupo europeo.
d) Todos deben pertenecer a un grupo parlamentario.

64. En el Parlamento Europeo en la actualidad existen los siguientes cuestores:

a) 4.
b) 5.
c) 6.
d) 7.

65. En el Parlamento existen o pueden existir:

a) Comisiones permanentes.
b) Comisiones especiales.
c) Comisiones de investigación.
d) Todas ellas.

66. Respecto a las peticiones al Parlamento las pueden presentar:

a) Cualquier ciudadano de la Unión, así como cualquier persona física o jurídica que resida o tenga su domicilio social en un Estado miembro, tendrá derecho a presentar al Parlamento Europeo, individualmente o asociado con otros ciudadanos o personas, una petición sobre un asunto propio de los ámbitos de actuación de la Unión que le afecte directamente.

b) Cualquier Estado, así como cualquier persona jurídica que resida o tenga su domicilio social en un Estado miembro, tendrá derecho a presentar al Parlamento Europeo, individualmente o asociado con otros ciudadanos o personas, una petición sobre un asunto propio de los ámbitos de actuación de la Unión que le afecte directamente.

c) Cualquier ciudadano de la Unión, así como cualquier persona física o jurídica que resida o tenga su domicilio social en un Estado miembro, tendrá derecho a presentar al Parlamento Europeo, exclusivamente de forma individual una petición sobre un asunto propio de los ámbitos de actuación de la Unión que le afecte directamente.

d) Cualquier Estado tendrá derecho a presentar al Parlamento Europeo una petición sobre un asunto propio de los ámbitos de actuación de la Unión que le afecte directamente.

67. Cuando el Consejo no actúe a propuesta de la Comisión o del Alto Representante de la Unión para Asuntos Exteriores y Política de Seguridad, la mayoría cualificada se definirá con:

a) Un mínimo del 72 % de los miembros del Consejo.
b) Un mínimo del 72 % de la población.
c) Un mínimo del 65 % de los miembros del Consejo.
d) Todas son falsas.

68. El Presidente, el Alto Representante de la Unión para Asuntos Exteriores y Política de Seguridad y los demás miembros de la Comisión se someterán colegiadamente al voto de aprobación de:

a) Parlamento Europeo.
b) Consejo Europeo.
c) Consejo.
d) Tribunal de Justicia.

69. El Parlamento Europeo tiene en la actualidad los siguientes Diputados:

a) 705, incluido el Presidente.
b) 750, incluido el Presidente
c) 750, más el Presidente
d) 720, incluido el Presidente

70. ¿Qué Tratado regula el mercado interior como una de las innovaciones más importantes, y que por ello va a permitir crear y desarrollar en un futuro el mercado único europeo, eliminando las barreras a las fronteras que existían hasta ese momento?

a) Lisboa.
b) Niza.
c) Ámsterdam.
d) Acta Única.

71. El Presidente del Tribunal de Justicia lo elige:

a) La Comisión.
b) El Consejo Europeo.
c) El Consejo de la Unión Europea.
d) Los jueces del Tribunal de Justicia.

72. Será miembro nato de la Comisión:

a) El Presidente del Consejo Europeo.
b) El Presidente del Consejo de la Unión Europea.
c) El Alto Representante de la Unión para Asuntos Exteriores y Política de Seguridad.
d) El Presidente del Parlamento Europeo.

73. En el Consejo de la Unión Europea en las votaciones por mayoría cualificada, las abstenciones cuentan:

a) Como abstenciones.
b) Como votos en contra.
c) Como votos a favor.
d) Todas son falsas.

74. ¿Cuántos miembros tiene el Tribunal General de la Unión Europea?

a) Uno por cada Estado.
b) Dos por cada Estado.
c) 49.
d) 47.

75. El Consejo Europeo está compuesto por:

a) Los Jefes de Estado o de Gobierno de los Estados miembros, así como por su Presidente y por el Presidente de la Comisión. Participará en sus trabajos el Alto Representante de la Unión para Asuntos Exteriores y Política de Seguridad.

b) Los Jefes de Estado o de Gobierno de los Estados miembros, así como por su Presidente. Participará en sus trabajos el Alto Representante de la Unión para Asuntos Exteriores y Política de Seguridad.

c) Los Jefes de Estado o de Gobierno de los Estados miembros y por el Presidente de la Comisión. Participará en sus trabajos el Alto Representante de la Unión para Asuntos Exteriores y Política de Seguridad.

d) Los Jefes de Estado o de Gobierno de los Estados miembros, así como por su Presidente y por el Presidente de la Comisión. También por el Alto Representante de la Unión para Asuntos Exteriores y Política de Seguridad.

76. El Parlamento Europeo en la actualidad:

a) Tiene 705 diputados.
b) Tiene 720 diputados, incluido el Presidente.
c) Tiene 720 diputados, más el Presidente.
d) Tiene 722 diputados.

77. Acerca del Presidente del Consejo Europeo diremos que:

a) Es una figura de nueva creación tras el Tratado de Lisboa.
b) Su mandato será de dos años y medio.
c) Su misión principal será garantizar la preparación y continuidad de su labor y favorecer el consenso entre los países miembros.
d) Todas las respuestas son verdaderas.

78. El Consejo Europeo se reunirá:

a) Una vez por semestre por convocatoria de su Presidente.
b) Dos veces por semestre por convocatoria de su Presidente.
c) Tres veces por semestre o a petición de su Presidente.
d) Todas son falsas.

79. ¿Qué Presidente tiene un mandato máximo de dos años y medio?

a) El de la Comisión.
b) El del Consejo de la Unión Europea.
c) El del Consejo Europeo.
d) Todos ellos

80. Cuál de las siguientes no es una formación del Consejo en la actualidad:

a) El Consejo de Empleo, Política Social, Salud y Consumidores.
b) El Consejo de Competitividad y Transparencia.
c) El Consejo de Transportes, Telecomunicaciones y Energía.
d) El Consejo de Agricultura y Pesca.

81. Respecto del Consejo Europeo:

a) Es el órgano legislativo ordinario.
b) No ejercerá función legislativa alguna.
c) Normalmente, el Consejo Europeo se reúne en Estrasburgo.
d) Es una figura de nueva creación en el Tratado de Lisboa.

82. Los diputados al Parlamento Europeo serán elegidos por sufragio:

a) Universal, directo, libre y secreto.
b) Universal, directo y libre.
c) Universal, igual, directo, secreto y libre.
d) Universal, secreto y libre.

83. Cuando la situación lo exija, se convocará una reunión extraordinaria del Consejo Europeo por:

a) Su Presidente.
b) Cualquier Estado.
c) El Presidente de la Comisión.
d) El Presidente del Consejo de la Unión Europea.

84. El Presidente del Consejo Europeo:

a) Asumirá en exclusiva la representación exterior de la Unión en los asuntos de política exterior y de seguridad común.
b) No podrá ejercer mandato nacional alguno, salvo la de Ministro.
c) Su mandato será renovable por una sola vez.
d) Todas las respuestas son verdaderas.

85. Salvo que los Tratados dispongan otra cosa, el Consejo Europeo se pronunciará por:

a) Consenso.
b) Mayoría cualificada.
c) Unanimidad.
d) Mayoría simple.

86. Una Decisión es:

a) Un acto jurídico vinculante que solamente puede tener un ámbito de aplicación general
b) Un acto jurídico no vinculante que puede tener un ámbito de aplicación general o estar dirigido a un destinatario concreto.
c) Un acto jurídico vinculante que puede tener un ámbito de aplicación general o estar dirigido a un destinatario concreto.
d) Un acto jurídico vinculante que puede tener un ámbito de aplicación general o estar dirigido a un destinatario concreto, siendo en este caso únicamente los Estados miembros.

87. ¿Durante qué meses el Consejo celebra sus sesiones en Luxemburgo?

a) Abril, junio y octubre.
b) Abril, julio y octubre.

c) Abril, septiembre y diciembre.
d) Mayo, junio y octubre.

88. La actual Comisión tiene los siguientes Vicepresidentes:

a) 6.
b) 4.
c) 5.
d) 7.

89. Las Directivas:

a) No tienen efecto directo en ningún caso.
b) Tienen efecto directo en todo caso.
c) Si la directiva es clara y detallada puede generar derechos aunque no esté trans-puesta al Ordenamiento interno.
d) Si la directiva es clara y detallada puede generar derechos, pero tiene que estar ya transpuesta.

90. La composición del Parlamento Europeo se fijará:

a) Por el Consejo por unanimidad, a iniciativa del Parlamento y con su aprobación.
b) Por el Consejo Europeo por unanimidad, a iniciativa del Parlamento Europeo y con su aprobación.
c) Por la Comisión.
d) Por el Consejo Europeo por consenso, a iniciativa del Parlamento Europeo y con su aprobación.

91. ¿Qué Institución dará a la Unión los impulsos necesarios para su desarrollo y definirá sus orientaciones y prioridades políticas generales de la Unión Europea?

a) El Consejo.
b) La Comisión.
c) El Consejo Europeo.
d) El Parlamento.

92. ¿Qué Institución no tiene competencias legislativas?

a) El Parlamento.
b) El Consejo.
c) El Consejo Europeo.
d) Las tienen todas ellas.

93. ¿En qué caso se puede convocar una sesión extraordinaria al Consejo Europeo?

a) Cuando la situación lo exija.
b) Cuando exista urgencia.
c) Cuando lo requieran tres países miembros.
d) A propuesta del Consejo y de la Comisión.

94. ¿Qué Tratado se firma el 26 de febrero de 2001?

a) Lisboa.
b) Niza.
c) Ámsterdam.
d) Maastricht.

95. El Presidente del Consejo Europeo es elegido por:

a) El propio Consejo Europeo por mayoría cualificada por dos años y medio.
b) El propio Consejo Europeo por consenso por dos años y medio.
c) El propio Consejo Europeo por unanimidad por dos años y medio.
d) El Consejo de la Unión Europea por mayoría cualificada por dos años y medio.

96. De acuerdo con el artículo 15.6 del TUE, sin perjuicio de las atribuciones del Alto Representante de la Unión para Asuntos Exteriores y Política de Seguridad, ¿quién asumirá, de acuerdo con el TUE, en su rango y condición, la representación exterior de la Unión en los asuntos de política exterior y de seguridad común?

a) El Consejo Europeo.
b) El Presidente del Consejo Europeo.
c) El Presidente de la Comisión.
d) El Consejo.

97. ¿Qué formación del Consejo preparará las reuniones del Consejo Europeo?

a) El Consejo de Asuntos Generales.
b) El Consejo de Representantes Permanentes.
c) El Consejo de Política General.
d) El Consejo de Relaciones Generales.

98. El Consejo se divide en:

a) Formaciones.
b) Direcciones Generales.
c) Ministerios.
d) Secretarías Generales.

99. El Consejo se reunirá en público:

a) En todo caso.
b) Cuando delibere y vote sobre un proyecto de acto legislativo.
c) Para asuntos de política exterior.
d) En los asuntos que así lo acuerde el propio Consejo.

100. ¿Quién se encargará de preparar los trabajos del Consejo?

a) La Comisión.
b) Un Comité de Representantes Permanentes de los Gobiernos de los Estados miembros.
c) Un Consejo de Representantes Permanentes de los Gobiernos de los Estados miembros.
d) Los embajadores de los Estados miembros.

101. España tiene en la actualidad los siguientes Diputados al Parlamento Europeo:

a) 50.
b) 59.
c) 65.
d) 61.

102. ¿Qué Institución promoverá el interés general de la Unión y tomará las iniciativas adecuadas con este fin?

a) El Consejo.
b) El Consejo Europeo.
c) La Comisión.
d) El Parlamento.

103. El Tratado de Lisboa:

a) Modifica los dos textos fundamentales de la UE: el Tratado de la Unión Europea y el Tratado constitutivo de la Comunidad Europea.
b) El Tratado Constitutivo pasará a llamarse Tratado de Funcionamiento de la Unión Europea.
c) Entrará en vigor el 1 de diciembre de 2010.
d) Las respuestas a) y b) son verdaderas.

104. Son normas de resultado y un instrumento para armonizar las legislaciones de los Estados miembros:

a) Reglamento.
b) Directivas.
c) Decisiones.
d) Todas son verdaderas.

105. Excepto cuando los Tratados dispongan otra cosa, los actos legislativos de la Unión solo podrán adoptarse a propuesta:

a) De la Comisión.
b) Del Parlamento.
c) Del Consejo.
d) Del Consejo Europeo.

106. ¿Qué Institución tiene una responsabilidad colegiada ante el Parlamento?

a) El Consejo.
b) El Consejo Europeo.
c) La Comisión.
d) Todos ellas.

107. Tendrá un alcance general, será obligatorio en todos sus elementos y directamente aplicable en cada Estado miembro:

a) Reglamento.
b) Directiva.
c) Decisiones.
d) Todas son verdaderas.

108. Son normas de resultado y un instrumento para armonizar las legislaciones de los Estados miembros:

a) Reglamento.
b) Directiva.
c) Decisiones.
d) Todas son verdaderas.

109. En España corresponderá transponer la Directiva:

a) Al Estado o a las Comunidades Autónomas de acuerdo con sus competencias, aunque el responsable del cumplimiento ante la CE será el Estado español.
b) Al Estado.
c) A las Comunidades Autónomas.
d) Al Estado, Comunidades Autónomas y Entidades Locales.

110. Señala la respuesta correcta:

a) La Decisión será obligatoria en todos sus elementos para todos sus destinatarios.
b) La Decisión tiene carácter limitado, puesto que aunque es obligatoria, no suele tener carácter general sino que va dirigida a destinatarios concretos.

c) La Decisión tiene destinatarios determinados, con la particularidad de que estos no son necesariamente Estados, sino que también pueden serlo los particulares.

d) Todas son verdaderas.

111. Las Recomendaciones y los Dictámenes:

a) Serán vinculantes.
b) No serán vinculantes.
c) Las Recomendaciones serán vinculantes y los Dictámenes nunca.
d) Las Recomendaciones nunca serán vinculantes y los Dictámenes serán vinculantes.

112. Desde un punto de vista material, un Reglamento equivaldría en la legislación nacional española a:

a) Una Ley.
b) Un Real Decreto.
c) Una Orden.
d) Cualquiera de ellos.

113. Que el Reglamento tiene alcance general significa que su ámbito de aplicación se extiende a:

a) Las Instituciones.
b) Estados miembros.
c) Personas físicas y jurídicas, cualquiera que sea su naturaleza y el ámbito de funciones.
d) Todas son verdaderas.

114. El Reglamento:

a) Prevalece sobre cualquier norma estatal, excepto a la Constitución.
b) Prevalece sobre cualquier norma estatal.
c) Como norma, no cabe alegarlo ante los Tribunales.
d) Todas son falsas.

115. La Directiva:

a) En principio no tiene efecto directo.
b) Tiene efecto directo.
c) No tiene carácter obligatorio.
d) Como norma no precisa de su transposición al derecho interno de cada Estado.

Solución al test n.º 2

1. a) El Tribunal de Justicia, el Tribunal General y los tribunales especializados.

2. a) Un representante de cada Estado miembro, de rango ministerial, facultado para comprometer al Gobierno del Estado miembro al que represente y para ejercer el derecho de voto.

3. c) Mayoría cualificada.

4. c) La Comisión.

5. c) El Consejo Europeo, por mayoría cualificada.

6. b) El Parlamento Europeo, el Consejo y la Comisión estarán asistidos por un Comité Económico y Social y por un Comité de las Regiones que ejercerán funciones consultivas.

7. d) Todas las respuestas son verdaderas.

8. c) Cinco años.

9. a) Conjuntamente por el Consejo y el Parlamento, por un procedimiento especial.

10. a) La representación de cada miembro ante la UE.

11. a) 14.

12. a) 5 años.

13. b) Bruselas.

14. b) Renovable.

15. d) Por mayoría del número de miembros.

16. a) Luxemburgo.

17. d) Todas las respuestas son verdaderas.

18. a) La circunscripción electoral sea única para todo el territorio nacional.

19. a) El Consejo.

20. a) Solamente los nacionales de los Estados miembros podrán ser miembros de la Comisión.

21. d) Todas las respuestas son verdaderas.

22. a) Todo miembro de la Comisión que deje de reunir las condiciones necesarias para el ejercicio de sus funciones o haya cometido una falta grave podrá ser cesado por el Tribunal de Justicia, a instancia del Consejo, por mayoría simple, o de la Comisión.

23. a) Un juez por Estado miembro y 11 abogados generales.

24. b) Cinco años.

25. b) Polonia.

26. d) La tercera parte de los diputados que integran el Parlamento.

27. d) 23 diputados, que representen al menos a una cuarta parte de los Estados miembros.

28. d) Dos años y medio, prorrogable por otros dos años y medio.

29. c) El Defensor del Pueblo.

30. b) Consejo.

31. b) Se reunirá sin necesidad de previa convocatoria el segundo martes de marzo.

32. a) Estrasburgo (Francia).

33. b) Cualquier ciudadano de la Unión, así como cualquier persona física o jurídica que resida o tenga su domicilio social en un Estado miembro.

34. a) Su número no excederá de setecientos cincuenta, más el Presidente.

35. b) Solo podrá pronunciarse sobre dicha moción transcurridos tres días como mínimo desde la fecha de su presentación y en votación pública.

36. d) El Parlamento Europeo, el Consejo, la Comisión, el Tribunal de Justicia, el Tribunal de Cuentas, el Banco Central Europeo y el Consejo Europeo.

37. b) El Consejo.

38. a) Si la moción de censura es aprobada por mayoría de dos tercios de los votos emitidos que representen, a su vez, la mayoría de los diputados que componen el Parlamento Europeo, los miembros de la Comisión deberán dimitir colectivamente de sus cargos y el Alto Representante de la Unión para Asuntos Exteriores y Política de Seguridad deberá dimitir del cargo que ejerce en la Comisión.

39. a) Seis.

40. b) Mayoría simple.

41. a) Como un mínimo del 55 % de los miembros del Consejo que incluya al menos a quince de ellos, que represente a Estados miembros que reúnan como mínimo el 65 % de la población de la Unión.

42. a) El Consejo de Asuntos Generales y el Consejo de Asuntos Exteriores.

43. c) Un número de miembros correspondiente a los dos tercios del número de Estados miembros, a menos que el Consejo Europeo decida por unanimidad modificar dicho número.

44. a) Al menos 4 países, que representen, como mínimo, al 35 % de la población total de la UE.

45. c) Tres años y su mandato será renovable.

46. c) Una Secretaría General.

47. d) Todas son verdaderas.

48. d) El Comité Económico y Social tendrá su sede en La Haya.

49. a) Al Consejo de la Unión Europea.

50. c) La duración del periodo de sesiones será de un año.

51. a) Es rotatoria cada 6 meses.

52. b) Con excepción de la de Asuntos Exteriores, será desempeñada por los representantes de los Estados miembros en el Consejo mediante un sistema de rotación igual.

53. a) El Consejo de Asuntos Exteriores.

54. d) Todas las respuestas son verdaderas.

55. d) Por mayoría simple, podrá pedir a la Comisión que proceda a efectuar todos los estudios que él considere oportunos para la consecución de los objetivos comunes y que le someta las propuestas pertinentes. Si la Comisión no presenta propuesta alguna, comunicará las razones al Consejo.

56. c) De entre personalidades que ofrezcan plenas garantías de independencia.

57. a) El Presidente.

58. d) El Consejo Europeo, por mayoría cualificada.

59. d) Una cooperación leal.

60. c) Serán estructuradas y repartidas entre sus miembros por el Presidente.

61. b) La Comisión.

62. c) 6 y 96.

63. a) No inscritos.

64. b) 5.

65. d) Todas ellas.

66. a) Cualquier ciudadano de la Unión, así como cualquier persona física o jurídica que resida o tenga su domicilio social en un Estado miembro, tendrá derecho a presentar al Parlamento Europeo, individualmente o asociado con otros ciudadanos o personas, una petición sobre un asunto propio de los ámbitos de actuación de la Unión que le afecte directamente.

67. a) Un mínimo del 72 % de los miembros del Consejo.

68. a) Parlamento Europeo.

69. d) 720, incluido el Presidente

70. d) Acta Única.

71. d) Los jueces del Tribunal de Justicia.

72. c) El Alto Representante de la Unión para Asuntos Exteriores y Política de Seguridad.

73. b) Como votos en contra.

74. b) Dos por cada Estado.

75. a) Los Jefes de Estado o de Gobierno de los Estados miembros, así como por su Presidente y por el Presidente de la Comisión. Participará en sus trabajos el Alto Representante de la Unión para Asuntos Exteriores y Política de Seguridad.

76. b) Tiene 720 diputados, incluido el Presidente.

77. d) Todas las respuestas son verdaderas.

78. b) Dos veces por semestre por convocatoria de su Presidente.

79. c) El del Consejo Europeo.

80. b) El Consejo de Competitividad y Transparencia.

81. b) No ejercerá función legislativa alguna.

82. a) Universal, directo, libre y secreto.

83. a) Su Presidente.

84. c) Su mandato será renovable por una sola vez.

85. a) Consenso.

86. c) Un acto jurídico vinculante que puede tener un ámbito de aplicación general o estar dirigido a un destinatario concreto.

87. a) Abril, junio y octubre.

88. a) 6

89. c) Si la directiva es clara y detallada puede generar derechos aunque no esté transpuesta al Ordenamiento interno.

90. b) Por el Consejo Europeo por unanimidad, a iniciativa del Parlamento Europeo y con su aprobación.

91. c) El Consejo Europeo.

92. c) El Consejo Europeo.

93. a) Cuando la situación lo exija.

94. b) Niza.

95. a) El propio Consejo Europeo por mayoría cualificada por dos años y medio.

96. b) El Presidente del Consejo Europeo.

97. a) El Consejo de Asuntos Generales.

98. a) Formaciones.

99. b) Cuando delibere y vote sobre un proyecto de acto legislativo.

100. b) Un Comité de Representantes Permanentes de los Gobiernos de los Estados miembros.

101. d) 61.

102. c) La Comisión.

103. d) Las respuestas a) y b) son verdaderas.

104. b) Directivas.

105. a) De la Comisión.

106. c) La Comisión.

107. a) Reglamento.

108. b) Directiva.

109. a) Al Estado o a las Comunidades Autónomas de acuerdo con sus competencias, aunque el responsable del cumplimiento ante la CE será el Estado español.

110. d) Todas son verdaderas.

111. b) No serán vinculantes.

112. a) Una Ley.

113. d) Todas son verdaderas.

114. b) Prevalece sobre cualquier norma estatal.

115. a) En principio no tiene efecto directo.

TEST N.º 3

La Ley Orgánica de Reintegración y Amejoramiento del Régimen Foral de Navarra: naturaleza y significado. El título Preliminar. Las competencias de Navarra

1. La Ley Orgánica de Reintegración y Amejoramiento del Régimen Foral de Navarra fue sancionada por el Rey el día:

a) 26 de enero de 1979.
b) 13 de octubre de 1968.
c) 10 de agosto de 1982.
d) 8 de marzo de 1982.

2. La LORAFNA es de naturaleza:

a) Pactada.
b) Unilateral.
c) Paccionada.
d) Las respuestas a) y c) son ciertas.

3. ¿Cómo se denomina el Título III de la LORAFNA?

a) Facultades y competencias de Navarra.
b) De la Reforma.
c) De las Instituciones Forales de Navarra.
d) Disposiciones Generales.

4. De acuerdo con el artículo 1 de la LORAFNA, Navarra constituye:

a) Una Provincia Foral.
b) Un Reino Foral.
c) Una Comunidad Foral.
d) Una Comunidad federal.

5. La Ley Orgánica de Reintegración y Amejoramiento del Régimen Foral de Navarra es de:

a) 11 de abril de 1983.
b) 10 de agosto de 1982.
c) 1 de marzo de 1973.
d) 16 de agosto de 1841.

6. A los efectos de la Ley Orgánica 13/1982, ostentarán la condición política de navarros:

a) Los extranjeros que tengan la vecindad administrativa en cualquiera de los municipios de Navarra.
b) Los españoles que tengan la vecindad administrativa en cualquiera de los municipios de Navarra.
c) Los españoles residentes en el extranjero que hayan tenido en Navarra su última vecindad administrativa.
d) Las tres opciones anteriores son ciertas.

7. Conforme a la LORAFNA, los navarros tendrán:

a) Distintos derechos, libertades y deberes fundamentales que los demás españoles.
b) Los mismos derechos, libertades y deberes fundamentales que los demás españoles.
c) Los mismos derechos y libertades fundamentales que los demás españoles, pero distintos deberes fundamentales.
d) Los mismos deberes fundamentales, pero distintos derechos y libertades fundamentales.

8. De acuerdo con la LORAFNA, los derechos originarios e históricos de la Comunidad Foral de Navarra serán respetados y amparados por los poderes públicos con arreglo a:

a) La Ley de 25 de octubre de 1839, la Ley Paccionada de 16 de agosto de 1841 y disposiciones complementarias.
b) La Ley Orgánica 13/1982, de 10 de agosto.
c) La Constitución Española de 1978 de conformidad con lo previsto en el párrafo primero de su disposición adicional primera.
d) Las tres opciones anteriores son ciertas.

9. El Amejoramiento, en los términos de la Ley Orgánica 13/1982, tiene por objeto integrar en el Régimen Foral de Navarra todas aquellas facultades y competencias compatibles con:

a) La unidad constitucional.
b) La voluntad constitucional.

c) La voluntad consuetudinaria.
d) La unidad foral.

10. ¿Cuántos artículos tiene la LORAFNA?

a) 61.
b) 77.
c) 81.
d) 70.

11. El Título de la LORAFNA «Facultades y competencias de Navarra» va después del Título:

a) De la Reforma.
b) De las Instituciones Forales de Navarra.
c) Facultades y competencias del Estado.
d) Disposiciones Generales.

12. Conforme a la LORAFNA, el vascuence:

a) No tendrá carácter de lengua oficial en ninguna zona de Navarra.
b) Tendrá carácter de lengua oficial en toda Navarra.
c) Tendrá carácter de lengua oficial en las zonas vascoparlantes de Navarra.
d) Es la lengua oficial de Navarra.

13. ¿Entre qué años discurrió el proceso de elaboración de la LORAFNA?

a) 1975-1978.
b) 1979-1982.
c) 1980-1981.
d) 1977-1982.

14. En toda Navarra:

a) El castellano es la lengua oficial.
b) El vascuence tendrá carácter de lengua oficial.
c) El vascuence tendrá carácter de lengua cooficial.
d) Las respuestas a) y c) son ciertas.

15. El territorio de la Comunidad Foral de Navarra está integrado por el de los municipios comprendidos en sus Merindades históricas en el momento de promulgarse la LORAFNA, de:

a) Pamplona, Estella, Tudela, Tafalla y Sangüesa.
b) Pamplona, Estella, Tudela, Sangüesa y Olite.

c) Pamplona, Tudela, Sangüesa y Olite.
d) Pamplona, Tudela, Estella, Sangüesa y Viana.

16. El Amejoramiento del Fuero:

a) Tiene Título Preliminar y 2 Títulos más.
b) Tiene Título Preliminar y 3 Títulos más.
c) Tiene Título Preliminar y 4 Títulos más.
d) No tiene Título Preliminar.

17. El Título Preliminar del Amejoramiento del Fuero es el relativo a:

a) Las Instituciones Forales de Navarra.
b) Las Facultades y Competencias de Navarra.
c) Sus Disposiciones Generales.
d) Su Reforma.

18. Se dice que Navarra constituye una Comunidad Foral en:

a) El artículo 1 de la Constitución Española.
b) La Disposición Adicional Primera de la Constitución Española.
c) El artículo 1 de la LORAFNA.
d) La Disposición Adicional Primera de la LORAFNA.

19. Navarra constituye una Comunidad Foral con:

a) Régimen propio.
b) Autonomía.
c) Instituciones propias.
d) Las tres opciones anteriores son ciertas.

20. El Título "De la reforma" de la LORAFNA:

a) Es el siguiente al Título Preliminar.
b) Es el siguiente al Título "Competencias y facultades de Navarra".
c) Es el anterior al Título "Competencias y facultades de Navarra".
d) Es el anterior al Título "De las Instituciones forales de Navarra".

21. La Ley Orgánica 13/1982 es de naturaleza:

a) Impositiva por el Estado.
b) Impositiva por Navarra.
c) Paccionada entre el Estado y Navarra.
d) Ninguna de las opciones anteriores es cierta.

22. El vascuence tendrá carácter de lengua oficial en:

a) La Zona Sur de Navarra.
b) La Zona Media de Navarra.
c) Las zonas vascoparlantes de Navarra.
d) Toda Navarra.

23. ¿Con qué norma se inició el proceso de reintegración y amejoramiento del régimen foral de Navarra?

a) Con la Ley de 1 de marzo de 1973.
b) Con la Constitución Española de 1978.
c) Con el Real Decreto de 26 de enero de 1979.
d) Con la Ley Orgánica 13/1982, de 10 de agosto.

24. A los efectos de la LORAFNA, ostentarán la condición política de navarros los españoles que, de acuerdo con las leyes generales del Estado, tengan:

a) La condición civil foral navarra.
b) La condición civil foral o la vecindad administrativa navarra.
c) La condición civil foral y la vecindad administrativa navarra.
d) La vecindad administrativa en cualquiera de los municipios de Navarra.

25. Según el artículo 1 de la Ley Orgánica 13/1982, Navarra constituye una Comunidad Foral:

a) Con instituciones compartidas con el Estado.
b) Solidaria con sus pueblos más desfavorecidos.
c) Integrada en la Unión Europea.
d) Indivisible.

26. No corresponde a la Comunidad Foral, en las materias que son competencia exclusiva de Navarra, una de las siguientes potestades:

a) Legislativa.
b) Reglamentaria.
c) Administrativa, incluida la inspección.
d) Revisora en la vía judicial.

27. En virtud de su régimen foral, la actividad tributaria y financiera de Navarra se regulará por el sistema tradicional de:

a) El Convenio Exclusivo.
b) El Convenio Económico.

c) El Convenio Colectivo.
d) El Acuerdo Económico.

28. En virtud de su régimen foral, corresponde a Navarra la competencia exclusiva sobre:

a) Régimen jurídico de la Diputación Foral.
b) Régimen estatutario de los funcionarios públicos de la Comunidad Foral, respetando los derechos y obligaciones esenciales que la legislación básica del Estado reconozca a los funcionarios públicos.
c) Normas de procedimiento administrativo que se deriven de las especialidades del Derecho sustantivo o de la organización propios de Navarra.
d) Las tres opciones anteriores son ciertas.

29. Dirigirá la Administración del Estado en Navarra y la coordinará, cuando proceda, con la Administración Foral:

a) El Defensor del Pueblo.
b) El Presidente del Gobierno de Navarra.
c) Un delegado nombrado por el Gobierno de Navarra.
d) Un delegado nombrado por el Gobierno de la Nación.

30. La competencia de los órganos jurisdiccionales radicados en Navarra se extiende a todas las instancias y grados en:

a) El orden civil.
b) El orden penal.
c) El orden social.
d) Las tres respuestas anteriores son ciertas.

31. En Navarra existe actualmente:

a) Un Tribunal Supremo.
b) Un Consejo Real.
c) Un Tribunal Superior de Justicia.
d) Las respuestas a) y c) son ciertas.

32. Un Delegado nombrado por el Gobierno de la Nación:

a) Dirigirá la Administración del Estado en Navarra.
b) Dirigirá la Administración Foral de Navarra.
c) Coordinará, cuando proceda, la Administración del Estado con la Administración Foral.
d) Las opciones a) y c) son ciertas.

33. En las materias que sean competencia exclusiva de Navarra, corresponde a la Comunidad Foral la potestad:

a) Administrativa y revisora en la vía administrativa, exclusivamente.
b) Reglamentaria, exclusivamente.
c) De desarrollo legislativo, pero no la legislativa.
d) Legislativa.

34. En defecto de Derecho navarro, en las materias de competencia exclusiva de la Comunidad Foral se aplicará supletoriamente:

a) El Derecho del Estado.
b) El Derecho Comunitario.
c) El Derecho Internacional.
d) Las tres opciones anteriores son ciertas.

35. El régimen estatutario de los funcionarios públicos de la Comunidad Foral de Navarra:

a) Es competencia exclusiva del Estado.
b) Es competencia exclusiva de Navarra, respetando los derechos y obligaciones esenciales que la legislación básica del Estado reconozca a los funcionarios públicos.
c) Es competencia exclusiva de Navarra, respetando todos los derechos y obligaciones que la legislación básica del Estado reconozca a los funcionarios públicos.
d) Es competencia exclusiva de Navarra e independiente de la legislación básica del Estado sobre los funcionarios públicos.

36. En las materias que sean competencia exclusiva de Navarra, corresponde a la Comunidad Foral:

a) La potestad legislativa, pero no la reglamentaria.
b) La potestad de desarrollo legislativo, pero no la legislativa.
c) La potestad reglamentaria, pero no la legislativa.
d) La potestad legislativa.

Solución al test n.º 3

1. c) 10 de agosto de 1982.

2. d) Las respuestas a) y c) son ciertas.

3. b) De la Reforma.

4. c) Una Comunidad Foral.

5. b) 10 de agosto de 1982.

6. b) Los españoles que tengan la vecindad administrativa en cualquiera de los municipios de Navarra.

7. b) Los mismos derechos, libertades y deberes fundamentales que los demás españoles.

8. d) Las tres opciones anteriores son ciertas.

9. a) La unidad constitucional.

10. b) 77.

11. b) De las Instituciones Forales de Navarra.

12. c) Tendrá carácter de lengua oficial en las zonas vascoparlantes de Navarra.

13. b) 1979-1982.

14. a) El castellano es la lengua oficial.

15. b) Pamplona, Estella, Tudela, Sangüesa y Olite.

16. b) Tiene Título Preliminar y 3 Títulos más.

17. c) Sus Disposiciones Generales.

18. c) El artículo 1 de la LORAFNA.

19. d) Las tres opciones anteriores son ciertas.

20. b) Es el siguiente al Título "Competencias y facultades de Navarra".

21. c) Paccionada entre el Estado y Navarra.

22. c) Las zonas vascoparlantes de Navarra.

23. c) Con el Real Decreto de 26 de enero de 1979.

24. d) La vecindad administrativa en cualquiera de los municipios de Navarra.

25. d) Indivisible.

26. d) Revisora en la vía judicial.

27. b) El Convenio Económico.

28. d) Las tres opciones anteriores son ciertas.

29. d) Un delegado nombrado por el Gobierno de la Nación.

30. a) El orden civil.

31. c) Un Tribunal Superior de Justicia.

32. d) Las opciones a) y c) son ciertas.

33 d) Legislativa.

34. a) El Derecho del Estado.

35. b) Es competencia exclusiva de Navarra, respetando los derechos y obligaciones esenciales que la legislación básica del Estado reconozca a los funcionarios públicos.

36. d) La potestad legislativa.

TEST N.º 4

El Parlamento o Cortes de Navarra: composición, organización y funciones. La Cámara de Comptos de Navarra: ámbito de competencia, funciones y órganos. El Defensor del Pueblo de la Comunidad Foral de Navarra: funciones, procedimiento y resoluciones

1. El Parlamento de Navarra:

a) Representa al pueblo navarro.
b) Ejerce la potestad legislativa.
c) Aprueba los Presupuestos y las Cuentas de Navarra.
d) Las tres respuestas anteriores son ciertas.

2. No es función del Parlamento de Navarra:

a) Impulsar y controlar la acción de la Diputación Foral.
b) Designar a los Senadores que correspondan a Navarra como Comunidad Foral.
c) Elaborar los Presupuestos Generales de Navarra.
d) Aprobar los Presupuestos Generales de Navarra.

3. La reforma del Reglamento del Parlamento de Navarra precisa, en la votación final sobre el conjunto del proyecto, el voto favorable de:

a) La mayoría absoluta de los miembros del Gobierno de Navarra.
b) La mayoría simple de los miembros del Gobierno de Navarra.
c) La mayoría absoluta de los miembros del Parlamento.
d) La mayoría simple de los miembros del Parlamento.

4. No es función del Parlamento de Navarra:

a) Establecer su Reglamento.
b) Aprobar sus Presupuestos.
c) Elegir, de entre sus miembros, un Presidente.
d) Ejercer la potestad legislativa delegada y la autorización para refundir textos legales.

5. El Parlamento de Navarra funciona:

a) En Pleno y Cámaras.
b) En Pleno y Mesas.
c) Sólo en Pleno.
d) En Pleno y Comisiones.

6. El Parlamento elegirá, de entre sus miembros:

a) Un Presidente, una Mesa y una Comisión Plenaria.
b) Un Presidente, una Mesa y una Comisión Permanente.
c) Un Presidente, una Mesa Permanente y una Comisión Plenaria.
d) Un Presidente, una Mesa y una Comisión de Letrados.

7. El Parlamento de Navarra se reunirá anualmente en:

a) Dos períodos de sesiones ordinarias, que serán fijados en una Ley Foral.
b) Dos períodos de sesiones ordinarias, que serán fijados en su Reglamento.
c) Tres períodos de sesiones ordinarias, que serán fijados en una Ley Foral.
d) Cuatro períodos de sesiones ordinarias, que serán fijados en su Reglamento.

8. El Parlamento de Navarra podrá reunirse en sesiones extraordinarias que habrán de ser convocadas por su Presidente, a petición de:

a) Un grupo parlamentario.
b) Una sexta parte de los parlamentarios.
c) Una quinta parte de los parlamentarios.
d) La Cámara de Comptos.

9. Corresponde al Parlamento de Navarra:

a) La elaboración de los Presupuestos Generales de Navarra.
b) La formalización de las Cuentas Generales de Navarra.
c) La aprobación de los Presupuestos Generales de Navarra.
d) El ejercicio de la potestad legislativa delegada.

10. El Parlamento de Navarra:

a) Ejerce la función ejecutiva.
b) Ejerce la función ejecutiva y legislativa.
c) Ejerce la función legislativa y judicial.
d) Ejerce la potestad legislativa.

11. La Cámara de Comptos:

a) Depende orgánicamente del Parlamento de Navarra.
b) Depende orgánicamente de la Diputación Foral de Navarra.
c) Depende orgánicamente del Tribunal de Cuentas.
d) Es independiente orgánicamente.

12. El Texto Refundido del Reglamento del Parlamento de Navarra actualmente en vigor fue aprobado en el año:

a) 2001.
b) 2023.
c) 2007.
d) 2011.

13. Las Instituciones Forales de Navarra están recogidas, dentro de la Ley Orgánica 13/1982, en el Título:

a) Segundo.
b) Preliminar.
c) Primero.
d) Tercero.

14. El artículo 10 del Amejoramiento del Fuero afirma que es Institución Foral de Navarra:

a) El Presidente de la Comunidad Foral de Navarra.
b) El Presidente del Parlamento de Navarra.
c) El Presidente de la Cámara de Comptos.
d) El Defensor del Pueblo de la Comunidad Foral de Navarra.

15. Los Presupuestos Generales de Navarra se aprobarán mediante:

a) Orden Foral.
b) Decreto Foral.
c) Ley Foral.
d) Ley Orgánica.

16. Las normas del Parlamento de Navarra:

a) Se aprobarán siempre por mayoría simple.
b) Se aprobarán siempre por mayoría absoluta.
c) Se denominarán Decretos forales.
d) Se denominarán Leyes Forales.

17. Compete al Parlamento de Navarra:

a) La elaboración de los Presupuestos de Navarra.
b) La formalización de las Cuentas de Navarra.
c) La designación de los Senadores que pudieran corresponder a Navarra como Comunidad Foral.
d) El ejercicio de la potestad legislativa delegada.

18. La votación final sobre el conjunto del proyecto de reforma del Reglamento del Parlamento de Navarra precisa el voto favorable de:

a) La mayoría simple de los miembros del Parlamento.
b) La mayoría simple de los asistentes al Parlamento.
c) La mayoría absoluta de los miembros del Parlamento.
d) La mayoría absoluta de los asistentes al Parlamento.

19. Entre las Instituciones Forales de Navarra enumeradas en el art. 10 de la LORAFNA, está:

a) El Consejo de Navarra.
b) El Defensor del Pueblo de la Comunidad Foral.
c) La Cámara de Comptos.
d) El Presidente de la Comunidad Foral de Navarra.

20. El Defensor del Pueblo de la Comunidad Foral de Navarra:

a) Presentará al Gobierno de Navarra un Informe anual sobre gestión realizada.
b) Es alto comisionado del Gobierno de Navarra.
c) Es designado por el Defensor del Pueblo de la Nación.
d) Podrá estar auxiliado por un Adjunto.

21. Crea y regula la institución del Defensor del Pueblo de la Comunidad Foral de Navarra:

a) La Ley Foral 4/2000, de 3 de julio.
a) La Ley Foral 8/1999, de 16 de marzo.
c) La Ley Orgánica 13/1982, de 10 de agosto.
d) La Ley Foral 19/1984, de 20 de diciembre.

22. La Cámara de Comptos tiene como función propia:

a) Controlar las cuentas y la gestión económica del sector público de Navarra.
b) Asesorar a los ciudadanos en materias económico-financieras.
c) Controlar las cuentas del sector privado de Navarra.
d) Controlar la acción del Gobierno de Navarra.

23. De acuerdo con la Ley Foral 4/2000, cuenta como función primordial la de salvaguardar a los ciudadanos y ciudadanas frente a los posibles abusos y negligencias de la Administración:

a) La Cámara de Comptos.
b) El Tribunal Superior de Justicia de Navarra.
c) El Parlamento de Navarra.
d) El Defensor del Pueblo de la Comunidad Foral de Navarra.

24. La Cámara de Comptos propiamente es un órgano:

a) Legislativo.
b) Fiscalizador.
c) Ejecutivo.
d) Las opciones a) y b) son ciertas.

25. Dentro de los órganos de la Cámara de Comptos no se encuentra a:

a) Los Auditores.
b) Los Consejeros forales.
c) La Secretaría General.
d) El Presidente.

26. Tiene como función propia asesorar al Parlamento de Navarra en materias económico-financieras:

a) El Consejo de Navarra.
b) El Tribunal de Cuentas.
c) El Gobierno de Navarra.
d) La Cámara de Comptos

27. La Cámara de Comptos de Navarra es:

a) Un órgano técnico dependiente del Parlamento de Navarra.
b) El órgano fiscalizador de la gestión económica y financiera del sector público de la Comunidad Foral.
c) El órgano que aprueba los Presupuestos del Parlamento de Navarra.
d) Las opciones a) y b) son ciertas.

28. La Cámara de Comptos tendrá como funciones propias:

a) Controlar las cuentas y la gestión económica del sector público de Navarra.
b) Controlar al Gobierno de Navarra y asesorar en materias económicas a su Presidente.
c) Asesorar al Parlamento en materias económico-financieras.
d) Las opciones a) y c) son ciertas.

29. La Cámara de Comptos tiene como función propia:

a) Asesorar al Gobierno de Navarra en materias económico-financieras.
b) Controlar las cuentas del sector público de Navarra.
c) Controlar la gestión económica del sector privado de Navarra.
d) Las opciones a) y b) son ciertas.

30. La Cámara de Comptos:

a) Estará facultada para exigir, en el ejercicio de las funciones de control y fiscalización, de cuantos Organismos y Entidades integren el sector público navarro, los datos necesarios para el desarrollo de sus funciones.
b) Estará facultada, en el ejercicio de las funciones de control y fiscalización, para inspeccionar y comprobar toda la documentación de las oficinas públicas, en cuanto estimase necesario para el desarrollo de sus funciones.
c) Estará facultada, en el ejercicio de su función fiscalizadora, para proponer y recomendar las medidas que considere oportuno adoptar para la mejora del control del sector público de la Comunidad Foral.
d) Las tres opciones anteriores son ciertas.

31. Podrá dirigirse al Defensor del Pueblo de la Comunidad Foral de Navarra:

a) Toda persona natural que invoque un interés legítimo y goce de la condición política navarra.
b) Toda persona natural que invoque un interés legítimo, sea mayor de edad y tenga capacidad legal.
c) Toda persona natural que invoque un interés legítimo, sea mayor de edad y no tenga relación especial de sujeción o dependencia de una Administración o poder público.
d) Toda persona, natural o jurídica, que invoque un interés legítimo, sin restricción alguna.

32. Cuando el Defensor del Pueblo de la Comunidad Foral de Navarra, en razón del ejercicio de las funciones propias de su cargo, tenga conocimiento de una conducta o hechos presuntamente delictivos, lo pondrá en inmediato conocimiento:

a) Del Presidente del Parlamento de Navarra.
c) De la Presidenta o Presidente del Gobierno de Navarra.
d) Del Presidente del Tribunal Superior de Justicia de Navarra.
d) Del Ministerio Fiscal.

33. ¿Están obligados los poderes públicos y organismos de la Comunidad Foral a auxiliar al Defensor del Pueblo de la Comunidad Foral de Navarra en sus investigaciones e inspecciones?

a) No.
b) No, salvo en algunas excepciones.

c) Sí, con carácter preferente y urgente.
d) Sí, pero no con carácter urgente.

34. ¿El Defensor del Pueblo de Navarra puede llegar a imponer multas coerciti-vas a Administraciones o entidades que, en el ejercicio de sus funciones, no remitan la documentación requerida por él, aunque hayan sido apercibidas para que lo ha-gan en el plazo de diez días?

a) No.
b) Sí, de 3.000 euros.
c) Sí, de 1.500 euros.
d) Sí, de 1.000 euros.

35. Admitida una queja por el Defensor del Pueblo de la Comunidad Foral de Nava-rra y tras promover la oportuna investigación sumaria e informal para el esclarecimien-to de los supuestos de la misma, ¿en qué plazo dará cuenta del contenido sustancial de la solicitud al organismo o a la dependencia administrativa procedente, con el fin de que por su jefe o un superior, se remita informe escrito, declaración o documentación?

a) 10 días.
b) 15 días.
c) 20 días.
d) Un mes.

36. De acuerdo con la Ley Foral de la Cámara de Comptos de Navarra, ¿qué tipo de control tendrá como finalidad determinar el grado en que se hayan conseguido los objetivos previstos, analizando las posibles desviaciones que se hayan podido producir y las causas que las originen?

a) El de economía.
b) El de eficiencia.
c) El de eficacia.
d) El de legalidad.

37. El Presidente de la Cámara de Comptos será nombrado:

a) Por el Gobierno de Navarra por un período de cuatro años.
b) Por el Gobierno de Navarra por un período de cinco años.
c) Por el Parlamento de Navarra por un período de cinco años.
d) Por el Parlamento de Navarra por un período de seis años.

38. ¿Cuál de las siguientes funciones es, previa audiencia de los Auditores, del Presidente de la Cámara de Comptos?

a) Realizar el control de las cuentas y la gestión económica del sector público de la Comunidad Foral.
b) Elaborar el presupuesto anual de la Cámara.

c) Aprobar el programa anual de fiscalización a desarrollar por la Cámara.
d) Presentar al Parlamento la memoria anual de las actividades de la Cámara.

39. Es falso que, entre los órganos de la Cámara de Comptos, esté/n:

a) Los Auditores.
b) Los Consejeros forales.
c) La Secretaría General.
d) El Presidente.

Solución al test n.º 4

1. d) Las tres respuestas anteriores son ciertas.

2. c) Elaborar los Presupuestos Generales de Navarra.

3. c) La mayoría absoluta de los miembros del Parlamento.

4. d) Ejercer la potestad legislativa delegada y de la autorización para refundir textos legales.

5. d) En Pleno y Comisiones.

6. b) Un Presidente, una Mesa y una Comisión Permanente.

7. b) Dos períodos de sesiones ordinarias, que serán fijados en su Reglamento.

8. c) Una quinta parte de los parlamentarios.

9. c) La aprobación de los Presupuestos Generales de Navarra.

10. d) Ejerce la potestad legislativa.

11. a) Que depende orgánicamente del Parlamento de Navarra.

12. b) 2023.

13. c) Primero.

14. a) El Presidente de la Comunidad Foral de Navarra.

15. c) Ley Foral.

16. d) Se denominarán Leyes Forales.

17. c) La designación de los Senadores que pudieran corresponder a Navarra como Comunidad Foral.

18. c) La mayoría absoluta de los miembros del Parlamento.

19. a) El Presidente de la Comunidad Foral de Navarra.

20. d) Podrá estar auxiliado por un Adjunto.

21. a) La Ley Foral 4/2000, de 3 de julio.

22. a) Controlar las cuentas y la gestión económica del sector público de Navarra.

23. d) El Defensor del Pueblo de la Comunidad Foral de Navarra.

24. b) Fiscalizador.

25. b) Los Consejeros forales.

26. d) La Cámara de Comptos.

27. d) Las opciones a) y b) son ciertas.

28. d) Las opciones a) y c) son ciertas.

29. b) Controlar las cuentas del sector público de Navarra.

30. d) Las tres opciones anteriores son ciertas.

31. d) Toda persona, natural o jurídica, que invoque un interés legítimo, sin restricción alguna.

32. d) Del Ministerio Fiscal.

33. c) Sí, con carácter preferente y urgente.

34. c) Sí, de 1.500 euros.

35. b) 15 días.

36. c) El de eficacia.

37. d) Por el Parlamento de Navarra por un período de seis años.

38. c) Aprobar el programa anual de fiscalización a desarrollar por la Cámara.

39. b) Los Consejeros forales.

TEST N.º 5

El Gobierno de Navarra: Funciones. Composición, nombramiento, constitución y cese. Atribuciones y competencias. Funcionamiento. Órganos de asistencia y apoyo. Responsabilidad política, control parlamentario y disolución del Parlamento. La presidenta o presidente del Gobierno de Navarra. Las vicepresidentas o vicepresidentes y las consejeras o consejeros del Gobierno de Navarra

1. Corresponde a la Presidenta o Presidente del Gobierno de Navarra ostentar:

a) La más alta representación de la Comunidad Foral.
b) La más alta representación del Estado en Navarra.
c) La representación ordinaria del Estado en Navarra.
d) Las opciones a) y c) son ciertas.

2. El Presidente del Gobierno de Navarra puede designar a:

a) Uno o varios Vicepresidentes, sean o no Consejeros.
b) Uno o varios Vicepresidentes, de entre los Consejeros.
c) Un máximo de dos Vicepresidentes, de entre los Consejeros.
d) Un máximo de tres Vicepresidentes, de entre los Consejeros.

3. Cuando cese el Gobierno de Navarra, continuará en funciones hasta la toma de posesión del nuevo Gobierno, pudiendo:

a) Ejercer la iniciativa legislativa, en cualquier caso.
b) Ejercer las delegaciones legislativas otorgadas por el Parlamento de Navarra, con excepción de las referentes a los Decretos Forales Legislativos de armonización tributaria.
c) Ejercer las delegaciones legislativas otorgadas por el Parlamento de Navarra referentes a los Decretos Forales Legislativos de armonización tributaria.
d) Ejercer cualesquiera delegaciones legislativas otorgadas por el Parlamento de Navarra.

4. Corresponde defender la integridad del régimen foral de Navarra:

a) Al Gobierno de Navarra.
b) Al Presidente de la Comunidad Foral de Navarra.
c) A la Cámara de Comptos.
d) A la Comisión de Coordinación.

5. Corresponde elaborar los Presupuestos Generales de Navarra:

a) Al Parlamento de Navarra.
b) Al Gobierno de Navarra.
c) Al Presidente del Gobierno de Navarra.
d) A la Cámara de Comptos.

6. ¿Puede la Presidenta o Presidente de la Comunidad Foral de Navarra acordar la disolución del Parlamento de Navarra con anticipación al término natural de la legislatura?

a) No, en ningún caso.
b) Sí, en cualquier caso.
c) Sí, con la única salvedad de que se encuentre en tramitación una moción de censura.
d) Sí, bajo su exclusiva responsabilidad y previa deliberación del Gobierno de Navarra, salvo en determinados casos.

7. El Gobierno de Navarra precisa de la previa autorización del Parlamento de Navarra para:

a) Aprobar los proyectos de Ley.
b) Emitir Deuda Pública.
c) Nombrar a los altos cargos de la Administración de la Comunidad Foral.
d) Aprobar los proyectos de Presupuestos Generales de Navarra.

8. El Gobierno de Navarra:

a) Ejerce la potestad reglamentaria.
b) Aprueba las Leyes Forales.
c) Fiscaliza la gestión económica y financiera del sector público de la Comunidad Foral.
d) Dirige la Administración del Estado en Navarra.

9. La Presidenta o Presidente de la Comunidad Foral de Navarra, una vez elegido, es nombrado por:

a) El Delegado del Gobierno de la Nación.
b) El Parlamento de Navarra.
c) El Presidente del Parlamento de Navarra.
d) El Rey.

10. La Presidenta o Presidente de la Comunidad Foral de Navarra será elegido por:

a) El Rey.
b) El Parlamento de Navarra, de entre sus miembros.
c) El Parlamento de Navarra, de entre sus miembros o no.
d) El pueblo navarro, en las elecciones al Parlamento de Navarra.

11. Ostenta la más alta representación de la Comunidad Foral:

a) El Presidente del Parlamento de Navarra.
b) El Defensor del Pueblo de la Comunidad Foral de Navarra.
c) El Presidente de la Comunidad Foral de Navarra.
d) El Presidente del Gobierno nacional.

12. La Presidenta o Presidente de la Comunidad Foral:

a) Nombra y cesa a las Consejeras o Consejeros.
c) Nombra y cesa a los Parlamentarios forales.
b) Nombra y cesa al Presidente del Parlamento de Navarra.
d) Nombra y cesa a los Senadores que pudieran corresponder a Navarra como Comunidad Foral.

13. Para resultar investido, el candidato a Presidente de la Comunidad Foral de Navarra deberá obtener, en la votación inicial de los miembros del Parlamento:

a) Mayoría simple.
b) Mayoría absoluta.
c) Mayoría de dos tercios.
d) Mayoría de tres quintos.

14. El Presidente de la Comunidad Foral de Navarra ostenta:

a) La dirección de la Administración del Estado en Navarra.
b) La representación de la Comunidad Foral de Navarra, en sustitución del Presidente del Parlamento de Navarra.
c) La más alta representación de la Comunidad Foral y la coordinación de la Administración del Estado con la Administración Foral.
d) La más alta representación de la Comunidad Foral y la ordinaria del Estado en Navarra.

15. La segunda votación para la elección de Presidente de la Comunidad Foral de Navarra:

a) Se realizará 48 horas después de la primera.
b) Requerirá mayoría absoluta para el otorgamiento de la confianza al candidato.

c) Requerirá mayoría simple para el otorgamiento de la confianza al candidato.
d) Las opciones a) y c) son ciertas.

16. El Presidente de la Comunidad Foral de Navarra:

a) Designa y separa a los Diputados forales.
b) Dirige la acción del Parlamento de Navarra.
c) Designa y separa a los Parlamentarios forales.
d) Dirige la acción del Gobierno y del Parlamento de Navarra.

17. El Presidente y los Diputados forales:

a) Nunca responden directamente ante el Parlamento de su gestión política.
b) Responden sólo de forma solidaria ante el Parlamento de su gestión política.
c) Responden sólo de forma directa ante el Parlamento de su gestión política.
d) Responden solidariamente ante el Parlamento de su gestión política.

18. Cuando el Presidente de la Comunidad Foral de Navarra plantee ante el Parlamento de Navarra la cuestión de confianza sobre su programa de actuación, la confianza se entenderá otorgada cuando vote a favor de la misma, como mínimo:

a) La quinta parte del número de miembros del Parlamento.
b) La cuarta parte del número de miembros del Parlamento.
c) La mayoría simple de los parlamentarios forales.
d) La mayoría absoluta de los parlamentarios forales.

19. La moción de censura al Gobierno de Navarra:

a) Se aprueba por mayoría simple.
b) Se aprueba por mayoría absoluta.
c) Una vez aprobada, implica la celebración de nuevas elecciones.
d) Las opciones b) y c) son ciertas.

20. Responden solidariamente ante el Parlamento de Navarra de su gestión política, sin perjuicio de la responsabilidad directa en su gestión:

a) Sólo los parlamentarios forales.
b) El Presidente del Parlamento de Navarra y el Presidente de la Comunidad Foral de Navarra.
c) El Presidente de la Comunidad Foral de Navarra y los Diputados forales.
d) Sólo los Diputados forales.

21. Si el Parlamento de Navarra aprueba una moción de censura a la Diputación:

a) El Presidente de la Diputación tendrá la facultad de dimitir o no.
b) A continuación, el Presidente de la Diputación podrá plantear al Parlamento de Navarra una cuestión de confianza para ver si se ratifica en su postura.

c) El Presidente de la Diputación presentará inmediatamente su dimisión.

d) Ninguna de las opciones anteriores es cierta.

22. Los Decretos Forales Legislativos son:

a) Normas del Parlamento de Navarra.

b) Normas con rango de Ley Foral.

c) Normas con rango inferior al de la Leyes Forales pero superior al de los Reglamentos.

d) Normas de rango reglamentario.

23. Es cierto, en relación a Vicepresidente/s o Vicepresidenta/s del Gobierno de Navarra, que:

a) La Presidenta o Presidente del Gobierno de Navarra puede nombrar a uno/a, o a varios/as.

b) Sustituirá/n y suplirá/n a la Presidenta o Presidente del Gobierno de Navarra, por su orden, en casos de ausencia, enfermedad o impedimento permanente para el ejercicio de su cargo.

c) Su estatuto personal y su cese se rigen por lo que disponen dos Capítulos Título II de la Ley Foral 11/2019.

d) Carece/n de régimen de incompatibilidades.

24. Es falso que, entre las causas para el cese de Consejeras o Consejeros del Gobierno de Navarra, esté:

a) Separación de su cargo, decidida libremente por la Presidenta o Presidente del Parlamento de Navarra.

b) Cese de la Presidenta o Presidente del Gobierno.

c) Sentencia judicial firme de incapacitación.

d) Sentencia judicial firme que lleve aparejada la inhabilitación para el ejercicio de su cargo.

25. En falso decir, en relación a las Consejeras o Consejeros del Gobierno de Navarra, que:

a) Su suplencia se determinará por la Presidenta o Presidente del Gobierno de Navarra, mediante Decreto Foral Legislativo.

b) Sólo pueden ser suplidas o suplidos, en los casos determinados por la Ley Foral 14/2004, por otras Consejeras o Consejeros.

c) Al cesar en su cargo, tienen derecho a las indemnizaciones que se determinen, con sus correspondientes incompatibilidades.

d) Su responsabilidad criminal será exigible, en su caso, ante la correspondiente Sala del Tribunal Supremo.

26. El Gobierno de Navarra:

a) Para el ejercicio de sus funciones, se reunirá periódicamente, previa convocatoria de su Presidenta o Presidente, a la que se acompañará el orden del día de la sesión.

b) Para el ejercicio de sus funciones, se reunirá periódicamente, previa convocatoria de su Presidenta o Presidente, sin necesidad de remitir orden del día.

c) Para el ejercicio de sus funciones, se reunirá periódicamente, sin necesidad de previa convocatoria de su Presidenta o Presidente.

d) Podrá reunirse por decisión de la Presidenta o Presidente o cuando existan causas urgentes, remitiendo el orden del día de la sesión.

Solución al test n.º 5

1. d) Las opciones a) y c) son ciertas.

2. b) Uno o varios Vicepresidentes, de entre los Consejeros.

3. c) Ejercer las delegaciones legislativas otorgadas por el Parlamento de Navarra referentes a los Decretos Forales Legislativos de armonización tributaria.

4. a) Al Gobierno de Navarra.

5. b) Al Gobierno de Navarra.

6. d) Sí, bajo su exclusiva responsabilidad y previa deliberación del Gobierno de Navarra, salvo en determinados casos.

7. b) Emitir Deuda Pública.

8. a) Ejerce la potestad reglamentaria.

9. d) El Rey.

10. b) El Parlamento de Navarra, de entre sus miembros.

11. c) El Presidente de la Comunidad Foral de Navarra.

12. a) Nombra y cesa a las Consejeras o Consejeros.

13. b) Mayoría absoluta.

14. d) La más alta representación de la Comunidad Foral y la ordinaria del Estado en Navarra.

15. c) Requerirá mayoría simple para el otorgamiento de la confianza al candidato.

16. a) Designa y separa a los Diputados forales.

17. d) Responden solidariamente ante el Parlamento de su gestión política.

18. c) La mayoría simple de los parlamentarios forales.

19. b) Se aprueba por mayoría absoluta.

20. c) El Presidente de la Comunidad Foral de Navarra y los Diputados forales.

21. c) El Presidente de la Diputación presentará inmediatamente su dimisión.

22. b) Normas con rango de Ley Foral.

23. a) La Presidenta o Presidente del Gobierno de Navarra puede nombrar a uno/a, o a varios/as.

24. a) Separación de su cargo, decidida libremente por la Presidenta o Presidente del Parlamento de Navarra.

25. a) Su suplencia se determinará por la Presidenta o Presidente del Gobierno de Navarra, mediante Decreto Foral Legislativo.

26. a) Para el ejercicio de sus funciones, se reunirá periódicamente, previa convocatoria de su Presidenta o Presidente, a la que se acompañará el orden del día de la sesión.

TEST N.º 6

**Las Fuentes del Derecho: la jerarquía de las fuentes. La Ley.
Las disposiciones del ejecutivo con rango de ley. La iniciativa
legislativa y potestad para dictar normas con rango de ley.
El reglamento: concepto, clases y límites.
La potestad reglamentaria del Gobierno**

1. Señala cuál de las siguientes es una fuente indirecta de nuestro Derecho Administrativo:

a) Los Reglamentos.
b) La Jurisprudencia.
c) Los Principios Generales del Derecho.
d) La Costumbre.

2. ¿Qué tipo de fuente del Derecho Administrativo son los Reglamentos del Presidente del Gobierno?

a) Directa.
b) Indirecta.
c) Directa subsidiaria.
d) No son fuente de nuestro Derecho Administrativo.

3. ¿A quién atribuye la Constitución Española la titularidad de la potestad legislativa?

a) Únicamente al Estado.
b) A las Cortes Generales exclusivamente.
c) Al Estado y las Comunidades Autónomas.
d) Al Estado, a las Comunidades Autónomas y a las Corporaciones Locales.

4. ¿A quién atribuye el art. 91 de la Carta Magna la potestad para ordenar la inmediata publicación de las leyes aprobadas por las Cortes Generales?

a) Al Rey.
b) Al Presidente del Gobierno.
c) Al Presidente del Congreso de los Diputados.
d) Al Presidente de la Mesa de la Cámara Baja.

5. ¿Cómo se denominan las leyes por las que las Cortes Generales, en materia de competencia estatal, pueden atribuir a todas o a alguna de las Comunidades Autónomas la facultad de dictar, para sí mismas, normas legislativas en el marco de los principios, bases y directrices fijados por una ley estatal?

a) Leyes orgánicas.
b) Leyes ordinarias.
c) Leyes marco.
d) Leyes de armonización.

6. ¿En qué plazo sancionará el Rey las leyes aprobadas por las Cortes Generales?

a) Un mes.
b) Veinte días.
c) Quince días.
d) Diez días.

7. ¿Qué órgano de los siguientes promulga las leyes?

a) El Rey.
b) El Presidente del Gobierno.
c) Las Cortes Generales.
d) El Presidente del Congreso.

8. ¿Qué son los decretos legislativos?

a) Disposiciones del Gobierno sobre derechos y deberes fundamentales.
b) Disposiciones de las cortes que contienen delegación legislativa.
c) Disposiciones del Poder Judicial que contienen delegación legislativa.
d) Disposiciones del Gobierno que contienen legislación delegada.

9. En caso de extraordinaria y urgente necesidad, ¿qué disposición legislativa provisional podrá dictar el Gobierno?

a) Decreto Legislativo.
b) Ley de Bases.
c) Ley Orgánica.
d) Decreto-Ley.

10. Los Decretos-Leyes deberán de ser inmediatamente sometidos a debate y votación de totalidad:

a) Al Senado.
b) Al Gobierno.
c) Al Congreso de los Diputados.
d) Todas las anteriores son correctas.

11. Cuando las Asambleas de las CC AA remitan a la Mesa del Congreso una proposición de ley, delegarán ante dicha cámara para su defensa:

a) Un máximo de 2 miembros de la Asamblea.
b) Un máximo de 3 miembros de la Asamblea.
c) Un máximo de 4 miembros de la Asamblea.
d) Un máximo de 5 miembros de la Asamblea.

12. ¿Qué ley regulará las formas de ejercicio y requisitos de la iniciativa popular para la presentación de las proposiciones de ley?

a) Una Ley de Bases.
b) Una Ley ordinaria.
c) Una Ley Orgánica.
d) Todas son correctas.

13. En caso de iniciativa legislativa popular, el número de firmas necesarias será de:

a) 250.000 firmas acreditadas.
b) 500.000 firmas acreditadas.
c) 1.000.000 firmas acreditadas.
d) 1.250.000 firmas acreditadas.

14. No procederá la iniciativa legislativa popular en materias:

a) Propias de ley orgánica.
b) Tributarias o internacionales.
c) En lo relativo a la prerrogativa de gracia.
d) Todas las anteriores son correctas.

15. ¿De qué plazo dispone el Senado para, mediante mensaje motivado, oponer su veto o introducir enmiendas a un proyecto de ley ordinaria u orgánica?

a) Veinte días, a partir del día de la recepción del texto.
b) Un mes, a partir del día de la recepción del texto.
c) Dos meses, a partir del día de la recepción del texto.
d) Tres meses, a partir del día de la recepción del texto.

16. El plazo ordinario de que el Senado dispone para vetar o enmendar el proyecto se reducirá en los proyectos declarados urgentes por el Gobierno o por el Congreso de los Diputados a:

a) Veinte días hábiles.
b) Veinte días naturales.
c) Quince días naturales.
d) Quince días hábiles.

17. El art. 129 de la Ley 39/2015, de 1 de octubre, del Procedimiento Administrativo Común de las Administraciones Públicas dispone que en el ejercicio de la iniciativa legislativa y la potestad reglamentaria, las Administraciones Públicas actuarán de acuerdo con los principios de:

a) Legalidad, necesidad, eficacia, eficiencia, transparencia, e igualdad.
b) Legalidad, objetividad, necesidad, eficacia y eficiencia.
c) Necesidad, transparencia, objetividad, proporcionalidad, y eficacia.
d) Necesidad, eficacia, proporcionalidad, seguridad jurídica, transparencia, y eficiencia.

18. ¿En virtud de qué principio, la iniciativa normativa debe evitar cargas administrativas innecesarias o accesorias y racionalizar, en su aplicación, la gestión de los recursos públicos?

a) En aplicación del principio de eficiencia.
b) En aplicación del principio de transparencia.
c) En aplicación del principio de proporcionalidad.
d) En aplicación del principio de necesidad.

19. ¿En virtud de qué principio o principios, la iniciativa normativa debe estar justificada por una razón de interés general, basarse en una identificación clara de los fines perseguidos y ser el instrumento más adecuado para garantizar su consecución?

a) En virtud de los principios de necesidad y eficacia.
b) En virtud de los principios de objetividad y proporcionalidad.
c) En virtud de los principios de seguridad y necesidad.
d) En virtud de los principios de transparencia y eficiencia.

20. Por la relación existente entre los reglamentos y la ley, GARRIDO FALLA y ENTRENA CUESTA, clasifican los Reglamentos en:

a) Dependientes o independientes.
b) Ejecutivos e Independientes.
c) Internos y externos.
d) Estatales, autonómicos, locales e institucionales.

21. Como consecuencia del principio de reserva de ley, la Administración no podrá, por vía reglamentaria:

a) Establecer y exigir prestaciones personales obligatorias.
b) Establecer ni imponer penas.
c) Establecer tributos.
d) Todas las respuestas son correctas.

22. La fase de recogida de firmas de la iniciativa popular deberá hacerse en el plazo de:

a) Seis meses, prorrogable por otros dos meses más.
b) Seis meses improrrogables.
c) Nueve meses, prorrogable por otros tres meses más.
d) Nueve meses improrrogables.

23. Señala cuál de las siguientes no es una fuente directa del Derecho Administrativo:

a) Los Decretos-Leyes.
b) Los Principios Generales del Derecho.
c) Los Reglamentos del Presidente del Gobierno.
d) La Constitución.

24. El artículo 1.6.º del Código Civil establece que la jurisprudencia complementará el ordenamiento jurídico con la doctrina que, de modo reiterado, establezca:

a) El Tribunal Constitucional.
b) La Audiencia Nacional.
c) El Tribunal Supremo.
d) Los Tribunales Superiores de Justicia.

25. ¿Quiénes son en España, tras la Constitución, los titulares de la potestad legislativa?

a) El Estado.
b) Las Comunidades Autónomas.
c) Las Corporaciones Locales.
d) Las respuestas a) y b) son correctas.

26. Las Asambleas de las Comunidades Autónomas podrán solicitar del Gobierno la adopción de un proyecto de ley o remitir a la Mesa del Congreso una proposición de ley, delegando ante dicha Cámara:

a) Un máximo de dos miembros de la Asamblea encargados de su defensa.
b) Un máximo de tres miembros de la Asamblea encargados de su defensa.
c) Un máximo de cinco miembros de la Asamblea encargados de su defensa.
d) Un máximo de siete miembros de la Asamblea encargados de su defensa.

27. Una Ley Orgánica regulará las formas de ejercicio y requisitos de la iniciativa popular para la presentación de proposiciones de ley. En todo caso se exigirán no menos de:

a) 50.000 firmas acreditadas.
b) 100.000 firmas acreditadas.

c) 250.000 firmas acreditadas.
d) 500.000 firmas acreditadas.

28. ¿En qué materias no procede la iniciativa popular para la presentación de proposiciones de ley?

a) En materias tributarias.
b) En materias propias de ley orgánica.
c) En materias de carácter internacional.
d) Todas las respuestas son correctas.

29. ¿A quién corresponde elevar al Consejo de Ministros el Plan Anual Normativo para su aprobación?

a) Al Presidente del Gobierno.
b) Al Ministro de la Presidencia, Justicia y Relaciones con las Cortes.
c) Al Ministro del Interior.
d) Al Vicepresidente del Gobierno.

30. El/la Ministro/a competente elevará el Plan al Consejo de Ministros para su aprobación antes de:

a) El 30 de abril.
b) El 1 de mayo.
c) El 30 de junio.
d) El 31 de diciembre.

31. Conforme dispone el artículo 86 de la CE, en caso de extraordinaria y urgente necesidad, el Gobierno podrá dictar disposiciones legislativas provisionales que tomarán la forma de:

a) Leyes Orgánicas.
b) Decretos–Leyes.
c) Decretos Legislativos.
d) Reglamentos.

32. Los Decretos–Leyes deberán ser inmediatamente sometidos a debate y votación de totalidad al Congreso de los Diputados, convocado al efecto si no estuviere reunido, en el plazo de:

a) Los treinta días siguientes a su promulgación.
b) Los veinte días siguientes a su promulgación.
c) Los quince días siguientes a su promulgación.
d) Los diez días siguientes a su promulgación.

33. Las disposiciones del Gobierno que contengan legislación delegada recibirán el título de:

a) Leyes Orgánicas.
b) Decretos–Leyes.
c) Decretos Legislativos.
d) Reglamentos.

34. Los Juzgados y Tribunales del orden contencioso-administrativo conocerán:

a) De las pretensiones que se deduzcan en relación con la actuación de las Administraciones Públicas sujeta al Derecho Administrativo.
b) Con las disposiciones generales de rango inferior a la ley.
c) Con los Decretos Legislativos cuando excedan los límites de la delegación.
d) Todas las respuestas son correctas.

35. Señala la respuesta incorrecta respecto al Reglamento:

a) El Reglamento consiste en un acto normativo dictado por la Administración en virtud de su competencia propia.
b) El Reglamento es toda disposición jurídica de carácter general dictada por la Administración Pública y con valor subordinado a la ley.
c) Por su contenido, son normas de Derecho subjetivo, de rango inferior al de las leyes.
d) Por su procedencia, al emanar de la Administración, están sometidos al principio de legalidad y son susceptibles, en su caso, de ser fiscalizados por la Jurisdicción Contencioso-Administrativa.

36. ¿En virtud de qué principio, la iniciativa normativa debe evitar cargas administrativas innecesarias o accesorias y racionalizar, en su aplicación, la gestión de los recursos públicos?

a) En aplicación del principio de transparencia.
b) En aplicación del principio de eficacia.
c) En aplicación del principio de eficiencia.
d) En aplicación del principio de seguridad jurídica.

37. Por la relación existente entre los Reglamentos y la ley, cabe distinguir entre:

a) Reglamentos Ejecutivos y Reglamentos Independientes.
b) Reglamentos Normativos y Reglamentos Legislativos.
c) Reglamentos Simples y Reglamentos Complejos.
d) Reglamentos Internos y Reglamentos Externos.

38. Como consecuencia del principio de reserva de ley, la Administración no podrá, por vía reglamentaria:

a) Establecer ni imponer penas.

b) Establecer tributos ni otro tipo de exacciones, tasas, cánones, derechos de propaganda, ni otras cargas similares.

c) Establecer y exigir prestaciones personales obligatorias.

d) Todas las respuestas anteriores son correctas.

39. ¿En virtud de qué principio las Administraciones Públicas posibilitarán el acceso sencillo, universal y actualizado a la normativa en vigor y los documentos propios de su proceso de elaboración, en los términos establecidos en el artículo 7 de la Ley 19/2013, de 9 de diciembre, de Transparencia, acceso a la Información Pública y Buen Gobierno?

a) En aplicación del principio de transparencia.

b) En aplicación del principio de eficacia.

c) En aplicación del principio de eficiencia.

d) En aplicación del principio de seguridad jurídica.

40. Las Administraciones Públicas, en el ámbito de sus competencias, publicarán:

a) Los documentos que, conforme a la legislación sectorial vigente, deban ser sometidos a un período de información pública durante su tramitación.

b) Las directrices, instrucciones, acuerdos, circulares o respuestas a consultas planteadas por los particulares u otros órganos en la medida en que supongan una interpretación del Derecho o tengan efectos jurídicos.

c) Los Anteproyectos de Ley y los proyectos de Decretos Legislativos cuya iniciativa les corresponda, cuando se soliciten los dictámenes a los órganos consultivos correspondientes.

d) Todas las respuestas anteriores son correctas.

41. ¿Con qué periodicidad, las Administraciones Públicas harán público un Plan Normativo que contendrá las iniciativas legales o reglamentarias que vayan a ser elevadas para su aprobación en el año siguiente?

a) Anualmente.

b) Semestralmente.

c) Trimestralmente.

d) Mensualmente.

42. Por razón del sujeto que los dicta, los Reglamentos podrán ser:

a) Públicos y privados.

b) Únicos y múltiples.

c) Estatales, autonómicos, locales e institucionales.
d) Políticos e institucionales.

43. ¿Cómo se denominan los Reglamentos dictados por las Autoridades administrativas en caso de emergencia?

a) Reglamentos excepcionales.
b) Reglamentos de necesidad.
c) Reglamentos *contra legem*.
d) Las respuestas b) y c) son correctas.

44. Los Reglamentos tienen el límite formal de que han de ser elaborados siguiendo el procedimiento establecido al respecto, so pena de:

a) Anulabilidad.
b) Nulidad.
c) Ilegitimidad.
d) Irregularidad.

45. ¿Cómo se denominan los Reglamentos que agotan su eficacia en el ámbito de la propia Administración, sin que regulen o repercutan en relaciones entre esta y los particulares o entre los Entes Públicos?

a) Internos.
b) Propios.
c) Simples.
d) Únicos.

46. El Código Penal, aprobado por la Ley Orgánica 10/1995, de 23 de noviembre, establece en su artículo 506 que la autoridad o funcionario público que, careciendo de atribuciones para ello, dictare una disposición general o suspendiere su ejecución, será castigado con la pena de:

a) Multa de seis a doce meses.
b) Prisión de uno a tres años.
c) Multa de seis a doce meses e inhabilitación especial para empleo o cargo público por tiempo de seis a doce años.
d) Prisión de uno a tres años, multa de seis a doce meses e inhabilitación especial para empleo o cargo público por tiempo de seis a doce años.

47. Indica cuál de las siguientes es una fuente indirecta del Derecho Administrativo:

a) La costumbre.
b) Los Reglamentos.
c) Los Tratados Internacionales.
d) Las leyes ordinarias.

48. ¿De qué plazo dispone el Rey para sancionar las leyes aprobadas por las Cortes Generales?

a) De un mes.
b) De veinte días.
c) De quince días.
d) De siete días.

49. ¿A quién corresponde la sanción y promulgación de las leyes de las Comunidades Autónomas?

a) Al Rey.
b) Al Presidente de cada una de ellas, en nombre de la Comunidad.
c) Al Presidente de cada una de ellas, en nombre del Rey.
d) Al Presidente del Parlamento Autonómico.

50. A tenor del artículo 81.1.º CE, son Leyes Orgánicas:

a) Las que regulen el régimen electoral general.
b) Las relativas al desarrollo de los derechos fundamentales y de las libertades públicas.
c) Las que aprueben los Estatutos de Autonomía.
d) Todas las respuestas son correctas.

Solución al test n.º 6

1. b) La Jurisprudencia.

2. a) Directa.

3. c) Al Estado y las Comunidades Autónomas.

4. a) Al Rey.

5. c) Leyes marco.

6. c) Quince días.

7. a) El Rey.

8. d) Disposiciones del Gobierno que contienen legislación delegada.

9. d) Decreto-Ley.

10. c) Al Congreso de los Diputados.

11. b) Un máximo de 3 miembros de la Asamblea.

12. c) Una Ley Orgánica.

13. b) 500.000 firmas acreditadas.

14. d) Todas las anteriores son correctas.

15. c) Dos meses, a partir del día de la recepción del texto.

16. b) Veinte días naturales.

17. d) Necesidad, eficacia, proporcionalidad, seguridad jurídica, transparencia, y eficiencia.

18. a) En aplicación del principio de eficiencia.

19. a) En virtud de los principios de necesidad y eficacia.

20. b) Ejecutivos e Independientes.

21. d) Todas las respuestas son correctas.

22. c) Nueve meses, prorrogable por otros tres meses más.

23. b) Los Principios Generales del Derecho.

24. c) El Tribunal Supremo.

25. d) Las respuestas a) y b) son correctas.

26. b) Un máximo de tres miembros de la Asamblea encargados de su defensa.

27. d) 500.000 firmas acreditadas.

28. d) Todas las respuestas son correctas.

29. b) Al Ministro de la Presidencia, Justicia y Relaciones con las Cortes.

30. a) El 30 de abril.

31. b) Decretos–Leyes.

32. a) Los treinta días siguientes a su promulgación.

33. c) Decretos Legislativos.

34. d) Todas las respuestas son correctas.

35. c) Por su contenido, son normas de Derecho subjetivo, de rango inferior al de las leyes.

36. c) En aplicación del principio de eficiencia.

37. a) Reglamentos Ejecutivos y Reglamentos Independientes.

38. d) Todas las respuestas son correctas.

39. a) En aplicación del principio de transparencia.

40. d) Todas las respuestas anteriores son correctas.

41. a) Anualmente.

42. c) Estatales, autonómicos, locales e institucionales.

43. d) Las respuestas b) y c) son correctas.

44. b) Nulidad.

45. a) Internos.

46. d) Prisión de uno a tres años, multa de seis a doce meses e inhabilitación especial para empleo o cargo público por tiempo de seis a doce años.

47. c) Los Tratados Internacionales.

48. c) De quince días.

49. c) Al Presidente de cada una de ellas, en nombre del Rey.

50. d) Todas las respuestas son correctas.

TEST N.º 7

La Ley Foral 11/2019, de 11 de marzo, de la Administración de la Comunidad Foral de Navarra y del Sector Público Institucional Foral. Título I: "Disposiciones Generales". Título II: capítulo I "Administración Pública Foral". Capítulo II "De la organización de la Administración Pública Foral". Capítulo III "Régimen jurídico del ejercicio de las competencias". Capítulo IV "Órganos colegiados". Título III: capítulo I "Organización de la Administración de la Comunidad Foral de Navarra". Título VI: capítulo I "Derechos de las personas"

1. La Ley Foral de la Administración de la Comunidad Foral de Navarra y del Sector Público Institucional Foral es:

a) La Ley Foral 11/2019.
b) La Ley Foral 15/2004.
c) La Ley Foral 14/2004.
d) La Ley Foral 23/1983.

2. Dentro de la Ley Foral de la Administración de la Comunidad Foral de Navarra y del Sector Público Institucional Foral, se denomina "Disposiciones generales":

a) El Título I.
b) El Título II.
c) El Título III.
d) El Título IV.

3. El capítulo I del Título III de la Ley Foral 11/2019 se denomina:

a) "Órganos colegiados".
b) "Organización de la Administración de la Comunidad Foral de Navarra".
c) "De la organización de la Administración Pública Foral".
d) "Régimen jurídico del ejercicio de las competencias".

4. Es falso decir que la Administración Pública Foral gozará, en el ejercicio de sus competencias, de:

a) La potestad expropiatoria.
b) La potestad sancionadora.
c) La potestad de autoorganización.
d) La potestad legislativa.

5. Navarra, sobre el régimen jurídico de la Diputación Foral, de su Administración y de los entes públicos dependientes de la misma, garantizando el tratamiento igual de los administrados ante las Administraciones Públicas, tiene:

a) Competencia exclusiva.
b) Competencia de desarrollo reglamentario, no legislativa.
c) Competencia de ejecución, exclusivamente.
d) Administrativa, incluida la inspección, y revisora en vía administrativa, exclusivamente.

6. Regula la organización, el funcionamiento y el régimen jurídico de la Administración de la Comunidad Foral de Navarra y del Sector Público Institucional Foral:

a) La Ley Foral 14/2004.
b) La Ley Foral 15/2004.
c) La Ley Foral 11/2019.
d) La Ley Foral 11/2007.

7. ¿Qué norma atribuye a la Comunidad Foral competencia exclusiva, en virtud de su régimen foral, sobre las normas de procedimiento administrativo y, en su caso, económico-administrativo que se deriven de las especialidades del Derecho sustantivo o de la organización propios de Navarra?

a) La Constitución Española.
b) La Ley Orgánica 13/1982, de 10 de agosto.
c) La Ley Foral 11/2019, de 11 de marzo.
d) La Ley Foral 15/2004, de 3 de diciembre.

8. Es falso decir que:

a) La Administración de la Comunidad Foral de Navarra está constituida por órganos jerárquicamente ordenados.
b) La Administración de la Comunidad Foral de Navarra actúa con personalidad jurídica única para el cumplimiento de sus fines.
c) La Administración de la Comunidad Foral de Navarra sirve, bajo la dirección del Parlamento de Navarra, con objetividad los intereses generales.
d) Los organismos públicos y entidades de Derecho Público vinculados o dependientes de la Administración de la Comunidad Foral de Navarra tienen personalidad jurídica plena en sus relaciones con terceros.

9. El artículo 5 de la Ley Foral de la Administración de la Comunidad Foral de Navarra y del Sector Público Institucional Foral, se denomina:

a) "Personalidad jurídica de la Administración Pública Foral".
b) "Potestades y prerrogativas de la Administración Pública Foral".
c) "Relaciones ad intra y ad extra".
d) "Ámbito subjetivo".

10. Al frente de cada Departamento de la Administración de la Comunidad Foral de Navarra se encuentra:

a) Un órgano colegiado.
b) Un Consejero o Consejera.
c) Un Director o Directora General.
d) Una Secretaria o Secretario General Técnico.

11. La creación, modificación, agrupación y supresión de Departamentos en que se estructura la Administración de la Comunidad Foral de Navarra, corresponde:

a) A la Presidenta o Presidente del Gobierno de Navarra, mediante Decreto Foral.
b) Al Parlamento de Navarra, mediante Ley Foral.
c) Al Gobierno de Navarra, mediante Decreto Foral.
d) Ninguna de las tres respuestas anteriores es cierta.

12. Son órganos superiores de la Administración Pública Foral:

a) El Gobierno de Navarra, su Presidenta o Presidente, las Vicepresidentas o Vicepresidentes en su caso, las Consejeras y Consejeros, y las Directoras o Directores Generales.
b) El Gobierno de Navarra, su Presidenta o Presidente, las Vicepresidentas o Vicepresidentes en su caso, y las Consejeras y Consejeros.
c) El Gobierno de Navarra, su Presidenta o Presidente y las Vicepresidentas o Vicepresidentes en su caso, exclusivamente.
d) El Gobierno de Navarra y su Presidenta o Presidente, exclusivamente.

13. El incumplimiento de las instrucciones y órdenes de servicio de los órganos de la Administración Pública Foral que dirijan las actividades de los jerárquicamente dependientes:

a) Afecta por sí solo a la validez de los actos dictados por los órganos administrativos.
b) No afecta por sí solo a la validez de los actos dictados por los órganos administrativos.
c) Podrá hacer incurrir, en su caso, en responsabilidad disciplinaria.
d) Las respuestas b) y c) son ciertas.

14. Conforme a la Ley Foral de la Administración de la Comunidad Foral de Navarra y del Sector Público Institucional Foral, los Servicios podrán organizarse en:

a) Secciones, Negociados y otras unidades de rango inferior al de Sección.
b) Direcciones generales o Jefaturas.
c) Jefaturas o Negociados.
d) Organismos Autónomos o Secciones.

15. La Ley Foral de la Administración de la Comunidad Foral de Navarra y del Sector Público Institucional Foral:

a) Establece el número de los Departamentos.
b) Establece el nombre de los distintos Departamentos.
c) Atribuye a la Presidenta o Presidente del Gobierno de Navarra la creación, modificación, agrupación y extinción de Departamentos, mediante decreto foral.
d) Atribuye a la Presidenta o Presidente del Gobierno de Navarra la creación, modificación, agrupación y extinción de los Departamentos por orden foral.

16. La Ley 11/2019 dispone que cada Departamento se estructura en:

a) Una o varias Divisiones y en una Secretaría General Técnica.
b) Una o varias Direcciones Generales y en una Secretaría General Técnica.
c) Una o varias Direcciones Generales y en una Secretaría Técnica.
d) Servicios y en una Secretaría Técnica.

17. Conforme a la Ley Foral 11/2019, las personas titulares de la Secretarías Generales Técnicas tendrán el rango de:

a) Directora o Director de Negociado.
b) Directora o Director de División.
c) Directora o Director de Sección.
d) Directora o Director de Servicio.

18. Es falso decir, conforme a la Ley Foral 11/2019, que:

a) Las decisiones administrativas de los Directores Generales serán firmadas por los mismos.
b) Los Directores Generales serán nombrados y cesados libremente mediante orden foral.
c) Los Directores Generales serán nombrados y cesados a propuesta de las personas titulares de los Departamentos competentes.
d) Las decisiones administrativas de los Directores Generales adoptarán la forma de resolución.

19. La Ley Foral 11/2019 dispone que:

a) No podrán existir dentro de cada Departamento órganos dependientes directamente de la persona titular del mismo.
b) La Dirección General tiene como función la dirección, la gestión y la coordinación de una o de varias áreas funcionalmente homogéneas.

c) La creación, modificación, agrupación y supresión de Direcciones Generales corresponde a la Consejera o Consejero titular del respectivo Departamento.

d) La determinación del área o áreas a las que se extenderá la competencia de cada una de las Direcciones Generales se efectúa mediante orden foral.

20. De acuerdo con la Ley Foral 11/2019, las unidades orgánicas de carácter directivo de los Departamentos son:

a) Los Negociados.

b) Las Secciones.

c) Las Secretarías Generales Técnicas.

d) Los Servicios.

21. Es falso decir que, a los efectos de la Ley Foral 11/2019, tienen la consideración de Administración Pública Foral:

a) La Administración de la Comunidad Foral de Navarra.

b) Los organismos públicos vinculados o dependientes de la Administración de la Comunidad Foral de Navarra.

c) Las entidades de derecho público vinculadas o dependientes de la Administración de la Comunidad Foral de Navarra.

d) La Administración del Estado en Navarra.

22. Conforme a la Ley Foral 11/2019, el "derecho a la buena administración" es aquel por el que:

a) Las personas tienen derecho al acceso igualitario a los servicios públicos, así como a un trato personalizado y adecuado.

b) Cualquier persona que establezca una relación con la Administración Pública Foral tiene derecho a ser atendido con cortesía, diligencia y confidencialidad.

c) Toda persona tiene derecho a que los órganos integrantes de la Administración Pública Foral traten sus asuntos imparcial y equitativamente y dentro de un plazo razonable.

d) Cualquier persona tiene el derecho de petición ante la Administración Pública Foral.

23. Es falso decir que las personas en sus relaciones con la Administración Pública Foral ostentan el siguiente derecho:

a) A la protección de la buena fe y la confianza legítima.

b) Al acceso a los servicios públicos.

c) De petición.

d) A usar cualquier idioma.

24. De acuerdo con la Ley Foral 11/2019, en relación a los procedimientos para la atención o respuesta de sugerencias, reclamaciones y quejas que se presenten por cualquier persona, relativas a la actividad o al funcionamiento de los servicios públicos de la Administración Pública Foral:

a) En todo caso, contemplarán una contestación expresa y motivada.

b) En algunos casos, contemplarán una contestación expresa.

c) El Gobierno de Navarra establecerá un procedimiento general, sin perjuicio de los procedimientos establecidos en materias específicas.

d) Las opciones a) y c) son ciertas.

25. Cualquier persona tiene el derecho de petición ante la Administración Pública Foral, de acuerdo con:

a) La Constitución Española y la ley orgánica que lo regula.

b) La Ley Orgánica 3/2018, de 5 de diciembre.

c) El Derecho de la Unión Europea.

d) La legislación específica en materia de transparencia.

26. Señalar cuál de las siguiente normas está actualmente derogada:

a) Ley 39/2015, de 1 de octubre, del Procedimiento Administrativo Común de las Administraciones Públicas.

b) Ley 40/2015, de 1 de octubre, de Régimen Jurídico del Sector Público.

c) Ley Foral 11/2007, de 4 de abril, para la implantación de la administración electrónica en la Comunidad Foral de Navarra.

d) Ley Foral 15/2004, de 3 de diciembre, de la Administración de la Comunidad Foral de Navarra.

Solución al test n.º 7

1. a) La Ley Foral 11/2019.

2. a) El título I.

3. b) "Organización de la Administración de la Comunidad Foral de Navarra".

4. d) La potestad legislativa.

5. a) Competencia exclusiva.

6. c) La Ley Foral 11/2019.

7. b) La Ley Orgánica 13/1982, de 10 de agosto.

8. c) La Administración de la Comunidad Foral de Navarra sirve, bajo la dirección del Parlamento de Navarra, con objetividad los intereses generales.

9. c) "Relaciones ad intra y ad extra".

10. b) Un Consejero o Consejera.

11. a) A la Presidenta o Presidente del Gobierno de Navarra, mediante decreto foral.

12. b) El Gobierno de Navarra, su Presidenta o Presidente, las Vicepresidentas o Vicepresidentes en su caso, y las Consejeras y Consejeros.

13. d) Las respuestas b) y c) son ciertas.

14. a) Secciones, Negociados y otras unidades de rango inferior al de Sección.

15. c) Atribuye a la Presidenta o Presidente del Gobierno de Navarra la creación, modificación, agrupación y extinción de Departamentos, mediante decreto foral.

16. b) Una o varias Direcciones Generales y en una Secretaría General Técnica.

17. d) Directora o Director de Servicio.

18. b) Los Directores Generales serán nombrados y cesados libremente mediante orden foral.

19. b) La Dirección General tiene como función la dirección, la gestión y la coordinación de una o de varias áreas funcionalmente homogéneas.

20. d) Los Servicios.

21. d) La Administración del Estado en Navarra.

22. c) Toda persona tiene derecho a que los órganos integrantes de la Administración Pública Foral traten sus asuntos imparcial y equitativamente y dentro de un plazo razonable.

23. d) A usar cualquier idioma oficial.

24. d) Las opciones a) y c) son ciertas.

25. a) La Constitución Española y la ley orgánica que lo regula.

26. c) Ley Foral 11/2007, de 4 de abril, para la implantación de la administración electrónica en la Comunidad Foral de Navarra.

TEST N.º 8

Los actos administrativos. Requisitos de los actos administrativos. Eficacia de los actos. Nulidad y anulabilidad. La revisión de los actos en vía administrativa: revisión de oficio y recursos administrativos

1. Los actos deben motivarse:

a) Siempre.
b) Nunca.
c) Cuando decidan un procedimiento.
d) Cuando la Ley lo prescriba.

2. No tienen por qué motivarse los actos que:

a) Resuelvan recursos.
b) Limiten derechos subjetivos.
c) Se separen del dictamen de órganos consultivos.
d) Todos los anteriores deben motivarse.

3. En la notificación de todo acto administrativo no es necesario que conste siempre:

a) Su texto íntegro.
b) Los recursos que contra el mismo procedan.
c) Los motivos en que se basa la decisión.
d) El plazo de interposición de los recursos.

4. ¿En qué supuestos la notificación se hará por medio de un anuncio publicado en el Boletín Oficial del Estado?

a) Cuando se ignore el lugar de la notificación.
b) Cuando los interesados en un procedimiento sean conocidos.
c) Cuando intentada la notificación, no se hubiera podido practicar.
d) Las respuestas a) y c) son correctas.

5. A tenor del artículo 41 LPACAP, las notificaciones se practicarán preferentemente:

a) Por la vía postal.
b) Telefónicamente.
c) Por medios electrónicos.
d) Por el medio más rápido y económico para la Administración.

6. Las resoluciones administrativas que vulneren lo establecido en una disposición reglamentaria son:

a) Nulas.
b) Válidas.
c) Anulables.
d) Temporalmente válidas.

7. Para que un acto tenga eficacia retroactiva es necesario que:

a) Limite derechos de los particulares.
b) Restrinja el ejercicio de facultades de los particulares.
c) Imponga deberes u obligaciones.
d) No se lesionen derechos de otras personas.

8. La presunción de legitimidad de los actos administrativos:

a) No admite prueba en contrario.
b) Dependerá de lo que el propio acto establezca.
c) Puede ser objeto de impugnación por el particular.
d) Solo se da cuando la Ley expresamente lo diga.

9. Se efectuarán por medios electrónicos las siguientes notificaciones:

a) Todas sin excepción desde la entrada en vigor de la Ley 39/2015.
b) Las que contengan medios de pago a favor de los obligados, tales como cheques.
c) Las de ciertos colectivos de personas físicas que por razón de su capacidad económica tienen acceso y disponibilidad de los medios electrónicos necesarios.
d) Todas son correctas.

10. Los actos dictados prescindiendo total y absolutamente del procedimiento legalmente establecido o de las normas que contienen las reglas esenciales para la formación de la voluntad de los órganos colegiados, se consideran:

a) Válidos.
b) Nulos de pleno derecho.
c) Anulables.
d) Irregulares.

11. Cuando la Administración Pública efectúa una actuación material que no limita derechos subjetivos de los particulares:

a) Debe haber sido adoptado antes el oportuno acto administrativo.
b) No puede hacerlo.
c) No es necesario un previo acto administrativo.
d) Debe oírse al Consejo de Estado.

12. En los casos de notificaciones infructuosas, las Administraciones podrán publicar un anuncio en el Boletín Oficial de la Comunidad Autónoma o de la Provincia, en el tablón de edictos del Ayuntamiento del último domicilio del interesado o del Consulado o Sección Consular de la Embajada correspondiente, siempre de modo:

a) Preceptivo.
b) Facultativo.
c) De forma obligatoria y en cualquier momento.
d) No vinculante.

13. Los supuestos de nulidad absoluta de actos administrativos:

a) Son la regla general en nuestro Derecho.
b) Son los recogidos en el artículo 47 de la Ley 39/2015, de 1 de octubre, del Procedimiento Administrativo Común de las Administraciones Públicas, exclusivamente.
c) Pueden señalarse expresamente por otro tipo de normas.
d) Son solo los del artículo 47 citado y de otras Leyes formales.

14. Los efectos de una declaración de nulidad absoluta se producen desde:

a) Que se notifica el acto anulatorio.
b) El momento de la declaración de la nulidad.
c) La notificación o publicación del acto anulatorio, según los casos.
d) Se dictó el acto anulado.

15. Los defectos formales en un acto, según reconoce expresamente la Ley:

a) Lo vician con nulidad absoluta.
b) Lo vician con anulabilidad en todo caso.
c) Pueden dar lugar a la nulidad absoluta si producen indefensión.
d) Pueden dar lugar a la anulabilidad en este último caso.

16. La Administración Pública podrá convalidar un acto:

a) Si el vicio consiste en incompetencia jerárquica.
b) Si el vicio consiste en incompetencia funcional.
c) Si el vicio consiste en incompetencia territorial.
d) En ninguno de los anteriores casos.

17. El recurso de alzada contra actos que no agotan la vía administrativa es:

a) Extraordinario.
b) La regla general.
c) Especial.
d) Inexistente.

18. El recurso de reposición contra actos que no agotan la vía administrativa es:

a) Ordinario.
b) Extraordinario.
c) Especial.
d) Inexistente.

19. El recurso de alzada se presentará:

a) Ante el superior jerárquico del órgano que dictó el acto.
b) Ante el Tribunal contencioso competente.
c) Ante el órgano que dictó el acto.
d) Indistintamente, ante el órgano que dictó el acto o el superior jerárquico que deba decidirlo.

20. La resolución presunta del recurso de alzada se dará, si no recae resolución, al/a los:

a) Quince días de interponerlo.
b) Mes de su interposición.
c) Tres meses de dictarse el acto.
d) En cualquier momento a partir del día siguiente a aquel en que, de acuerdo con su normativa específica, se produzcan los efectos del silencio administrativo.

21. El silencio administrativo en el recurso de alzada puede ser positivo en el siguiente caso:

a) Cuando el recurso se presentó contra un acto presunto desestimatorio de la solicitud del ciudadano.
b) Cuando perjudique al ciudadano.
c) Siempre que beneficie al interés público.
d) En ningún supuesto es positivo.

22. El recurso extraordinario de revisión se interpone contra:

a) Cualquier acto administrativo.
b) Actos que no agotan la vía administrativa.
c) Los actos que agotan la vía administrativa.
d) Los actos firmes exclusivamente.

23. La terminación presunta del recurso extraordinario de revisión se dará:

a) A los tres meses de su interposición.
b) Al mes de su interposición.
c) No cabe.
d) Solo en el supuesto de que se base en manifiesto error de derecho.

24. El recurso extraordinario de revisión por manifiesto error de hecho debe plantearse:

a) A los tres meses desde que se produjo.
b) A los cuatro años desde que se conoció.
c) Dentro de los cuatro años desde la notificación del acto.
d) No puede darse nunca aisladamente.

25. La revisión de los actos por los recursos administrativos:

a) Corresponde a la propia Administración Pública.
b) Supone una actuación excepcional por la Administración Pública sobre sus actos firmes.
c) Compete a los órganos jurisdiccionales de lo contencioso-administrativo.
d) Se da solo en supuestos tasados y límites.

26. Para plantear un recurso administrativo:

a) Hay que tener capacidad jurídica, sin requerirse la capacidad de obrar.
b) Basta con la capacidad de obrar.
c) Se requiere, siempre, ser titular de un derecho subjetivo afectado por el acto que se recurre.
d) Puede hacerlo quien ostente la condición de interesado.

27. Cuando una persona interpone un recurso de alzada denominándolo como recurso de revisión:

a) Deberá desestimarse el recurso por improcedente.
b) Deberá notificársele el error para que lo subsane.
c) No se admitirá el recurso.
d) Deberá resolverse, si del propio recurso se deduce su carácter.

28. La *reformatio in peius*, en materia de recursos:

a) Se admite como regla general.
b) Solo se permite en materia sancionadora.
c) Se admite cuando el recurso está claramente infundado.
d) Está expresamente prohibida.

29. Como consecuencia del principio de congruencia, al resolver un recurso, la Administración Pública:

a) Podrá agravar la situación inicial del recurrente.

b) Deberá ajustarse a las peticiones del recurrente.

c) Lo desestimará, manteniendo el acto administrativo.

d) Solo decidirá sobre las cuestiones planteadas por el recurrente sin entrar en otras que deriven del procedimiento.

30. La revocación por la Administración Pública de un acto administrativo de gravamen o no declarativo de derechos:

a) Ha de efectuarse a instancia de los particulares.

b) Está prohibida.

c) Se podrá revocar mientras que no haya transcurrido el plazo de prescripción, siempre que no constituya dispensa o exención no permitida por las Leyes, o sea contraria al principio de igualdad, al interés público o al ordenamiento jurídico.

d) Requiere previo dictamen del Consejo de Estado.

31. ¿Qué ocurre si, transcurridos tres meses desde la interposición del recurso extraordinario de revisión, no se dicta ni notifica resolución?

a) Se entiende estimado.

b) Se entiende desestimado.

c) Se puede interponer de nuevo otro extraordinario de revisión.

d) Ninguna es correcta.

32. Un acto anulable, ¿puede ser revisado de oficio por la Administración Pública, una vez transcurridos cuatro años desde que se dictó?

a) Sí, cuando así lo dictamine el Consejo de Estado.

b) No.

c) Sí, cuando incurra en nulidad de pleno derecho y así lo dictamine el Consejo de Estado.

d) Sí, cuando la ilegalidad sea manifiesta y así lo dictamine el Consejo de Estado.

Solución al test n.º 8

1. d) Cuando la Ley lo prescriba.

2. d) Todos los anteriores deben motivarse.

3. c) Los motivos en que se basa la decisión.

4. d) Las respuestas a) y c) son correctas.

5. c) Por medios electrónicos.

6. a) Nulas.

7. d) No se lesionen derechos de otras personas.

8. c) Puede ser objeto de impugnación por el particular.

9. c) Las de ciertos colectivos de personas físicas que por razón de su capacidad económica tienen acceso y disponibilidad de los medios electrónicos necesarios.

10. b) Nulos de pleno derecho.

11. c) No es necesario un previo acto administrativo.

12. b) Facultativo.

13. c) Pueden señalarse expresamente por otro tipo de normas.

14. d) Se dictó el acto anulado.

15. d) Pueden dar lugar a la anulabilidad en este último caso.

16. a) Si el vicio consiste en incompetencia jerárquica.

17. b) La regla general.

18. d) Inexistente.

19. d) Indistintamente, ante el órgano que dictó el acto o el superior jerárquico que deba decidirlo.

20. d) En cualquier momento a partir del día siguiente a aquel en que, de acuerdo con su normativa específica, se produzcan los efectos del silencio administrativo.

21. a) Cuando el recurso se presentó contra un acto presunto desestimatorio de la solicitud del ciudadano.

22. d) Los actos firmes exclusivamente.

23. a) A los tres meses de su interposición.

24. c) Dentro de los cuatro años desde la notificación del acto.

25. a) Corresponde a la propia Administración Pública.

26. d) Puede hacerlo quien ostente la condición de interesado.

27. d) Deberá resolverse, si del propio recurso se deduce su carácter.

28. d) Está expresamente prohibida.

29. b) Deberá ajustarse a las peticiones del recurrente.

30. c) Se podrá revocar mientras que no haya transcurrido el plazo de prescripción, siempre que no constituya dispensa o exención no permitida por las Leyes, o sea contraria al principio de igualdad, al interés público o al ordenamiento jurídico.

31. b) Se entiende desestimado.

32. b) No.

Las disposiciones generales sobre el procedimiento administrativo: Los interesados en el procedimiento. De la actividad de las administraciones públicas: normas generales de actuación; términos y plazos. Garantías del procedimiento. Iniciación, ordenación, instrucción y finalización del procedimiento. Ejecución

1. En materia de representación, la LPACAP incluye nuevos medios para acreditarla en el ámbito exclusivo de las Administraciones Públicas, como son, entre otros:

a) El apoderamiento notarial de forma electrónica.
b) El apoderamiento *apud acta*, presencial o electrónico.
c) El apoderamiento *anod actus*, presencial o electrónico.
d) El apoderamiento *acta omnis*, presencial.

2. La LPACAP establece, con carácter general, la obligación de las Administraciones Públicas de:

a) No admitir que el interesado pueda presentar con carácter general copias de documentos en soporte papel.
b) No admitir que el interesado pueda presentar con carácter general copias de documentos que hayan sido digitalizadas.
c) Requerir documentos ya aportados por los interesados, elaborados por las Administraciones Públicas o documentos originales.
d) No requerir documentos ya aportados por los interesados, elaborados por las Administraciones Públicas o documentos originales.

3. La edad mínima para entablar por sí solo relaciones con la Administración Pública es de:

a) Dieciocho años.
b) Depende de los casos.
c) Veintiún años la mujer casada.
d) Dieciséis años.

4. La falta o insuficiente acreditación de la representación no impedirá que se tenga por realizado el acto de que se trate, siempre que se aporte aquella o se subsane el defecto dentro del plazo que deberá conceder al efecto el órgano administrativo, de:

a) Un mes, o de un plazo superior cuando las circunstancias del caso así lo requieran.
b) Veinte días, o de un plazo superior cuando las circunstancias del caso así lo requieran.
c) Quince días, o de un plazo superior cuando las circunstancias del caso así lo requieran.
d) Diez días, o de un plazo superior cuando las circunstancias del caso así lo requieran.

5. Los poderes inscritos en el registro electrónico de apoderamiento tendrán una validez determinada máxima de:

a) Diez años a contar desde la fecha de inscripción.
b) Cinco años a contar desde la fecha de inscripción.
c) Tres años a contar desde la fecha de inscripción.
d) Dos años a contar desde la fecha de inscripción.

6. Señala la respuesta incorrecta respecto a los interesados:

a) Se consideran interesados en el procedimiento administrativo los que, sin haber iniciado el procedimiento, tengan derechos que puedan resultar afectados por la decisión que en el mismo se adopte.
b) Cuando en una solicitud, escrito o comunicación figuren varios interesados, las actuaciones a que den lugar se efectuarán con el representante o el interesado que expresamente hayan señalado, y, en su defecto, con cualquiera de los demás.
c) Cuando la condición de interesado derivase de alguna relación jurídica transmisible, el derecho-habiente sucederá en tal condición cualquiera que sea el estado del procedimiento.
d) La presentación de una denuncia y la comparecencia en el trámite de información pública, respectivamente, no confieren u otorgan, por sí solas, la condición de interesado en el procedimiento.

7. En Derecho Administrativo, a diferencia del Derecho Privado, se puede reconocer a los menores de edad:

a) Capacidad jurídica.
b) Capacidad de obrar.
c) Ambas capacidades.
d) Ninguna de ellas.

8. Señala la respuesta incorrecta. Las Administraciones Públicas solo requerirán a los interesados el uso obligatorio de firma para:

a) Presentar declaraciones responsables o comunicaciones.
b) Adquirir derechos.

c) Interponer recursos.

d) Formular solicitudes.

9. Si durante la instrucción de un procedimiento, se advierte la existencia de personas que sean titulares de derechos o intereses legítimos y directos cuya identificación resulte del expediente y que puedan resultar afectados por la resolución que se dicte:

a) Se comunicará a dichas personas la tramitación del procedimiento cuando así lo solicite el interesado que inició el procedimiento.

b) Se publicará por edictos.

c) Se comunicará a dichas personas la tramitación del procedimiento cuando este no haya tenido publicidad.

d) No se comunicará, salvo que se presenten en forma legal en el procedimiento.

10. Con carácter general, para realizar cualquier actuación prevista en el procedimiento administrativo, será suficiente con que los interesados acrediten previamente su identidad a través de cualquiera de los medios de identificación previstos en la Ley 39/2015, de 1 de octubre. Las Administraciones Públicas NO requerirán a los interesados el uso obligatorio de firma para:

a) Identificar a las autoridades y al personal al servicio de las Administraciones Públicas bajo cuya responsabilidad se tramiten los procedimientos.

b) Desistir de acciones.

c) Presentar declaraciones responsables o comunicaciones.

d) Formular solicitudes.

11. En relación con la asistencia en el uso de medios electrónicos a los interesados, el art. 12.2 de la Ley 39/2015, de 1 de octubre, dispone que las Administraciones Públicas asistirán en el uso de medios electrónicos:

a) A quienes ejerzan una actividad profesional para la que se requiera colegiación obligatoria, para los trámites y actuaciones que realicen con las Administraciones Públicas en ejercicio de dicha actividad profesional.

b) A ciertos colectivos de personas físicas que por razón de su capacidad económica, técnica, dedicación profesional u otros motivos quede acreditado que tienen acceso y disponibilidad de los medios electrónicos necesarios.

c) A los empleados de las Administraciones Públicas para los trámites y actuaciones que realicen con ellas por razón de su condición de empleado público.

d) A los interesados no incluidos en los apartados 2 y 3 del artículo 14 de la Ley 39/2015, de 1 de octubre, que así lo soliciten, especialmente en lo referente a la identificación y firma electrónica, presentación de solicitudes a través del registro electrónico general y obtención de copias auténticas.

12. Si algunos de los interesados no dispone de los medios electrónicos necesarios, su identificación o firma electrónica en el procedimiento administrativo podrá ser válidamente realizada por un funcionario público mediante el uso del sistema de firma electrónica del que esté dotado para ello. En este caso:

a) Será necesario que el interesado que carezca de los medios electrónicos necesarios se identifique ante el funcionario.

b) Será necesario que el interesado que carezca de los medios electrónicos necesarios se identifique ante el funcionario y preste su consentimiento expreso para esta actuación.

c) Será necesario que el interesado que carezca de los medios electrónicos necesarios se identifique ante el funcionario y preste su consentimiento expreso para esta actuación, de lo que deberá quedar constancia para los casos de discrepancia.

d) Será necesario que el interesado que carezca de los medios electrónicos necesarios se identifique ante el funcionario y preste su consentimiento expreso para esta actuación, de lo que deberá quedar constancia para los casos de discrepancia o litigio.

13. Señala uno de los derechos que la Ley 39/2015, de 1 de octubre, del Procedimiento Administrativo Común de las Administraciones Públicas, reconoce a quienes tengan capacidad de obrar ante las Administraciones Públicas:

a) A la obtención y utilización de los medios de identificación y firma electrónica contemplados en la Ley 39/2015, de 1 de octubre.

b) A la protección de datos de carácter personal, y en particular a la seguridad y confidencialidad de los datos que figuren en los ficheros, sistemas y aplicaciones de las Administraciones Públicas.

c) A ser asistidos en el uso de medios electrónicos en sus relaciones con las Administraciones Públicas.

d) Todas las respuestas son correctas.

14. La Ley 39/2015, de 1 de octubre, del Procedimiento Administrativo Común de las Administraciones Públicas, reconoce a quienes tengan capacidad de obrar ante las Administraciones Públicas el derecho a comunicarse con las Administraciones Públicas a través de:

a) Un Punto de Acceso Rápido Telemático.

b) Un Punto Electrónico Central.

c) Un Punto Único Electrónico de contacto.

d) Un Punto de Acceso General electrónico de la Administración.

15. A menos que la naturaleza del documento exija otra forma más adecuada de expresión y constancia, las Administraciones Públicas deberán emitir los documentos administrativos:

a) Preferiblemente de forma verbal.

b) Por escrito, a través de medios electrónicos.

c) Verbal o en su defecto por escrito.

d) De cualquier forma que deje constancia de su recepción.

16. Indica cuál de los siguientes documentos electrónicos emitidos por las Administraciones Públicas no requieren de firma electrónica, aunque sí precisan identificar su origen:

a) Los documentos que formen parte de un expediente administrativo.

b) Los documentos que se publiquen con carácter sancionador.

c) Los documentos que se publiquen con carácter meramente informativo.

d) Todos los documentos electrónicos emitidos por una Administración Pública requieren de firma electrónica.

17. ¿Cuándo podrán los interesados solicitar la expedición de copias auténticas de los documentos públicos administrativos que hayan sido válidamente emitidos por las Administraciones Públicas?

a) Únicamente en la fase de audiencia.

b) Solo en la fase de prueba.

c) Siempre antes de la resolución del expediente administrativo.

d) En cualquier momento.

18. La solicitud de copias auténticas de los documentos públicos administrativos que hayan sido válidamente emitidos por las Administraciones Públicas se dirigirá al órgano que emitió el documento original, debiendo expedirse, salvo las excepciones derivadas de la aplicación de la Ley 19/2013, de 9 de diciembre, en el plazo de:

a) Un mes a contar desde la recepción de la solicitud en el registro electrónico de la Administración u Organismo competente.

b) Veinte días a contar desde la recepción de la solicitud en el registro electrónico de la Administración u Organismo competente.

c) Quince días a contar desde la recepción de la solicitud en el registro electrónico de la Administración u Organismo competente.

d) Diez días a contar desde la recepción de la solicitud en el registro electrónico de la Administración u Organismo competente.

19. Los documentos que los interesados dirijan a los órganos de las Administraciones Públicas podrán presentarse:

a) En las oficinas de Correos, en la forma que reglamentariamente se establezca.

b) En las representaciones diplomáticas u oficinas consulares de España en el extranjero.

c) En las oficinas de asistencia en materia de registros.

d) Todas las respuestas son correctas.

20. Señala la respuesta incorrecta respecto a la comparecencia de las personas:

a) La comparecencia de las personas ante las oficinas públicas, ya sea presencialmente o por medios electrónicos, solo será obligatoria cuando así esté previsto mediante Reglamento.

b) En los casos en que proceda la comparecencia, la correspondiente citación hará constar expresamente el lugar, fecha, hora, los medios disponibles y objeto de la comparecencia, así como los efectos de no atenderla.

c) Las Administraciones Públicas entregarán al interesado certificación acreditativa de la comparecencia cuando así lo solicite.

d) Todas las respuestas son incorrectas.

21. Señala la respuesta incorrecta:

a) Estarán obligados a relacionarse a través de medios electrónicos con las Administraciones Públicas para la realización de cualquier trámite de un procedimiento administrativo los notarios y registradores de la propiedad y mercantiles.

b) En los procedimientos tramitados por las Administraciones de las Comunidades Autónomas y de las Entidades Locales, el uso de la lengua se ajustará a lo previsto en la legislación nacional.

c) Cada Administración dispondrá de un Registro Electrónico General, en el que se hará el correspondiente asiento de todo documento que sea presentado o que se reciba en cualquier órgano administrativo, organismo público o entidad vinculado o dependiente a estos.

d) Las personas físicas podrán elegir en todo momento si se comunican con las Administraciones Públicas para el ejercicio de sus derechos y obligaciones a través de medios electrónicos o no, salvo que estén obligadas a relacionarse a través de medios electrónicos con las Administraciones Públicas.

22. ¿Quién puede obtener copias de documentos contenidos en un procedimiento que se esté tramitando?

a) Solo los interesados en él.

b) Cualquier ciudadano.

c) Nadie.

d) Solo otro órgano administrativo.

23. Si un interesado de una Comunidad Autónoma con lengua oficial específica se dirige a un órgano de la Administración General del Estado sito en su Comunidad, ha de hacerlo en:

a) Castellano necesariamente.

b) Su lengua oficial exclusivamente.

c) Cualquiera de las dos anteriores, a su opción.

d) La que se le indique por la citada Administración.

24. Los interesados en un procedimiento que conozcan datos que permitan identificar a otros interesados que no hayan comparecido en él:

a) Tienen el deber de proporcionárselos a la Administración actuante.
b) Pueden proporcionárselos a la Administración actuante, cuando lo estimen conveniente.
c) No tienen por qué aportarlos al procedimiento.
d) Solo tienen obligación de aportarlos cuando les proporcione un beneficio.

25. El plazo máximo en el que debe notificarse la resolución expresa será el fijado por la norma reguladora del correspondiente procedimiento. Este plazo, salvo que una norma con rango de ley establezca uno mayor o así venga previsto en el Derecho de la Unión Europea, no podrá exceder de:

a) Veinte días.
b) Un mes.
c) Tres meses.
d) Seis meses.

26. El transcurso del plazo máximo legal para resolver un procedimiento y notificar la resolución se podrá suspender:

a) Cuando deba obtenerse un pronunciamiento previo y preceptivo de un órgano de la Unión Europea, por el tiempo que medie entre la petición, que habrá de comunicarse a los interesados, y la notificación del pronunciamiento a la Administración instructora, que también deberá serles comunicada.
b) Cuando deban realizarse pruebas técnicas o análisis contradictorios o dirimentes propuestos por los interesados, durante el tiempo necesario para la incorporación de los resultados al expediente.
c) Cuando exista un procedimiento no finalizado en el ámbito de la Unión Europea que condicione directamente el contenido de la resolución de que se trate, desde que se tenga constancia de su existencia, lo que deberá ser comunicado a los interesados, hasta que se resuelva, lo que también habrá de ser notificado.
d) Todas las respuestas son correctas.

27. ¿Qué recurso cabe contra el acuerdo que resuelva sobre la ampliación de plazos?

a) Recurso de alzada.
b) Recurso extraordinario de revisión.
c) Recurso de reposición, en el plazo de un mes.
d) Ningún recurso.

28. Señala la respuesta correcta respecto al cómputo de plazos:

a) Salvo que por ley o en el Derecho de la Unión Europea se disponga otro cómputo, cuando los plazos se señalen por horas, se entiende que estas son naturales.
b) Siempre que por ley o en el Derecho de la Unión Europea no se exprese otro cómputo, cuando los plazos se señalen por días, se entiende que estos son naturales, incluyéndose en el cómputo los sábados, los domingos y los declarados festivos.

c) Los plazos expresados en días se contarán desde el mismo día en que tenga lugar la notificación o publicación del acto de que se trate, o desde el siguiente a aquel en que se produzca la estimación o la desestimación por silencio administrativo.

d) Cuando un día fuese hábil en el municipio o Comunidad Autónoma en que residiese el interesado, e inhábil en la sede del órgano administrativo, o a la inversa, se considerará inhábil en todo caso.

29. Señala la respuesta incorrecta respecto al cómputo de los plazos:

a) Cuando los plazos se hayan señalado por días naturales por declararlo así una ley o por el Derecho de la Unión Europea, se hará constar esta circunstancia en las correspondientes notificaciones.

b) Cuando el último día del plazo sea inhábil, se entenderá prorrogado al primer día hábil siguiente.

c) Los plazos expresados por horas se contarán de hora en hora y de minuto en minuto desde la hora y minuto en que tenga lugar la notificación o publicación del acto de que se trate y no podrán tener una duración superior a veinticuatro horas, en cuyo caso se expresarán en días.

d) La declaración de un día como hábil o inhábil a efectos de cómputo de plazos determina por sí sola el funcionamiento de los centros de trabajo de las Administraciones Públicas, la organización del tiempo de trabajo así como el régimen de jornada y horarios de las mismas.

30. El registro electrónico permite la presentación de documentos:

a) De lunes a viernes de 8 a 15 horas.
b) De lunes a viernes de 8 a 21 horas.
c) Todos los días del año de 8 a 21 horas.
d) Todos los días del año durante las veinticuatro horas.

31. ¿En qué caso podrá ser objeto de ampliación un plazo ya vencido?

a) En los procedimientos tramitados por las misiones diplomáticas y oficinas consulares.
b) En aquellos que, sustanciándose en el interior, exijan cumplimentar algún trámite en el extranjero o en los que intervengan interesados residentes fuera de España.
c) Siempre que así lo considere oportuno, y lo fundamente, el Instructor del procedimiento.
d) En ningún caso.

32. Cuando razones de interés público lo aconsejen, se podrá acordar, de oficio o a petición del interesado, la aplicación al procedimiento de la tramitación de urgencia, por la cual se reducirán a la mitad los plazos establecidos para el procedimiento ordinario, salvo:

a) Los relativos a la presentación de solicitudes.
b) Los relativos a la presentación de recursos.
c) Las respuestas a) y b) son correctas.
d) Ninguna respuesta es correcta.

33. Señala qué recurso cabe contra el acuerdo de acumulación de procedimientos administrativos:

a) Recurso de alzada.
b) Recurso extraordinario de revisión.
c) Recurso de reposición, en el plazo de un mes.
d) Ningún recurso.

34. ¿Cuándo se iniciarán de oficio los procedimientos?

a) Por denuncia.
b) Por acuerdo del órgano competente.
c) Por propia iniciativa.
d) Todas las respuestas son correctas.

35. Señala la respuesta incorrecta respecto al inicio del procedimiento por denuncia:

a) Las denuncias deberán expresar la identidad de la persona o personas que las presentan y el relato de los hechos que se ponen en conocimiento de la Administración.
b) La presentación de una denuncia confiere, por sí sola, la condición de interesado en el procedimiento.
c) Cuando la denuncia invocara un perjuicio en el patrimonio de las Administraciones Públicas la no iniciación del procedimiento deberá ser motivada y se notificará a los denunciantes la decisión de si se ha iniciado o no el procedimiento.
d) Se entiende por denuncia el acto por el que cualquier persona, en cumplimiento o no de una obligación legal, pone en conocimiento de un órgano administrativo la existencia de un determinado hecho que pudiera justificar la iniciación de oficio de un procedimiento administrativo.

36. ¿En qué caso se podrá imponer una sanción sin que se haya tramitado el oportuno procedimiento?

a) En casos de urgente necesidad.
b) En situaciones excepcionales, como por ejemplo, situaciones de crisis sanitarias o epidemias.
c) Las respuestas a) y b) son correctas.
d) En ningún caso.

37. ¿Cuál de los siguientes datos no es necesario que figure en las solicitudes de iniciación del procedimiento por parte de los interesados?

a) Número de teléfono.
b) Hechos, razones y petición en que se concrete, con toda claridad, la solicitud.
c) Órgano, centro o unidad administrativa a la que se dirige y su correspondiente código de identificación.
d) Firma del solicitante o acreditación de la autenticidad de su voluntad expresada por cualquier medio.

38. Los documentos que los interesados dirijan a los órganos de las Administraciones Públicas podrán presentarse:

a) En las oficinas de Correos, en la forma que reglamentariamente se establezca.
b) En el registro electrónico de la Administración u Organismo al que se dirijan.
c) En las representaciones diplomáticas u oficinas consulares de España en el extranjero.
d) Todas las respuestas son correctas.

39. Los interesados solo podrán solicitar el inicio de un procedimiento de responsabilidad patrimonial, cuando no haya prescrito su derecho a reclamar. El derecho a reclamar prescribirá:

a) Al año de producido el hecho o el acto que motive la indemnización o se manifieste su efecto lesivo.
b) A los dos años de producido el hecho o el acto que motive la indemnización o se manifieste su efecto lesivo.
c) A los cinco años de producido el hecho o el acto que motive la indemnización o se manifieste su efecto lesivo.
d) Este derecho no prescribe.

40. ¿De acuerdo con qué principio se acordarán en un solo acto todos los trámites que, por su naturaleza, admitan un impulso simultáneo y no sea obligado su cumplimiento sucesivo?

a) Con el principio de oficialidad.
b) Con el principio de eficacia.
c) Con el principio de simplificación administrativa.
d) Con el principio de rapidez administrativa.

41. Salvo en el caso de que en la norma correspondiente se fije plazo distinto, los trámites que deban ser cumplimentados por los interesados deberán realizarse en el plazo de:

a) Siete días a partir del siguiente al de la notificación del correspondiente acto.
b) Diez días a partir del siguiente al de la notificación del correspondiente acto.
c) Quince días a partir del siguiente al de la notificación del correspondiente acto.
d) Un mes a partir del siguiente al de la notificación del correspondiente acto.

42. En cualquier momento del procedimiento, cuando la Administración considere que alguno de los actos de los interesados no reúne los requisitos necesarios, lo pondrá en conocimiento de su autor, concediéndole un plazo para cumplimentarlo:

a) De cinco días.
b) De siete días.
c) De diez días.
d) De veinte días.

43. Cuando la Administración no tenga por ciertos los hechos alegados por los interesados o la naturaleza del procedimiento lo exija, el instructor del mismo acordará la apertura de un período de prueba, a fin de que puedan practicarse cuantas juzgue pertinentes, por un plazo:

a) No superior a treinta días ni inferior a diez.
b) No superior a treinta días ni inferior a quince.
c) No superior a veinte días ni inferior a diez.
d) No superior a veinte días ni inferior a cinco.

44. Salvo disposición expresa en contrario, los informes serán:

a) Vinculantes.
b) Vinculantes y facultativos.
c) Facultativos y no vinculantes.
d) Nunca facultativos.

45. En el caso de los procedimientos de responsabilidad patrimonial será preceptivo solicitar informe al servicio cuyo funcionamiento haya ocasionado la presunta lesión indemnizable, no pudiendo exceder el plazo de su emisión de:

a) Diez días.
b) Quince días.
c) Veinte días.
d) Un mes.

46. ¿Cómo se denomina el conjunto ordenado de documentos y actuaciones que sirven de antecedente y fundamento a la resolución administrativa, así como las diligencias encaminadas a ejecutarla?

a) Dosier administrativo.
b) Acto administrativo.
c) Expediente administrativo.
d) Procedimiento administrativo.

47. Con arreglo al artículo 74 LPACAP, las cuestiones incidentales que se susciten en el procedimiento, incluso las que se refieran a la nulidad de actuaciones:

a) Suspenderán la tramitación del procedimiento.
b) No suspenderán la tramitación del procedimiento, salvo la recusación.
c) No suspenderán la tramitación del procedimiento en ningún caso.
d) Siempre que lo estime oportuno el instructor del procedimiento, y así lo motive suficientemente, suspenderá la tramitación del procedimiento.

48. ¿Cuándo podrán los interesados aducir alegaciones y aportar documentos u otros elementos de juicio?

a) En cualquier momento.
b) En cualquier momento del procedimiento posterior al trámite de audiencia.
c) En cualquier momento del procedimiento anterior al trámite de audiencia.
d) Únicamente cuando lo autorice el instructor del procedimiento.

49. Señala la respuesta incorrecta respecto a los medios y período de prueba:

a) El instructor del procedimiento solo podrá rechazar las pruebas propuestas por los interesados cuando sean manifiestamente improcedentes o innecesarias, sin necesidad de resolución motivada.

b) En los procedimientos de carácter sancionador, los hechos declarados probados por resoluciones judiciales penales firmes vincularán a las Administraciones Públicas respecto de los procedimientos sancionadores que substancien.

c) Cuando la prueba consista en la emisión de un informe de un órgano administrativo, organismo público o Entidad de derecho público, se entenderá que este tiene carácter preceptivo.

d) Cuando la valoración de las pruebas practicadas pueda constituir el fundamento básico de la decisión que se adopte en el procedimiento, por ser pieza imprescindible para la correcta evaluación de los hechos, deberá incluirse en la propuesta de resolución.

50. Cuando lo considere necesario, el instructor, a petición de los interesados, podrá decidir la apertura de un período extraordinario de prueba por un plazo:

a) No superior a diez días.
b) No superior a quince días.
c) No superior a veinte días.
d) No superior a un mes.

51. Salvo que una disposición o el cumplimiento del resto de los plazos del procedimiento permita o exija otro plazo mayor o menor, los informes serán emitidos en el plazo de:

a) Diez días.
b) Quince días.
c) Veinte días.
d) Un mes.

52. ¿De qué plazo disponen los interesados para alegar y presentar los documentos y justificaciones que estimen pertinentes?

a) De un plazo no inferior a cinco días ni superior a diez.
b) De un plazo no inferior a diez días ni superior a quince.

c) De un plazo no inferior a diez días ni superior a veinte.

d) De un plazo no inferior a diez días ni superior a un mes.

53. ¿En qué plazo deberán practicarse las actuaciones complementarias?

a) En un plazo no superior a siete días.

b) En un plazo no superior a diez días.

c) En un plazo no superior a quince días.

d) En un plazo no superior a un mes.

54. ¿Transcurrido qué plazo desde que se inició el procedimiento sin que haya recaído y se notifique resolución expresa o, en su caso, se haya formalizado el acuerdo, podrá entenderse que la resolución es contraria a la indemnización del particular?

a) Transcurrido un mes.

b) Transcurridos tres meses.

c) Transcurridos seis meses.

d) Transcurrido un año.

55. A tenor del artículo 92 LPACAP, en el ámbito de la Administración General del Estado, los procedimientos de responsabilidad patrimonial se resolverán por:

a) El Ministro respectivo.

b) El Presidente del Gobierno.

c) El Consejo de Ministros.

d) Las respuestas a) y c) son correctas.

56. Señala la respuesta incorrecta respecto al desistimiento y renuncia por los interesados:

a) Si el escrito de iniciación se hubiera formulado por dos o más interesados, el desistimiento o la renuncia afectará a todos los que la hubiesen formulado.

b) Todo interesado podrá desistir de su solicitud o, cuando ello no esté prohibido por el ordenamiento jurídico, renunciar a sus derechos.

c) Si la cuestión suscitada por la incoación del procedimiento entrañase interés general o fuera conveniente sustanciarla para su definición y esclarecimiento, la Administración podrá limitar los efectos del desistimiento o la renuncia al interesado y seguirá el procedimiento.

d) Tanto el desistimiento como la renuncia podrán hacerse por cualquier medio que permita su constancia, siempre que incorpore las firmas que correspondan de acuerdo con lo previsto en la normativa aplicable.

Solución al test n.º 9

1. b) El apoderamiento *apud acta*, presencial o electrónico.

2. d) No requerir documentos ya aportados por los interesados, elaborados por las Administraciones Públicas o documentos originales.

3. b) Depende de los casos.

4. d) Diez días, o de un plazo superior cuando las circunstancias del caso así lo requieran.

5. b) Cinco años a contar desde la fecha de inscripción.

6. b) Cuando en una solicitud, escrito o comunicación figuren varios interesados, las actuaciones a que den lugar se efectuarán con el representante o el interesado que expresamente hayan señalado, y, en su defecto, con cualquiera de los demás.

7. b) Capacidad de obrar.

8. b) Adquirir derechos.

9. c) Se comunicará a dichas personas la tramitación del procedimiento cuando este no haya tenido publicidad.

10. a) Identificar a las autoridades y al personal al servicio de las Administraciones Públicas bajo cuya responsabilidad se tramiten los procedimientos.

11. d) A los interesados no incluidos en los apartados 2 y 3 del artículo 14 de la Ley 39/2015, de 1 de octubre, que así lo soliciten, especialmente en lo referente a la identificación y firma electrónica, presentación de solicitudes a través del registro electrónico general y obtención de copias auténticas.

12. d) Será necesario que el interesado que carezca de los medios electrónicos necesarios se identifique ante el funcionario y preste su consentimiento expreso para esta actuación, de lo que deberá quedar constancia para los casos de discrepancia o litigio.

13. d) Todas las respuestas son correctas.

14. d) Un Punto de Acceso General electrónico de la Administración.

15. b) Por escrito, a través de medios electrónicos.

16. c) Los documentos que se publiquen con carácter meramente informativo.

17. d) En cualquier momento.

18. c) Quince días a contar desde la recepción de la solicitud en el registro electrónico de la Administración u Organismo competente.

19. d) Todas las respuestas son correctas.

20. a) La comparecencia de las personas ante las oficinas públicas, ya sea presencialmente o por medios electrónicos, solo será obligatoria cuando así esté previsto mediante Reglamento.

21. b) En los procedimientos tramitados por las Administraciones de las Comunidades Autónomas y de las Entidades Locales, el uso de la lengua se ajustará a lo previsto en la legislación nacional.

22. a) Solo los interesados en él.

23. c) Cualquiera de las dos anteriores, a su opción.

24. a) Tienen el deber de proporcionárselos a la Administración actuante.

25. d) Seis meses.

26. d) Todas las respuestas son correctas.

27. d) Ningún recurso.

28. d) Cuando un día fuese hábil en el municipio o Comunidad Autónoma en que residiese el interesado, e inhábil en la sede del órgano administrativo, o a la inversa, se considerará inhábil en todo caso.

29. d) La declaración de un día como hábil o inhábil a efectos de cómputo de plazos determina por sí sola el funcionamiento de los centros de trabajo de las Administraciones Públicas, la organización del tiempo de trabajo así como el régimen de jornada y horarios de las mismas.

30. d) Todos los días del año durante las veinticuatro horas.

31. d) En ningún caso.

32. c) Las respuestas a) y b) son correctas.

33. d) Ningún recurso.

34. d) Todas las respuestas son correctas.

35. b) La presentación de una denuncia confiere, por sí sola, la condición de interesado en el procedimiento.

36. d) En ningún caso.

37. a) Número de teléfono.

38. d) Todas las respuestas son correctas.

39. a) Al año de producido el hecho o el acto que motive la indemnización o se manifieste su efecto lesivo.

40. c) Con el principio de simplificación administrativa.

41. b) Diez días a partir del siguiente al de la notificación del correspondiente acto.

42. c) De diez días.

43. a) No superior a treinta días ni inferior a diez.

44. c) Facultativos y no vinculantes.

45. a) Diez días.

46. c) Expediente administrativo.

47. b) No suspenderán la tramitación del procedimiento, salvo la recusación.

48. c) En cualquier momento del procedimiento anterior al trámite de audiencia.

49. a) El instructor del procedimiento solo podrá rechazar las pruebas propuestas por los interesados cuando sean manifiestamente improcedentes o innecesarias, sin necesidad de resolución motivada.

50. a) No superior a diez días.

51. a) Diez días.

52. b) De un plazo no inferior a diez días ni superior a quince.

53. c) En un plazo no superior a quince días.

54. c) Transcurridos seis meses.

55. d) Las respuestas a) y c) son correctas.

56. a) Si el escrito de iniciación se hubiera formulado por dos o más interesados, el desistimiento o la renuncia afectará a todos los que la hubiesen formulado.

TEST N.º 10

El Estatuto del Personal al servicio de las Administraciones Públicas de Navarra: Clases de personal. La selección de los funcionarios públicos. La adquisición y pérdida de la condición de funcionario. La carrera administrativa. Las situaciones administrativas. La provisión de puestos de trabajo. Derechos y deberes

1. El Texto Refundido del Estatuto del Personal al servicio de las Administraciones Públicas de Navarra fue aprobado por:

a) Ley Foral.
b) Ley Orgánica.
c) Decreto Foral Legislativo.
d) Decreto-Ley Foral.

2. En el Texto Refundido del Estatuto del Personal al servicio de las Administraciones Públicas de Navarra, se entiende como tales:

a) La Administración de la Comunidad Foral y los organismos públicos dependientes de ella.
b) Las Entidades Locales de Navarra y los organismos públicos dependientes de ellas.
c) Únicamente la Administración de la Comunidad Foral y las Entidades Locales de Navarra.
d) Las respuestas a) y b) son ciertas.

3. Según el Texto Refundido aprobado por el Decreto Foral Legislativo 251/1993, el personal al servicio de las Administraciones Públicas de Navarra está integrado por:

a) El personal contratado.
b) El personal eventual.
c) Los funcionarios públicos.
d) Las tres opciones anteriores son ciertas.

4. El personal contratado, al que se refiere el Texto Refundido del Estatuto del Personal al servicio de las Administraciones Públicas de Navarra, puede serlo en régimen:

a) Público o privado.
b) Administrativo o laboral.

c) Fijo o temporal.
d) De servicio activo o de servicios especiales.

5. El personal al servicio de las Administraciones Públicas de Navarra, en el ámbito de aplicación del Texto Refundido aprobado por el Decreto Foral Legislativo 251/1993, estará integrado por:

a) Los funcionarios públicos, el personal especial y el personal estatutario.
b) Los funcionarios públicos, el personal eventual y el personal contratado.
c) Los funcionarios públicos y el personal estatutario.
d) Los funcionarios públicos, únicamente.

6. El Título II del Texto Refundido del Estatuto del Personal al servicio de las Administraciones Públicas de Navarra se denomina:

a) Funcionarios Públicos.
b) Disposiciones Generales.
c) Personal Eventual.
d) Personal Contratado.

7. El Texto Refundido del Estatuto del Personal al servicio de las Administraciones Públicas de Navarra se aplicará a:

a) Los miembros de la Policía Foral.
b) El personal al servicio de las Entidades Locales de Navarra con las especificidades establecidas para el mismo en la Ley Foral 6/1990, de 2 de julio.
c) El personal adscrito al Servicio Navarro de Salud-Osasunbidea.
d) Los funcionarios sanitarios municipales de Navarra.

8. «Funcionarios Públicos» es, dentro del Texto Refundido del Estatuto del Personal al servicio de las Administraciones Públicas de Navarra:

a) El Título Preliminar.
b) El Título I.
c) El Título II.
d) El Título III.

9. ¿Pueden los cónyuges de nacionales de Estados miembros de la Unión Europea acceder a determinados empleos públicos en las Administraciones Públicas de Navarra?

a) Sí, en cualquier caso.
b) Sí, siempre que no estén separados de hecho o de derecho.
c) Sí, siempre que no estén separados de derecho.
d) No, en ningún caso.

10. De acuerdo con el art. 7 del Texto Refundido aprobado por el Decreto Foral Legislativo 251/1993, para ser admitido a las pruebas selectivas para el ingreso como funcionario en las Administraciones Públicas de Navarra se requiere, entre otras cosas:

a) Tener la nacionalidad española.

b) Tener la nacionalidad de un Estado miembro de la Unión Europea, salvo para el acceso a determinados empleos públicos.

c) Ser una de las personas incluidas en el ámbito de aplicación de los Tratados Internacionales celebrados por la Comunidad Europea y ratificados por España, en los que sea de aplicación la libre circulación de trabajadores, salvo para el acceso a determinados empleos públicos.

d) Las tres opciones anteriores son válidas.

11. Los descendientes de nacionales de Estados miembros de la Unión Europea podrán acceder a determinados empleos públicos en las Administraciones Públicas de Navarra cuando:

a) Sean menores de 21 años.

b) Sean mayores de 21 años y vivan a sus expensas.

c) Sean menores de 25 años, en todo caso.

d) Las opciones a) y b) son ciertas.

12. De acuerdo con el Texto Refundido del Estatuto del Personal al servicio de las Administraciones Públicas de Navarra, para ser admitido a las pruebas selectivas para el ingreso como funcionario es requisito necesario, entre otros:

a) Ser mayor de edad y, en su caso, no superar la edad establecida reglamentariamente.

b) Estar en condiciones de obtener el título exigido, en la fecha que termine el proceso selectivo.

c) Poseer la capacidad física y psíquica necesarias para el ejercicio de las correspondientes funciones.

d) Las tres respuestas anteriores son falsas.

13. La condición de funcionario, conforme al Texto Refundido del Estatuto del Personal al servicio de las Administraciones Públicas de Navarra, se adquiere por el cumplimiento sucesivo de varios requisitos, en cuyo último lugar se encuentra:

a) La toma de posesión.

b) El nombramiento conferido por la autoridad competente.

c) La superación de las correspondientes pruebas selectivas.

d) El juramento o promesa de respetar el régimen foral de Navarra, de acatar la Constitución, las leyes, y de cumplir fielmente las obligaciones propias del cargo.

14. De acuerdo con el Texto Refundido del Estatuto del Personal al servicio de las Administraciones Públicas de Navarra, la toma de posesión para la adquisición de la condición de personal funcionario:

a) Se realizará en la fecha que a tal efecto se determine en la resolución de nombramiento, salvo causa suficientemente justificada.

b) Podrá quedar aplazada en el caso de aspirantes que se encuentren disfrutando de una licencia por parto, adopción, guarda con fines de adopción o acogimiento, durante el periodo que se esté disfrutando de manera ininterrumpida.

c) Podrá quedar aplazada en el caso de aspirantes que se encuentren disfrutando de un permiso del progenitor diferente a la madre biológica, durante el periodo que se esté disfrutando de manera ininterrumpida.

d) Las tres opciones anteriores son ciertas.

15. Se reserva la plaza de origen al personal funcionario, en el ámbito de aplicación del Texto Refundido del Estatuto del Personal al servicio de las Administraciones Públicas de Navarra, únicamente durante los primeros dieciocho meses, en el caso de:

a) Excedencia voluntaria por interés particular.

b) Excedencia especial.

c) Excedencia forzosa.

d) Servicios especiales.

16. Los funcionarios a los que se les aplica el Texto Refundido del Estatuto del Personal al servicio de las Administraciones Públicas de Navarra, pueden hallarse en las siguientes situaciones:

a) Servicio activo, servicios especiales y servicios forzosos.

b) Servicio activo, servicios especiales, excedencia y suspensión.

c) Servicio activo, servicios especiales, excedencia y servicios voluntarios.

d) Únicamente en servicio activo o en servicio pasivo.

17. La excedencia de los funcionarios a los que se les aplica el Texto Refundido del Estatuto del Personal al servicio de las Administraciones Públicas de Navarra, podrá ser:

a) Activa o pasiva.

b) Activa, especial o forzosa.

c) Voluntaria, forzosa o pasiva.

d) Voluntaria, especial o forzosa.

18. Procederá declarar, con carácter general, la excedencia voluntaria, a petición del personal funcionario al que se le aplica el Texto Refundido del Estatuto del Personal al servicio de las Administraciones Públicas de Navarra, cuando pase a prestar servicios con carácter fijo en otra Administración Pública, siempre que haya permanecido en servicio activo o situación asimilada, como mínimo, durante:

a) Tres años, contados desde la toma de posesión de la plaza.

b) Dos años, contados desde la toma de posesión de la plaza.

c) Dieciocho meses, contados desde la toma de posesión de la plaza.

d) Un año, contado desde la toma de posesión de la plaza.

19. La excedencia especial de los funcionarios a los que se les aplica el Texto Refundido del Estatuto del Personal al servicio de las Administraciones Públicas de Navarra, no podrá declararse por periodo superior a:

a) 3 años.

b) 2 años.

c) 18 meses.

d) 12 meses.

20. Los funcionarios a los que se les aplica el Texto Refundido del Estatuto del Personal al servicio de las Administraciones Públicas de Navarra, se hallarán en situación de servicio activo:

a) Cuando ocupen plaza correspondiente a funcionarios públicos en la plantilla orgánica de la Administración Pública respectiva.

b) Cuando se hallen pendientes de adscripción a un puesto de trabajo concreto por cese en el anterior.

c) Cuando se les confiera una comisión de servicios de carácter permanente en cualquiera de los organismos públicos.

d) Las opciones a) y b) son correctas.

21. Los funcionarios a los que se les aplica el Texto Refundido del Estatuto del Personal al servicio de las Administraciones Públicas de Navarra, pueden encontrarse en situación de suspensión:

a) Provisional y definitiva.

b) Temporal y definitiva.

c) Voluntaria, especial y forzosa.

d) Provisional y firme.

22. Según el Texto Refundido del Estatuto del Personal al servicio de las Administraciones Públicas de Navarra, puede ser voluntaria, especial o forzosa:

a) La suspensión.

b) La excedencia.

c) La situación administrativa.

d) La carrera administrativa.

23. La carrera administrativa de los funcionarios a los que se les aplica el Texto Refundido del Estatuto del Personal al servicio de las Administraciones Públicas de Navarra consiste en:

a) La promoción de nivel.

b) El ascenso de grado, dentro de cada nivel.

c) El ascenso de categoría, dentro de cada nivel.

d) Las tres respuestas anteriores son ciertas.

24. Es falso decir que la promoción de nivel, de una persona funcionaria a la que se aplica el Texto Refundido aprobado por el Decreto Foral Legislativo 251/1993, se llevará a cabo mediante la reserva de vacantes en las pruebas selectivas de ingreso para su provisión en turno restringido entre los funcionarios pertenecientes a cualquiera de las Administraciones Públicas de Navarra, que reúna, entre los requisitos exigidos:

a) Pertenecer a nivel inferior al de las vacantes convocadas.

b) Poseer la titulación exigida en la convocatoria y acreditar cinco años de antigüedad reconocida en las Administraciones Públicas.

c) No hallarse en situación de excedencia voluntaria cuando se encuentre prestando servicios en otro puesto de trabajo de carácter fijo o temporal en la misma Administración convocante.

d) Superar las correspondientes pruebas selectivas.

25. Los funcionarios a los que se aplica el Texto Refundido del Estatuto del Personal al servicio de las Administraciones Públicas de Navarra:

a) Podrán ascender sucesivamente desde el grado 1 hasta el grado 7 de su respectivo nivel, cualquiera que sea la especialidad de su titulación, formación o profesión.

b) Ascenderán sucesivamente de grado, transcurridos 6 años y 7 meses de permanencia en el grado anterior.

c) Ascenderán sucesivamente de grado, transcurridos 7 años y 6 meses de permanencia en el grado anterior.

d) Ascenderán sucesivamente de grado, transcurridos 6 años de permanencia en el grado anterior.

26. Los funcionarios del nivel D de las Administraciones Públicas de Navarra, de acuerdo en el art. 12 del Texto Refundido aprobado por el Decreto Foral Legislativo 251/1993, desarrollarán tareas:

a) Directivas o profesionales, para cuyo ejercicio se requiera título universitario.

b) De asistencia subalterna.

c) De ejecución.

d) Auxiliares o análogas.

27. Para participar en las pruebas para la promoción de nivel, los funcionarios de las Administraciones Públicas de Navarra de los niveles C, D y E, conforme al art. 15 del Texto Refundido aprobado por el Decreto Foral Legislativo 251/1993, deben cumplir, entre otros requisitos, el de:

a) Pertenecer a inferior nivel al de las vacantes convocadas.

b) Poseer la titulación exigida en la convocatoria y acreditar dos años de antigüedad reconocida en las Administraciones Públicas.

c) Acreditar seis años de antigüedad reconocida en las Administraciones Públicas, si no se posee la titulación exigida en la convocatoria.

d) Las tres respuestas anteriores son ciertas.

28. Los funcionarios de las Administraciones Públicas de Navarra, a los que se refiere el artículo 12 del Texto Refundido aprobado por el Decreto Foral Legislativo 251/1993, se integrarán, de acuerdo con la titulación requerida para su ingreso y las funciones que desempeñen, en alguno de los:

a) 4 niveles existentes.
b) 5 niveles existentes.
c) 6 niveles existentes.
d) 7 niveles existentes.

29. La retribución correspondiente al grado del funcionario, al que se le aplica el Texto Refundido del Estatuto del Personal al servicio de las Administraciones Públicas de Navarra, consistirá en un porcentaje acumulativo del sueldo inicial del respectivo nivel. ¿Cuál es?

a) Del 9 por ciento, incluido el grado 1.
b) Del 9 por ciento, a partir del grado 2.
c) Del 10 por ciento, a partir del grado 2.
d) Del 11 por ciento, a partir del grado 2.

30. Los funcionarios, en el ámbito de aplicación del Texto Refundido del Estatuto del Personal al servicio de las Administraciones Públicas de Navarra, que se hallen en situación de suspensión provisional sólo tendrán derecho a percibir las retribuciones que les correspondan en concepto de:

a) Ayuda familiar.
b) Sueldo inicial de su respectivo nivel y ayuda familiar.
c) Sueldo inicial de su respectivo nivel, grado y ayuda familiar.
d) Sueldo inicial de su respectivo nivel, grado, premio por antigüedad y ayuda familiar.

31. Para desempeñar cargos directivos en partidos políticos u organizaciones sindicales o profesionales que sean incompatibles con el ejercicio de la función pública, por personal funcionario al que se aplica el Texto Refundido del Estatuto del Personal al servicio de las Administraciones Públicas de Navarra, procederá declarar:

a) La excedencia voluntaria, a petición del mismo.
b) La excedencia especial.
c) La excedencia forzosa.
d) La situación de servicios especiales.

32. Las retribuciones personales básicas de los funcionarios a los que se les aplica el Texto Refundido del Estatuto del Personal al servicio de las Administraciones Públicas de Navarra son, exclusivamente:

a) Sueldo inicial del correspondiente grado y retribución correspondiente al nivel.
b) Sueldo inicial y premio de antigüedad.
c) Sueldo inicial del correspondiente nivel, retribución correspondiente al grado y premio de antigüedad.
d) Sueldo inicial del correspondiente nivel o grupo, y premio de antigüedad.

33. Las retribuciones anuales de los funcionarios a los que se les aplica el Texto Refundido del Estatuto del Personal al servicio de las Administraciones Públicas de Navarra, se abonarán en:

a) 12 pagas.
b) 13 pagas.
c) 14 pagas.
d) 15 pagas.

34. En concepto de ayuda familiar por cada hijo menor de edad no emancipado, se abonará a los funcionarios a los que se les aplica el Texto Refundido del Estatuto del Personal al servicio de las Administraciones Públicas de Navarra, una cantidad anual que se calculará aplicando al sueldo inicial del nivel E:

a) Un porcentaje del 3,50%.
b) Un porcentaje del 3,00%.
c) Un porcentaje del 15,00%.
d) Un porcentaje del 30%.

35. Es retribución personal básica de los funcionarios a los que se les aplica el Texto Refundido del Estatuto del Personal al servicio de las Administraciones Públicas de Navarra:

a) La indemnización por los gastos realizados por razón del servicio.
b) La retribución correspondiente al grado.
c) La ayuda familiar.
d) La compensación por horas extraordinarias.

36. Los funcionarios a los que se les aplica el Texto Refundido del Estatuto del Personal al servicio de las Administraciones Públicas de Navarra, en situación de servicio activo están obligados:

a) A sustituir en sus funciones a sus compañeros ausentes del servicio, incluidos los superiores.
b) Al ascenso y a la promoción.
c) A residir en la localidad de su destino, en cualquier caso.
d) A suscribir un plan de pensiones.

37. De acuerdo con el Texto Refundido aprobado por el Decreto Foral Legislativo 251/1993, las Administraciones Públicas de Navarra podrán convocar procesos de movilidad interna, dentro del ámbito de adscripción del personal a su servicio, que se realizarán con una periodicidad:

a) Anual conforme a las disposiciones que se dicten reglamentariamente.
b) Bienal conforme a las disposiciones que se dicten reglamentariamente.
c) Anual conforme a las disposiciones que se dicten legalmente.
d) Bienal conforme a las disposiciones que se dicten legalmente.

38. Es falso decir, en relación a la empleada al servicio de las Administraciones Públicas de Navarra víctima de violencia sobre la mujer a la que se aplica el Texto Refundido aprobado por el Decreto Foral Legislativo 251/1993, que se vea obligada a abandonar el puesto de trabajo en la localidad donde venía prestando sus servicios para hacer efectiva su protección o su derecho a la asistencia social integral, que:

a) Tendrá derecho preferente a ocupar otro puesto de trabajo propio de su categoría profesional sin necesidad de que sea vacante de necesaria cobertura y sin sufrir merma alguna en sus retribuciones.

b) El órgano competente estará obligado a comunicarle las vacantes ubicadas en la misma localidad o localidades que la interesada expresamente solicite.

c) El traslado tendrá una duración inicial de seis meses, ampliables hasta el final del curso escolar para el personal docente.

d) Siempre que esté acreditada conforme al artículo 4 de la Ley Foral 14/2015, de 10 de abril, podrá solicitar su movilidad a otra Administración Pública, pero sólo dentro de la Comunidad Foral de Navarra.

39. El personal funcionario de las Administraciones Públicas de Navarra al que se aplica el Texto Refundido del Estatuto aprobado por el Decreto Foral Legislativo 251/1993, tendrá derecho al disfrute de:

a) Dos días adicionales de vacaciones al alcanzar quince años de antigüedad.
b) Tres días adicionales de vacaciones al alcanzar veinte años de antigüedad.
c) Cuatro días adicionales de vacaciones al alcanzar treinta años de antigüedad.
d) Las tres opciones anteriores son ciertas.

40. Excepcionalmente, la reducción de jornada de trabajo al personal funcionario al que se aplica el Texto Refundido el Estatuto del Personal al servicio de las Administraciones Públicas de Navarra, sin reducción de las retribuciones, para el cuidado del hijo o hija afectado por cáncer o por otra enfermedad grave que requiera la necesidad de su cuidado directo, continuo y permanente, durante el tratamiento continuado de la enfermedad, haya precisado o no de hospitalización previa, podrá alcanzar un porcentaje superior, como máximo hasta:

a) el 50 por ciento.
b) El 65 por ciento
c) El 99,99 por ciento, cuando se acredite debidamente su necesidad para tal fin.
d) El 100 por cien, cuando se acredite debidamente su necesidad para tal fin.

41. A los funcionarios en el ámbito de aplicación del Texto Refundido del Estatuto del Personal al servicio de las Administraciones Públicas de Navarra:

a) Les está prohibida la residencia en una localidad distinta de la de su destino.
b) La residencia en una localidad distinta de la de su destino les implicará compensación por el desplazamiento al lugar de trabajo.

c) No se les podrá exigir en ningún caso, por las Administraciones Públicas, la residencia en la localidad de su destino.

d) Ninguna de las opciones anteriores es cierta.

42. De acuerdo con el art. 57 del Texto Refundido del Estatuto del Personal al servicio de las Administraciones Públicas de Navarra:

a) Los funcionarios públicos no podrán invocar o hacer uso de su condición de tales para el ejercicio de actividades mercantiles, industriales o profesionales.

b) El desempeño de la función pública será incompatible con el ejercicio de cualquier cargo, profesión o actividad privados, en todo caso.

c) El desempeño de la función pública será incompatible con el ejercicio de cualquier cargo, profesión o actividad públicos, en todo caso.

d) Será compatible el desempeño de la función pública con el ejercicio de cualquier cargo, profesión o actividad honoríficos, en todo caso.

43. Es falso que sea retribución complementaria del puesto de trabajo de los funcionarios en el ámbito de aplicación del Texto Refundido del Estatuto del Personal al servicio de las Administraciones Públicas de Navarra:

a) El complemento de dedicación exclusiva.

b) El complemento por el desplazamiento al lugar de trabajo.

c) El complemento de prolongación de jornada.

d) El complemento de especial riesgo.

44. ¿Podrán devengar horas extraordinarias los funcionarios del ámbito de aplicación del Texto Refundido del Estatuto del Personal al servicio de las Administraciones Públicas de Navarra, que perciban el complemento de dedicación exclusiva?

a) No.

b) Sí, siendo retribuidas en la forma y cuantía que reglamentariamente se determinen.

c) Sí, siendo retribuidas en la forma y cuantía que legalmente se determinen.

d) Sí, y también por los servicios retribuidos con el complemento de prolongación de jornada.

45. El desempeño de la función pública por los funcionarios, en el ámbito de aplicación del Texto Refundido del Estatuto del Personal al servicio de las Administraciones Públicas de Navarra, será incompatible con el ejercicio de cualquier cargo, profesión o actividad, públicos o privados, por cuenta propia o ajena, retribuidos o meramente honoríficos, que:

a) Impidan o menoscaben el estricto cumplimiento de los deberes del funcionario.

b) Comprometan su imparcialidad o su independencia.

c) Perjudiquen los intereses generales.

d) Las tres opciones anteriores son ciertas.

46. El sueldo inicial de los funcionarios del nivel C de las Administraciones Públicas de Navarra, en el ámbito de aplicación del Texto Refundido aprobado por el Decreto Foral Legislativo 251/1993, tendrá un índice de proporcionalidad:

a) 1,15.
b) 1,35.
c) 1,65.
d) 2.

47. La cuantía del complemento de dedicación exclusiva, de los funcionarios en el ámbito de aplicación del Texto Refundido del Estatuto del Personal al servicio de las Administraciones Públicas de Navarra, consistirá en un porcentaje del sueldo inicial del correspondiente nivel del:

a) 35%.
b) 40%.
c) 55%.
d) 75%.

48. Es una retribución complementaria del puesto de trabajo de los funcionarios en el ámbito de aplicación del Texto Refundido del Estatuto del Personal al servicio de las Administraciones Públicas de Navarra:

a) La retribución del correspondiente grado.
b) El premio de antigüedad.
c) La ayuda familiar.
d) El complemento de puesto de trabajo.

49. Al cumplir el 5.º quinquenio el premio de antigüedad a un funcionario, en el ámbito de aplicación del Texto Refundido del Estatuto del Personal al servicio de las Administraciones Públicas de Navarra, se abonará el siguiente porcentaje del sueldo inicial de nivel E:

a) 5,5%.
b) 7%.
c) 8%.
d) 9%.

50. La cuantía del complemento de incompatibilidad de un funcionario, en el ámbito de aplicación del Texto Refundido del Estatuto del Personal al servicio de las Administraciones Públicas de Navarra, consistirá en un porcentaje del sueldo inicial del correspondiente nivel del:

a) 35%.
b) 40%.

c) 55%.
d) 75%.

51. Es falso que los funcionarios en situación de servicio activo a los que se les aplica el Texto Refundido del Estatuto del Personal al servicio de las Administraciones Públicas de Navarra, estén obligados a:

a) Servir con objetividad los intereses generales, cumpliendo de modo fiel, estricto, imparcial y diligente las funciones propias de su cargo.
b) Responsabilizarse con su firma de los informes, proyectos o actuaciones profesionales que realicen en el ejercicio de su cargo.
c) Invocar su condición de tales para el ejercicio de actividades mercantiles, industriales o profesionales.
d) Contribuir a la financiación del régimen de derechos pasivos.

52. A un funcionario, al que se le aplica el Texto Refundido del Estatuto del Personal al servicio de las Administraciones Públicas de Navarra, que tenga 2 hijos menores de edad no emancipados, se le abonará, en concepto de ayuda familiar, una cantidad anual que se calculará aplicando al sueldo inicial del nivel E un porcentaje del:

a) 3%.
b) 3,50%.
c) 6%
d) 30%.

Solución al test n.º 10

1. c) Decreto Foral Legislativo.

2. d) Las respuestas a) y b) son ciertas.

3. d) Las tres opciones anteriores son ciertas.

4. b) Administrativo o laboral.

5. b) Los funcionarios públicos, el personal eventual y el personal contratado.

6. a) Funcionarios Públicos.

7. b) El personal al servicio de las Entidades Locales de Navarra con las especificidades establecidas para el mismo en la Ley Foral 6/1990, de 2 de julio.

8. c) El Título II.

9. c) Sí, siempre que no estén separados de derecho.

10. d) Las tres opciones anteriores son válidas.

11. d) Las opciones a) y b) son ciertas.

12. c) Poseer la capacidad física y psíquica necesaria para el ejercicio de las correspondientes funciones.

13. a) La toma de posesión.

14. d) Las tres opciones anteriores son ciertas.

15. a) Excedencia voluntaria por interés particular.

16. b) Servicio activo, servicios especiales, excedencia y suspensión.

17. d) Voluntaria, especial o forzosa.

18. b) Dos años, contados desde la toma de posesión de la plaza.

19. a) 3 años.

20. d) Las respuestas a) y b) son correctas.

21. d) Provisional y firme.

22. b) La excedencia.

23. d) Las tres respuestas anteriores son ciertas.

24. c) No hallarse en situación de excedencia voluntaria cuando se encuentre prestando servicios en otro puesto de trabajo de carácter fijo o temporal en la misma Administración convocante.

25. b) Ascenderán sucesivamente de grado, transcurridos 6 años y 7 meses de permanencia en el grado anterior.

26. d) Auxiliares o análogas.

27. a) Pertenecer a inferior nivel al de las vacantes convocadas.

28. b) 5 niveles existentes.

29. b) Del 9 por ciento, a partir del grado 2.

30. d) Sueldo inicial de su respectivo nivel, grado, premio por antigüedad y ayuda familiar.

31. a) La excedencia voluntaria, a petición del mismo.

32. c) Sueldo inicial del correspondiente nivel, retribución correspondiente al grado y premio de antigüedad.

33. c) 14 pagas.

34. b) Un porcentaje del 3,00%.

35. b) La retribución correspondiente al grado.

36. a) A sustituir en sus funciones a sus compañeros ausentes del servicio, incluidos los superiores.

37. b) Bienal conforme a las disposiciones que se dicten reglamentariamente.

38. d) Siempre que esté acreditada conforme al artículo 4 de la Ley Foral 14/2015, de 10 de abril, podrá solicitar su movilidad a otra Administración Pública, pero sólo dentro de la Comunidad Foral de Navarra.

39. c) Cuatro días adicionales de vacaciones al alcanzar treinta años de antigüedad.

40. c) El 99,99 por ciento, cuando se acredite debidamente su necesidad para tal fin.

41. d) Ninguna de las opciones anteriores es cierta.

42. a) Los funcionarios públicos no podrán invocar o hacer uso de su condición de tales para el ejercicio de actividades mercantiles, industriales o profesionales.

43. b) El complemento por el desplazamiento al lugar de trabajo.

44. a) No.

45. d) Las tres opciones anteriores son ciertas.

46. b) 1,35.

47. c) 55%.

48. d) El complemento de puesto de trabajo.

49. c) 8%.

50. a) 35%.

51. c) Invocar su condición de tales para el ejercicio de actividades mercantiles, industriales o profesionales.

52. c) 6%

TEST N.º 11

Ley Foral 13/2007, de 4 de abril, de la Hacienda Pública de Navarra: Del Ámbito de Aplicación y de la Hacienda Pública de Navarra. Los Presupuestos Generales de Navarra: contenido y aprobación; ejecución y liquidación

1. El régimen de la Hacienda Pública de Navarra está previsto en la Ley Foral 13/2007 en el Capítulo:

a) 3.
b) 2.
c) 1.
d) 4.

2. A efectos del régimen presupuestario, forman parte del sector público foral de Navarra:

a) El Parlamento de Navarra.
b) El Consejo de Navarra.
c) Las entidades públicas empresariales de la Administración de la Comunidad Foral de Navarra.
d) Todas las respuestas anteriores son correctas.

3. No se regularán mediante Ley Foral:

a) El régimen patrimonial de la Comunidad Foral.
b) El establecimiento de tributos.
c) Las transferencias de crédito.
d) El régimen de contratación de la Comunidad Foral.

4. Constituyen un derecho de naturaleza pública:

a) Los rendimientos o productos de cualquier naturaleza de sus bienes patrimoniales.
b) Los tributos.
c) Los adquiridos por herencia o legado.
d) Los recibidos por donación.

5. El procedimiento de apremio no se suspenderá inmediatamente:

a) En el caso de que se pudiera producir un perjuicio irreparable en el deudor.
b) Cuando el interesado demuestre que se ha producido un error material.
c) Cuando la deuda haya prescrito o haya sido ingresada.
d) Cuando la deuda haya sido condonada, compensada, aplazada o suspendida.

6. Se dispensa de garantía en caso de aplazamiento cuando la deuda sea por un importe inferior a:

a) 12.000 euros.
b) 10.000 euros.
c) 8.000 euros.
d) 6.000 euros.

7. Podrán extinguirse mediante compensación cuantas deudas tengan entre sí los entes integrantes del sector público foral y sean:

a) Vencidas.
b) Líquidas y exigibles.
c) Vencidas y exigibles.
d) Vencidas, líquidas y exigibles.

8. El derecho de la Hacienda Pública Foral de Navarra a reconocer o liquidar créditos a su favor prescribe a los:

a) 3 años.
b) 4 años.
c) 5 años.
d) Nunca.

9. El mínimo a liquidar es de:

a) 10 euros.
b) 20 euros.
c) 30 euros.
d) 50 euros.

10. Las obligaciones de la Hacienda Pública de Navarra sólo son exigibles cuando resulten:

a) De la ejecución de los Presupuestos Generales de Navarra.
b) De sentencia judicial firme.
c) De operaciones financieras legalmente autorizadas.
d) Todas las respuestas anteriores son correctas.

11. La materialización del pago en el cumplimiento de resoluciones judiciales deberá realizarse:

a) Dentro de los dos meses siguientes al día de la notificación de la resolución.
b) Dentro de los tres meses siguientes al día de la notificación de la resolución.
c) Dentro del mes siguiente al día de la notificación de la resolución.
d) Dentro de los seis meses siguientes al día de la notificación de la resolución.

12. El derecho a exigir de la Hacienda Pública de Navarra el reconocimiento o liquidación de todas aquellas obligaciones cuyo reconocimiento o liquidación no se hubiese solicitado con presentación de los documentos acreditativos del cumplimiento de los requisitos exigidos para ello prescribirán a los:

a) 3 años.
b) 4 años.
c) 5 años.
d) Nunca. Son imprescriptibles.

13. Los Presupuestos Generales de Navarra:

a) Constituyen la expresión cifrada, conjunta y sistemática de los derechos y obligaciones a liquidar durante el ejercicio por cada uno de los órganos y entidades que forman parte del sector público foral definido en el artículo 2 de esta Ley Foral.
b) Constituyen la expresión contable, conjunta y sistemática de los derechos y obligaciones a liquidar durante el ejercicio por cada uno de los órganos y entidades que forman parte del sector público foral definido en el artículo 2 de esta Ley Foral.
c) Constituyen la expresión cifrada, conjunta y sistemática de las obligaciones a liquidar durante el ejercicio por cada uno de los órganos y entidades que forman parte del sector público foral definido en el artículo 2 de esta Ley Foral.
d) Constituyen la expresión cifrada, contable, conjunta y sistemática de los derechos y obligaciones a liquidar durante el ejercicio por cada uno de los órganos y entidades que forman parte del sector público foral definido en el artículo 2 de esta Ley Foral.

14. Al proyecto de ley de presupuesto se acompaña:

a) La cuenta consolidada de los presupuestos.
b) Una relación de los créditos para inversiones reales que deban tener continuidad en ejercicios sucesivos.
c) El estado de ejecución de los presupuestos vigentes al término del tercer trimestre y las previsiones de ejecución.
d) Todas las respuestas anteriores son correctas.

15. El presupuesto se prorroga si el nuevo no es aprobado antes de:

a) 30 de noviembre.
b) 31 de diciembre.

c) 1 de enero.
d) 15 de enero.

16. El acto por el cual se manifiesta la intención de realizar un gasto por cuantía cierta o aproximada, con cargo a un determinado crédito se denomina:

a) Autorización del gasto.
b) Disposición del gasto.
c) Materialización del pago.
d) Propuesta de pago.

17. El reconocimiento de la obligación es:

a) El acto por el cual, previos los trámites legales procedentes, se adquiere un compromiso económico con un tercero determinado, reservándose el crédito por cuantía cierta.
b) El acto mediante el cual se contrae en firme un compromiso de pago, con cargo al crédito reservado a tal fin, por haberse cumplido las condiciones recogidas en la disposición del gasto.
c) La operación por la que se expide una propuesta de pago contra la Tesorería.
d) La transferencia bancaria en pago de la obligación contraída.

18. El plazo de rendición de las cuentas en los pagos a justificar es de:

a) 15 días.
b) 1 mes.
c) 45 días.
d) 2 meses.

19. La aprobación o reparo de la cuenta por el órgano competente de los documentos justificativos se llevará a cabo:

a) En los 15 días siguientes a la fecha de aportación de los documentos justificativos.
b) En el mes siguiente a la fecha de aportación de los documentos justificativos.
c) En los dos meses siguientes a la fecha de aportación de los documentos justificativos.
d) En los tres meses siguientes a la fecha de aportación de los documentos justificativos.

20. La liquidación de los Presupuestos de cada ejercicio, en cuanto al reconocimiento de derechos y obligaciones, se efectuará el:

a) 31 de enero del año siguiente al que corresponde.
b) 31 de diciembre del año natural correspondiente.
c) 30 de noviembre del año natural correspondiente.
d) 15 de enero del año siguiente al que corresponde.

Solución al test n.º 11

1. b) 2.

2. d) Todas las respuestas anteriores son correctas.

3. c) Las transferencias de crédito.

4. b) Los tributos.

5. a) En el caso de que se pudiera producir un perjuicio irreparable en el deudor.

6. d) 6.000 euros.

7. d) Vencidas, líquidas y exigibles.

8. b) 4 años.

9. c) 30 euros.

10. d) Todas las respuestas anteriores son correctas.

11. b) Dentro de los tres meses siguientes al día de la notificación de la resolución.

12. b) 4 años.

13. a) Constituyen la expresión cifrada, conjunta y sistemática de los derechos y obligaciones a liquidar durante el ejercicio por cada uno de los órganos y entidades que forman parte del sector público foral definido en el artículo 2 de esta Ley Foral.

14. d) Todas las respuestas anteriores son correctas.

15. c) 1 de enero.

16. a) Autorización del gasto.

17. b) El acto mediante el cual se contrae en firme un compromiso de pago, con cargo al crédito reservado a tal fin, por haberse cumplido las condiciones recogidas en la disposición del gasto.

18. d) 2 meses.

19. b) En el mes siguiente a la fecha de aportación de los documentos justificativos.

20. b) 31 de diciembre del año natural correspondiente.

TEST N.º 12

La Ley Foral 5/2018, de 17 de mayo, de Transparencia, Acceso a la Información Pública y Buen Gobierno: Disposiciones Generales. Ley Orgánica 3/2018, de 5 de diciembre, de Protección de Datos Personales y garantía de los derechos digitales. Disposiciones Generales. Principios de protección de datos. Derechos de las personas. La Ley Orgánica 3/2007, de 22 de marzo, para la igualdad efectiva de mujeres y hombres: El principio de igualdad y la tutela contra la discriminación. La Ley Foral 17/2019, de 4 de abril, de igualdad entre mujeres y hombres

1. Conforme al artículo 1.2 de la *Ley Foral 5/2018, de 17 de mayo, de Transparencia, Acceso a la Información Pública y Buen Gobierno*, **es un fin de esta ley mejorar la organización, clasificación y manejo de:**

a) Los recursos de la Comunidad Foral.
b) Los organismos públicos.
c) La información pública.
d) La normativa foral.

2. Según su artículo 3, la L.F. 5/2018 será aplicable, en cuanto a sus normas de transparencia a las entidades privadas que perciban, durante el periodo de un año, ayudas o subvenciones en una cuantía superior a (a partir de):

a) 20.000 euros.
b) 50.000 euros.
c) 100.000 euros.
d) 120.000 euros.

3. La *Ley Foral 5/2018, de 17 de mayo, de Transparencia, Acceso a la Información Pública y Buen Gobierno* **define como "el uso de datos, información y documentos que obran en poder de las Administraciones y organismos del sector público, por personas físicas o jurídicas, con fines comerciales o no comerciales, siempre que dicho uso no constituya una actividad administrativa pública y que el mismo no esté sujeto a las limitaciones establecidas legalmente", al siguiente término:**

a) Publicidad activa.
b) Reutilización.

c) Apertura de datos.

d) Acceso a la información pública.

4. En virtud de qué principio, las reglas del procedimiento para acceder a la información pública deben facilitar el ejercicio del derecho, no pudiendo constituir aquellas, en sí mismas, un obstáculo para dicho acceso:

a) Principio de accesibilidad.

b) Principio de eliminación de la brecha digital.

c) Principio de participación y colaboración ciudadanas.

d) Principio antiformalista del procedimiento.

5. La LF 5/2018, define la transparencia como:

a) Forma de funcionamiento capaz de entablar una permanente conversación con los ciudadanos y ciudadanas con el fin de escuchar lo que dicen y solicitan.

b) La obligación de difundir de forma permanente, veraz y objetiva aquella información pública que resulte relevante para garantizar la difusión de la actividad pública y la acción de gobierno.

c) Valor esencial del sistema de Gobierno Abierto, que impregna toda la actividad y organización de los sujetos obligados que tienen el deber de poner a disposición de la ciudadanía, legítima propietaria de la información pública, bien de manera proactiva, bien previa solicitud, la información pública que posean y de dar a conocer el proceso y las decisiones adoptadas de acuerdo a su competencia, así como las acciones en el ejercicio de sus funciones y la evaluación de las mismas.

d) La posibilidad de acceder a la información pública que obre en poder de las entidades contempladas en el ámbito de aplicación de la presente ley foral, con seguridad sobre su veracidad y sin más requisitos y condiciones que los establecidos en la normativa básica estatal y en esta ley foral.

6. El artículo 4 de la LO 3/2018 señala que, conforme al artículo 5.1.d) del Reglamento (UE) 2016/679, los datos serán exactos y, si fuere necesario:

a) Actualizados.

b) Aproximados.

c) Normalizados.

d) Digitalizados.

7. Conforme al artículo 5.1 de la LO 3/2018, estarán sujetas al deber de confidencialidad:

a) Únicamente los responsables del tratamiento.

b) Los responsables y encargados del tratamiento.

c) Los responsables y encargados del tratamiento de datos así como todas las personas que intervengan en cualquier fase de este.

d) Los responsables y encargados del tratamiento de datos así como todas las personas que intervengan en todas las fases de este.

8. Conforme a los artículos 4.11 del RGPD y 6.1 de la LO 3/2018, se entiende por *consentimiento del afectado* **la aceptación, ya sea mediante una declaración o una clara acción afirmativa, del tratamiento de datos personales que le conciernen manifestada por voluntad libre, de forma específica, informada e/y:**

a) Detallada.
b) Unitaria.
c) Inequívoca.
d) Por escrito.

9. Cuando se pretenda fundar el tratamiento de los datos en el consentimiento del afectado para una pluralidad de finalidades:

a) Será preciso que conste de manera específica e inequívoca que dicho consentimiento se otorga para todas ellas.
b) Será necesario demostrar que el afectado consintió expresamente e inequívocamente en alguna de las finalidades y, que el resto de finalidades están claramente relacionadas con aquella.
c) El responsable debe demostrar la adecuación de las distintas finalidades a un único objeto.
d) El consentimiento del afectado sólo puede afectar a una finalidad. Cada finalidad precisa un consentimiento propio e independiente.

10. Según el artículo 8.1 de la LO 3/2018, el tratamiento de datos personales solo podrá considerarse fundado en el cumplimiento de una obligación legal exigible al responsable:

a) Cuando así lo prevea una norma de Derecho de la Unión Europea o una norma con rango de ley.
b) Cuando el tratamiento se considere una misión realizada en interés público.
c) Cuando se trate del ejercicio de poderes públicos conferidos al responsable.
d) Cuando el responsable sea un órgano u organismo público.

11. Conforme al artículo 9 de la *LO 3/2018, de 5 de diciembre, de Protección de Datos Personales y garantía de los derechos digitales*, **cuál de los siguientes tratamientos de categorías especiales de datos fundados en el Derecho español deberá estar amparado en una norma con rango de ley:**

a) Tratamiento necesario con fines de archivo en interés público, fines de investigación científica o histórica.
b) Tratamiento efectuado, en el ámbito de sus actividades legítimas y con las debidas garantías, por una fundación, una asociación o cualquier otro organismo sin ánimo de lucro, cuya finalidad sea política, filosófica, religiosa o sindical, siempre que el tratamiento se refiera exclusivamente a los miembros actuales o antiguos de tales organismos o a personas que mantengan contactos regulares con ellos en relación con sus fines y siempre que los datos personales no se comuniquen fuera de ellos sin el consentimiento de los interesados

c) Tratamiento necesario para fines de medicina preventiva o laboral, evaluación de la capacidad laboral del trabajador, diagnóstico médico, prestación de asistencia o tratamiento de tipo sanitario o social, o gestión de los sistemas y servicios de asistencia sanitaria y social.

d) Tratamiento referido a datos personales que el interesado ha hecho manifiestamente públicos.

12. Uno de los objetos de la Ley Orgánica 3/2018, de 5 de diciembre, de Protección de Datos Personales y garantía de los derechos digitales, es:

a) Adaptar el ordenamiento jurídico español al Reglamento General de Protección de Datos y completar sus disposiciones.

b) Establecer las normas relativas a la protección de las personas físicas en lo que respecta al tratamiento de los datos personales y las normas relativas a la libre circulación de tales datos.

c) Adaptar el Reglamento General de Protección de Datos al ordenamiento jurídico español y completar sus disposiciones.

d) Garantizar la seguridad de la transferencia de datos entre países de la Unión Europea.

13. Según el artículo 12.4 de la LO 3/2018, la prueba del cumplimiento del deber de responder a la solicitud de ejercicio de sus derechos formulado por el afectado recaerá:

a) Sobre el responsable del tratamiento.

b) Sobre el encargado del tratamiento.

c) Bien sobre el responsable o bien sobre el encargado.

d) Sobre el representante legal del afectado.

14. En relación al derecho de acceso, el artículo 13 de la LO 3/2018 dispone que:

a) Cuando el responsable trate una gran cantidad de datos relativos al afectado y este ejercite su derecho de acceso sin especificar si se refiere a todos o a una parte de los datos, el responsable deberá facilitar la totalidad de los datos.

b) El derecho de acceso se entenderá otorgado si el responsable del tratamiento facilitara al afectado un sistema de acceso remoto, directo y seguro a los datos personales que garantice, temporalmente, el acceso a su totalidad.

c) Se podrá considerar repetitivo el ejercicio del derecho de acceso en más de una ocasión durante el plazo de seis meses, a menos que exista causa legítima para ello.

d) Cuando el afectado elija un medio distinto al que se le ofrece deberá asumir los costes que su elección comporte.

15. Según su artículo 1, la LO 3/2007 tiene por objeto hacer efectivo el derecho de:

a) Conciliación de la vida laboral y familiar de mujeres y hombres.

b) Igualdad de trato y de oportunidades entre mujeres y hombres.

c) Participación en los asuntos públicos en igualdad de condiciones.

d) No discriminación por razón de sexo.

16. Las obligaciones establecidas en la LO 3/2007 son de aplicación a:

a) A toda persona, física o jurídica, que se encuentre o actúe en territorio español, cualquiera que fuese su nacionalidad, domicilio o residencia.

b) A todos los ciudadanos españoles, ya sea en territorio español o territorio de cualquier país extranjero.

c) A toda persona, física o jurídica, que se encuentre o actúe en territorio español, con nacionalidad española.

d) A toda persona, física o jurídica, que resida en territorio español, cualquiera que fuese su nacionalidad.

17. Según el artículo 4 de la LO 3/2007, la igualdad de trato y de oportunidades entre mujeres y hombres:

a) Es un deber de las Administraciones Públicas.

b) Es una fuente formal del Derecho.

c) Es un principio informador del ordenamiento jurídico.

d) Es un objetivo fundamental del procedimiento administrativo.

18. Señalar la opción incorrecta. Según el artículo 3 de la LO 3/2007, el principio de igualdad de trato entre mujeres y hombres supone la ausencia de toda discriminación, directa o indirecta, por razón de sexo, y especialmente, las derivadas de:

a) La maternidad.

b) La tendencia sexual.

c) La asunción de obligaciones familiares.

d) El estado civil.

19. La situación en que se encuentra una persona que sea, haya sido o pudiera ser tratada, en atención a su sexo, de manera menos favorable que otra en situación comparable, se considera:

a) Discriminación directa.

b) Acoso sexual.

c) Discriminación indirecta.

d) Violencia de género.

20. Cualquier comportamiento realizado en función del sexo de una persona, con el propósito o el efecto de atentar contra su dignidad y de crear un entorno intimidatorio, degradante u ofensivo, constituye:

a) Discriminación directa.

b) Acoso sexual.

c) Acoso por razón de sexo.
d) Discriminación indirecta.

21. La capacidad y la legitimación para intervenir en los procesos civiles, sociales y contencioso-administrativos que versen sobre la defensa del derecho de igualdad entre mujeres y hombres, corresponden a:

a) La persona acosada, únicamente.
b) Cualquier ciudadano.
c) Las personas físicas y jurídicas con interés legítimo.
d) Cualquier persona jurídica.

22. ¿Cuál es la Ley Foral que regula, en el ámbito de la Comunidad Foral de Navarra, la igualdad entre Mujeres y Hombres?

a) LF 2/2011, de 11 de marzo.
b) LF 7/2004, de 16 de julio.
c) LF 4/2019, de 19 de febrero.
d) LF 17/2019, de 4 de abril.

23. ¿Cómo se denomina al acceso al mismo trato y oportunidades para el reconocimiento, goce o pleno ejercicio de los derechos humanos y las libertades fundamentales?

a) Igualdad sustantiva.
b) Perspectiva de género.
c) Transversalidad de género.
d) Corresponsabilidad.

24. La situación por la que las mujeres y hombres ocupan mayoritariamente determinadas profesiones, eligen determinados estudios o se distribuyen el uso del tiempo o del espacio, entre otros ámbitos, debido a roles y estereotipos de género se llama:

a) Brecha de género.
b) Discriminación múltiple.
c) Segregación ocupacional.
d) Desigualdad sustantiva.

25. Para fomentar la autonomía y participación de las mujeres como estrategia para avanzar hacia la justicia social y la consecución de la igualdad los poderes públicos de la Comunidad de Navarra deberán:

a) Garantizar la efectividad del principio constitucional.
b) Empoderar a las mujeres.

c) Promover acciones positivas.
d) Transversalizar el principio de igualdad.

26. Según el artículo 22 de LF 17/2019, todos los anteproyectos de ley foral, las disposiciones normativas de carácter general y los planes que se sometan a la aprobación del Gobierno de Navarra, así como las ordenanzas elaboradas por las Entidades Locales, deberán incorporar:

a) Acciones positivas para promover la consecución de la igualdad real y efectiva entre mujeres y hombres.
b) El principio de representación equilibrada.
c) Transparencia para avanzar en una sociedad democrática que visibilice las desigualdades para actuar contra ellas.
d) Un informe sobre impacto por razón de género.

27. El órgano consultivo y de participación superior en la Comunidad Foral de Navarra en materia de igualdad entre mujeres y hombres es:

a) Las Unidades de Igualdad.
b) El Instituto Navarro para la Igualdad.
c) El Consejo Navarro de Igualdad.
d) La Comisión Interdepartamental para la Igualdad.

28. ¿Qué organismo es el responsable de elaborar el Plan Estratégico para la Igualdad de Navarra?

a) Las Unidades de Igualdad.
b) El Instituto Navarro para la Igualdad.
c) El Consejo Navarro de Igualdad.
d) La Comisión Interdepartamental para la Igualdad.

29. ¿A quién corresponde promover las políticas necesarias para que el derecho a la igualdad entre mujeres y hombres sea una realidad en el ámbito territorial de la Comunidad Foral de Navarra?

a) Al Gobierno de Navarra.
b) Al Consejo Navarro de Igualdad.
c) Al Departamento de Presidencia del Gobierno de Navarra.
d) Al Instituto Navarro de Igualdad.

30. ¿A quién corresponde la competencia para la imposición de sanciones por infracciones leves o graves en materia de igualdad?

a) A la Consejera o Consejero del Departamento competente en materia de políticas de igualdad.
b) A la persona titular de la Dirección Gerente del Instituto Navarro para la Igualdad.

c) Al departamento de investigación del Gobierno de Navarra.

d) Al órgano competente dependiente del Ministerio Fiscal.

31. Los planes de igualdad de mujeres y hombres del sector público y de las empresas que gestionan servicios públicos, que serán negociados con la representación legal de su personal, deberán cumplir, entre otros, uno de los siguientes requisitos. Indica cuál:

a) Regular en el articulado la propia evaluación, que debe ser cuatrimestral.

b) Incluir medidas específicas para la adecuación, en su caso, a las peculiaridades del rol del padre y la madre.

c) Formar parte, como anexo, del plan de riesgos laborales de la correspondiente Administración Pública u organismos autónomos.

d) Fijar, previa elaboración de un diagnóstico de la situación, los objetivos concretos de igualdad efectiva a alcanzar, las estrategias y prácticas a adoptar para su consecución, así como el establecimiento de sistemas eficaces de seguimiento y evaluación de los objetivos fijados.

32. Para concretar las sanciones que proceda imponer y, en su caso, para graduar la cuantía de las multas y la duración de las sanciones temporales, las autoridades competentes mantendrán la proporción adecuada entre la gravedad del hecho constitutivo de la infracción. Uno de los criterios será:

a) El grado de parentesco con el infractor.

b) La discriminación múltiple y la victimización secundaria.

c) La trascendencia psicológica.

d) El pago de todos los tributos por parte del infractor.

33. Las infracciones graves en materia de igualdad prescriben:

a) A los seis meses.

b) A los tres meses.

c) Al año.

d) A los dos años.

34. A los efectos de la LF 17/2019, existe *reincidencia* cuando la persona responsable de las infracciones previstas en la misma sea sancionada mediante una resolución firme por otra infracción de la misma naturaleza en el plazo, a contar a partir de la notificación de la resolución, de:

a) 1 año.

b) 2 años.

c) 3 años.

d) 4 años.

35. El Gobierno de Navarra, las Administraciones Públicas, los organismos públicos vinculados o dependientes, así como las entidades, públicas o privadas, que gestionan servicios públicos deben aprobar, si no disponen ya de él, un plan de igualdad de oportunidades destinado a su personal, si tienen .... trabajadores/as:

a) Entre 10 y 20.
b) Entre 20 y 40.
c) 50 o más.
d) 50 o menos.

Solución al test n.º 12

1. c) La información pública.

2. a) 20.000 euros.

3. b) Reutilización.

4. d) Principio antiformalista del procedimiento.

5. c) Valor esencial del sistema de Gobierno Abierto, que impregna toda la actividad y organización de los sujetos obligados que tienen el deber de poner a disposición de la ciudadanía, legítima propietaria de la información pública, bien de manera proactiva, bien previa solicitud, la información pública que posean y de dar a conocer el proceso y las decisiones adoptadas de acuerdo a su competencia, así como las acciones en el ejercicio de sus funciones y la evaluación de las mismas.

6. a) Actualizados.

7. c) Los responsables y encargados del tratamiento de datos así como todas las personas que intervengan en cualquier fase de este.

8. c) Inequívoca.

9. a) Será preciso que conste de manera específica e inequívoca que dicho consentimiento se otorga para todas ellas.

10. a) Cuando así lo prevea una norma de Derecho de la Unión Europea o una norma con rango de ley.

11. c) Tratamiento necesario para fines de medicina preventiva o laboral, evaluación de la capacidad laboral del trabajador, diagnóstico médico, prestación de asistencia o tratamiento de tipo sanitario o social, o gestión de los sistemas y servicios de asistencia sanitaria y social.

12. a) Adaptar el ordenamiento jurídico español al Reglamento General de Protección de Datos y completar sus disposiciones.

13. a) Sobre el responsable del tratamiento.

14. c) Se podrá considerar repetitivo el ejercicio del derecho de acceso en más de una ocasión durante el plazo de seis meses, a menos que exista causa legítima para ello.

15. b) Igualdad de trato y de oportunidades entre mujeres y hombres.

16. a) A toda persona, física o jurídica, que se encuentre o actúe en territorio español, cualquiera que fuese su nacionalidad, domicilio o residencia.

17. c) Es un principio informador del ordenamiento jurídico.

18. b) La tendencia sexual.

19. a) Discriminación directa.

20. c) Acoso por razón de sexo.

21. c) Las personas físicas y jurídicas con interés legítimo.

22. c) 17/2019, de 4 de abril.

23. a) Igualdad sustantiva.

24. c) Segregación ocupacional.

25. b) Empoderar a las mujeres.

26. d) Un informe sobre impacto por razón de género.

27. c) El Consejo Navarro de Igualdad.

28. b) El Instituto Navarro para la Igualdad.

29. a) Al Gobierno de Navarra.

30. b) A la persona titular de la Dirección Gerente del Instituto Navarro para la Igualdad.

31. d) Fijar, previa elaboración de un diagnóstico de la situación, los objetivos concretos de igualdad efectiva a alcanzar, las estrategias y prácticas a adoptar para su consecución, así como el establecimiento de sistemas eficaces de seguimiento y evaluación de los objetivos fijados.

32. b) La discriminación múltiple y la victimización secundaria.

33. c) Al año.

34. a) 1 año.

35. c) 50 o más.

TEST PARTE ESPECÍFICA

TEST N.º 1

**Atención a la ciudadanía. La comunicación: fundamentos
y niveles. Estilos y barreras de la comunicación. Habilidades Sociales
y Asertividad. Resolución de conflictos. La escucha activa**

1. En el trato a un cliente presuntuoso, no es correcto:

a) Mostrar humildad.
b) Competir con él.
c) Mostrar mucha amabilidad.
d) Adularle alguna vez.

2. En el trato a un cliente escéptico, no es correcto:

a) Mostrar paciencia y perseverancia.
b) Ser sincero.
c) Mantenerse firme y a distancia.
d) Dar garantías.

**3. No es correcto, en relación con el comportamiento agresivo de un ciudadano
cliente la siguiente afirmación:**

a) El agresivo se enfadará con el representante de la Administración, aun sabiendo
que no es el culpable de sus problemas.
b) El funcionario no debe perder las buenas maneras y no dar respuestas que puedan
ser interpretadas como una provocación.
c) Se intentará frenar la parte irracional de su comportamiento y negociar, haciéndole
sentir que su problema nos preocupa.
d) No es conveniente aplicar en esta situación la escucha activa.

**4. ¿Cuál de los siguientes tipos de comportamiento se caracteriza por dar
afirmaciones claras, expresarse con franqueza y de manera constructiva?**

a) Comportamiento asertivo.
b) Comportamiento pasivo.

c) Comportamiento agresivo.
d) Comportamiento pasivo-agresivo.

5. Para establecer un tono positivo con los clientes que no tienen razón en sus argumentos, hemos de:

a) Decirles que no llevan la razón.
b) Decirles que están equivocados.
c) Hacerles sentir culpables.
d) Esforzarnos en ser positivos en nuestras respuestas.

6. Parafrasear es una forma de asegurar nuestra comprensión del mensaje diciéndole al cliente lo que pensamos o lo que hemos comprendido:

a) Añadiendo la información no incluida por el cliente.
b) Asegurándonos de que nuestro tono incluye juicio.
c) Asegurándonos de que nuestro tono incluye evaluación.
d) Dando a entender al cliente que queremos saber si entendemos adecuadamente su mensaje.

7. Cuando los clientes se acercan a la Administración, a menudo nos encontramos con la tarea de tener que explicar un asunto o un servicio. No es cierto que en la explicación:

a) Nos aseguraremos de dar la información correcta.
b) Evitaremos los tecnicismos, utilizando un lenguaje simple y coloquial y educado.
c) Utilizaremos explicaciones de carrerilla, para no ser desigual con otros clientes.
d) No asumiremos que el cliente sabe de temas de la Administración, facilitándole los detalles imprescindibles.

8. ¿Cuál de las siguientes opciones es correcta en cuanto a convencer al cliente?

a) Convencer es coaccionar al cliente para que este realice algo que no desea.
b) Tenemos que persuadirle.
c) Los ciudadanos quieren creer lo que les decimos.
d) No es tarea del personal de la Administración ganarse la confianza que quieran depositar en él.

9. Para tratar a un cliente enfadado, aplicando la técnica de la escucha física:

a) Miraremos al ciudadano directamente. Esto implica que prestamos toda nuestra atención a la conversación con el cliente.
b) Cruzaremos los brazos o las piernas, para hacer pensar al cliente que estamos dispuestos a escucharle.
c) Le miraremos a los ojos fijamente por largo tiempo.
d) Mantendremos una postura rígida e inamovible.

10. La escucha física es una técnica que nos va a permitir, mediante un lenguaje no verbal, tranquilizar y relajar el ánimo de nuestro cliente. ¿Cuál de las siguientes frases es correcta?

a) Primero la persona, después el problema. Primero los sentimientos, después los hechos.
b) Primero la persona, después los sentimientos. Primero el problema, después los hechos.
c) Primero los sentimientos, después la persona. Primero los hechos, después el problema.
d) Primero el problema, después la persona. Primero los hechos, después los sentimientos.

11. Para disminuir la tensión en una reclamación de un ciudadano agresivo:

a) Hay que sentirse personalmente afectado.
b) Hay que evitar la responsabilidad.
c) Dejar hablar y escuchar.
d) Procurar entrar en discusión.

12. Ante un cliente que solicita información con mucha meticulosidad, numerosas preguntas y una actitud crítica, el trato del informador público debe caracterizarse por:

a) Permanecer impasible.
b) Dar pocos detalles.
c) Aportar conocimientos técnicos.
d) Mantenerse firme.

13. Un cliente acude a una de las oficinas de la Administración demandando información personal que le es necesaria para cumplimentar algunos documentos. Sabemos que los datos están informatizados y puede tener acceso a ellos introduciendo un código en un terminal informático. Por lo tanto, como informador público:

a) Dejaremos que el cliente decida cómo actuar.
b) Nos acercaremos a él con la máxima profesionalidad para intentar ayudarle.
c) Esperaremos y solo si observamos algún error en el proceso, tomaremos la iniciativa.
d) Entablaremos una conversación intrascendente para ganarnos su confianza.

14. Para proporcionar un servicio de calidad que satisfaga a los clientes:

a) Se deben aplicar técnicas de escucha activa, feedback y reformulación.
b) La información debe ser ofrecida por más de un empleado.
c) La prioridad será mantener una buena imagen de la Administración.
d) El empleado público se mantendrá indiferente a las necesidades del ciudadano.

15. Un visitante le pregunta por una determinada unidad; usted le facilitará una información:

a) Totalmente detallada recurriendo incluso al color de las puertas.
b) Clara y sucinta.

c) Que incluya un croquis de las dependencias por donde debe pasar antes de llegar a la unidad.

d) Que indique el recorrido pero advirtiéndole que existen suficientes rótulos indicadores de las unidades o servicios.

16. Los clientes poseen diferentes personalidades y por ello tienen diferentes características. Así, debemos saber que el cliente que avasalla e insulta pertenece al tipo:

a) Hablador.
b) Excitable.
c) Inquisitivo.
d) Irrazonable.

17. El comportamiento agresivo:

a) Se refleja físicamente por el movimiento continuo de manos y brazos.
b) Se da cuando una persona se enfrenta a otra físicamente.
c) Se da cuando la persona afirma claramente, se expresa con franqueza y de manera constructiva.
d) Se da cuando una persona siente temor a actuar de forma agresiva.

18. La diferencia entre una reclamación y una queja es que la primera:

a) Expresa desacuerdo con el trato personal.
b) Expresa insatisfacción con el contenido dado a la demanda.
c) Se basa en una percepción subjetiva que no afecta a todos los clientes por igual.
d) Informa sobre cómo es percibida la calidad de los servicios por los ciudadanos.

19. ¿Cuál de los siguientes elementos básicos de la comunicación se refiere al lenguaje en el que emitimos el mensaje?

a) El emisor.
b) El receptor.
c) El canal.
d) El código.

20. No ayuda a la comunicación:

a) La escucha activa.
b) El feedback.
c) La reformulación (fenómeno eco).
d) Utilizar un lenguaje lo más técnico posible.

21. No ayuda a una escucha activa:

a) Estar preparado sobre el tema de que se trata.
b) Escuchar y resumir las ideas básicas.

c) Repetir en esencia lo que ha dicho el interlocutor.
d) No preguntar.

22. No es cierto que el feedback (retroalimentación) en la comunicación:

a) Consiste en facilitar a nuestro interlocutor información sobre cómo hemos percibido o entendido lo que nos está comunicando.
b) Consiste en dejar que el otro hable, escuchar atentamente y callar.
c) Puede referirse no solo a la recepción del mensaje sino a expresar de forma verbal el impacto emocional del mismo.
d) Aclara las relaciones entre personas y ayuda a comprender mejor al otro.

23. Es un fallo en la comunicación:

a) Entender lo que queremos entender.
b) Establecer un clima agradable.
c) Estar dispuestos a oír a la otra persona en sus propios términos.
d) Ser comprensivo con las circunstancias del interlocutor.

24. No es una causa de fallos en la comunicación:

a) Entender lo que queremos entender.
b) Nuestro estado emocional condicionador de lo que queremos decir.
c) Estar a la defensiva.
d) Vocalizar al hablar.

25. No ayuda a mejorar nuestra comunicación cuando hablamos:

a) Organizar nuestro pensamiento.
b) Expresarnos con precisión.
c) Encerrar muchas ideas en un enunciado.
d) Hablar con naturalidad.

26. No ayuda a mejorar nuestra comunicación cuando escuchamos:

a) Que el interlocutor advierta que se pone voluntad e interés en entenderle.
b) Utilizar el feedback (retroalimentación).
c) Pensar en nuestras respuestas mientras escuchamos.
d) No evaluar ni prejuzgar.

27. En cuanto a la importancia de la apariencia personal, es falso que:

a) Un traje (tanto en hombres como en mujeres) es visto como un símbolo de poder y de estatus.
b) Los colores clásicos (especialmente gris y azul marino) indican autoridad.

c) Corbatas chillonas, joyas muy brillantes, mucho maquillaje, ayudan a la credibilidad de la persona.

d) Tacones altos en mujeres restan imagen profesional.

28. En relación con la comunicación no verbal, es falso que:

a) La quietud y el reposo son posturas de clara atención al interlocutor.

b) La quietud ha de ser rígida para mostrar que no se está deseando que el otro acabe de hablar.

c) Comunicamos constantemente nuestro estado emocional a través de inconscientes gestos.

d) Cuando hablamos, nuestra voz comunica una gran cantidad de información no incluida en los sonidos de las palabras que pronunciamos (el paralenguaje).

29. Es importante ofrecer una cálida acogida al ciudadano que llega a veces perdido. La acogida tiene cuatro partes, ¿cuál de las siguientes es incorrecta?

a) Recepción.

b) Saludo.

c) Ponernos a su disposición.

d) Continuar con lo que estábamos haciendo.

30. Señalar la respuesta incorrecta. La escucha física es una técnica que:

a) Permite tranquilizar y relajar el ánimo del cliente.

b) Utiliza el lenguaje verbal.

c) Refleja la actitud de estar al servicio del cliente.

d) Transmite interés por el problema.

31. Una de las principales características de la asertividad es:

a) Es un término dicotómico, en el sentido de todo o nada: o se tiene asertividad o no se tiene.

b) Es una característica de personalidad.

c) Al ser una habilidad, puede aprenderse.

d) Todas son correctas.

32. La comunicación asertiva se caracteriza por:

a) Tener una consecuencia a corto plazo positiva: Se evitan el enfrentamiento y los desacuerdos.

b) Tener como objetivo aumentar la probabilidad de lograr los objetivos propios sin pasar por encima de los derechos ajenos.

c) Tener como objetivo conseguir que los demás se sientan más débiles y menos capaces de expresar sus sentimientos y de defender sus derechos y necesidades.

d) Las respuestas a) y c) son correctas.

33. Sobre el entrenamiento asertivo podemos decir que:

a) Nos enseña a evitar conflictos, aunque ello suponga renunciar a la defensa de nuestros derechos.
b) Nos enseña a identificar correctamente las ocasiones en que la expresión personal es importante y adecuada.
c) Nos enseña a expresar nuestros propios deseos y sentimientos siempre que sean positivos y a callarnos los negativos.
d) Todas son correctas.

34. El conjunto de comportamientos eficaces en las relaciones sociales se conoce con el nombre de:

a) Habilidades sociales.
b) Socialización.
c) Comunicación.
d) Diálogo.

35. Las habilidades sociales:

a) Son conductas innatas.
b) Son conductas aprendidas.
c) No están orientadas a la obtención de beneficios.
d) Las respuestas b) y c) son correctas.

36. Las habilidades sociales están orientadas a conseguir:

a) Reforzamiento ambiental de tipo material.
b) Reforzamiento ambiental de tipo social.
c) Autorrefuerzo.
d) Todas son correctas.

37. ¿Qué normativa regula en la Comunidad Foral de Navarra la información y atención ciudadana en su Administración?

a) Real Decreto 54/2010.
b) Decreto Foral 54/2010.
c) Decreto 54/2010.
d) Orden de la Consejería de la Presidencia del Gobierno de Navarra.

38. El artículo 4 de la normativa que regula la información y atención ciudadana en la Administración de la Comunidad Foral de Navarra establece las funciones que integran la atención ciudadana, entre ellas no se encuentra:

a) Recepción de sugerencias.
b) Registro de solicitudes y documentos.

c) Información administrativa.
d) Todas ellas son funciones de la atención administrativa en Navarra.

39. En Navarra existen tres tipos de información administrativa. Indica la incorrecta:

a) General.
b) Telefónica.
c) Particular.
d) Especializada.

40. Cuando por razón de la materia de que se trate o por sus características específicas, la respuesta requiera recabar información específica añadida o la realización de consultas complementarias o la atención por personal especialmente cualificado, estaríamos hablando de información administrativa:

a) General.
b) Telefónica.
c) Particular.
d) Especializada.

Solución al test n.º 1

1. b) Competir con él.

2. c) Mantenerse firme y a distancia.

3. d) No es conveniente aplicar en esta situación la escucha activa.

4. a) Comportamiento asertivo.

5. d) Esforzarnos en ser positivos en nuestras respuestas.

6. d) Dando a entender al cliente que queremos saber si entendemos adecuadamente su mensaje.

7. c) Utilizaremos explicaciones de carrerilla, para no ser desigual con otros clientes.

8. c) Los ciudadanos quieren creer lo que les decimos.

9. a) Miraremos al ciudadano directamente. Esto implica que prestamos toda nuestra atención a la conversación con el cliente.

10. a) Primero la persona, después el problema. Primero los sentimientos, después los hechos.

11. c) Dejar hablar y escuchar.

12. c) Aportar conocimientos técnicos.

13. b) Nos acercaremos a él con la máxima profesionalidad para intentar ayudarle.

14. a) Se deben aplicar técnicas de escucha activa, feedback y reformulación.

15. b) Clara y sucinta.

16. b) Excitable.

17. a) Se refleja físicamente por el movimiento continuo de manos y brazos.

18. b) Expresa insatisfacción con el contenido dado a la demanda.

19. d) El código.

20. d) Utilizar un lenguaje lo más técnico posible.

21. d) No preguntar.

22. b) Consiste en dejar que el otro hable, escuchar atentamente y callar.

23. a) Entender lo que queremos entender.

24. d) Vocalizar al hablar.

25. c) Encerrar muchas ideas en un enunciado.

26. c) Pensar en nuestras respuestas mientras escuchamos.

27. c) Corbatas chillonas, joyas muy brillantes, mucho maquillaje, ayudan a la credibilidad de la persona.

28. b) La quietud ha de ser rígida para mostrar que no se está deseando que el otro acabe de hablar.

29. d) Continuar con lo que estábamos haciendo.

30. b) Utiliza el lenguaje verbal.

31. c) Al ser una habilidad, puede aprenderse.

32. b) Tener como objetivo aumentar la probabilidad de lograr los objetivos propios sin pasar por encima de los derechos ajenos.

33. b) Nos enseña a identificar correctamente las ocasiones en que la expresión personal es importante y adecuada.

34. a) Habilidades sociales.

35. b) Son conductas aprendidas.

36. d) Todas son correctas.

37. b) Decreto Foral 54/2010.

38. d) Todas ellas son funciones de la atención administrativa en Navarra.

39. b) Telefónica.

40. d) Especializada.

TEST N.º 2

Higiene en los centros sanitarios: importancia de la limpieza en un hospital. Limpieza y desinfección. Normas generales a tener en cuenta en la limpieza hospitalaria. Clasificación de las zonas de un hospital: zonas generales de bajo riesgo, zonas semicríticas o de riesgo medio, zonas críticas de alto riesgo

1. ¿Cómo contribuye el Servicio de Limpieza a mantener la salud de los pacientes?

a) Reduce la posibilidad de que aparezcan problemas nutricionales.

b) Reduce la posibilidad de transmisión de infecciones provenientes de fuentes inanimadas.

c) Reduce la posibilidad de transmisión de infecciones provenientes de otros pacientes.

d) Reduce la posibilidad de transmisión de infecciones provenientes del personal.

2. ¿Qué es cierto sobre la limpieza en habitaciones de pacientes en aislamiento de contacto?

a) Uso de productos antisépticos para la limpieza.

b) Uso en exclusividad del kit de limpieza y desinfección de superficies.

c) Personal exclusivo para ese trabajo.

d) La limpieza se realizará como en el resto de pacientes.

3. ¿Cómo se definen las zonas críticas o de alto riesgo hospitalario?

a) Aquellas zonas hospitalarias, que por el tipo de actividad están libres de la presencia de patógenos.

b) Aquellas zonas hospitalarias donde la concentración de placas patógenas es baja, y es necesario realizar limpieza diaria.

c) Aquellas zonas hospitalarias donde por el tipo de asistencia, actividad o riesgo, la concentración de placas patógenas es alta, y donde es necesaria una mayor incidencia en la limpieza.

d) Todas las anteriores son zonas críticas.

4. ¿Qué tipo de zona se considera el bloque quirúrgico?

a) AA.
b) A.
c) B.
d) BB.

5. ¿Qué tipo de zona es la sala de curas de un Hospital?

a) AA.
b) A.
c) B.
d) BB.

6. ¿Cuáles es la zona C?

a) De medio riesgo.
b) Hostelería.
c) De gestión y apoyo.
d) Vestuarios y aseos.

7. La terraza, ¿a qué zona pertenece?

a) B.
b) D.
c) F.
d) G.

8. ¿Cuál de estas tareas de limpieza se realiza en último lugar?

a) Paredes, rejillas de aire acondicionado y techos.
b) Mobiliario y mamparas.
c) Ventanas y superficies de aluminio y acristaladas.
d) Suelos.

9. En la limpieza, el factor que tiene que ver con el producto a utilizar y la cantidad del mismo a utilizar según su concentración, ¿cuál es?

a) Acción mecánica.
b) Acción química.
c) Tiempo.
d) Temperatura.

10. ¿Qué teoría establece relación entre los cuatro factores que interaccionan para una limpieza eficaz?

a) Teoría de la detergencia.
b) Ciclo de lavado.

c) Círculo de Sinner.
d) Principio de desinfección.

11. ¿Cómo se denomina la limpieza que se realiza en situaciones excepcionales o cuando finaliza un proceso?

a) Normal.
b) General.
c) A fondo.
d) Concreta.

12. ¿Cuál de los siguientes elementos se limpiarán dos veces al día?

a) Borde superior de la puerta.
b) Pasillos.
c) Quirófanos.
d) Suelo de una habitación.

13. ¿Cuántas veces al día se limpia el área de lavado de vajilla en la cocina?

a) 1.
b) 2.
c) 3.
d) 5.

14. ¿Cada cuánto tiempo se hará la limpieza a fondo de la zona de lencería?

a) Cada 7 días.
b) Cada 15 días.
c) Cada mes.
d) Cada año.

15. ¿Cómo se denomina la limpieza de las habitaciones de los pacientes cuando se van de alta?

a) Diaria.
b) Cotidiana.
c) A fondo.
d) Terminal.

16. ¿Qué tipos de desinfección podemos diferenciar?

a) De nivel alto, intermedio y bajo.
b) Final y concomitante.
c) Antisepsia y esterilización.
d) Son correctas las respuestas a) y b).

17. ¿Cómo se define la desinfección concurrente?

a) Aquella que se realiza cuando se ha producido el alta del paciente y las circunstancias lo indican.
b) Aquella que se realiza cuando el paciente está ingresado.
c) Aquella que solo es activa frente a virus lipídicos de tamaño medio, bacterias en forma vegetativa y hongos.
d) Todas las respuestas son correctas.

18. ¿A qué temperatura se produce la ebullición?

a) 50 ºC.
b) 65 ºC.
c) 90 ºC.
d) 100 ºC.

19. ¿Cuál es el antiséptico ideal en lactantes y niños pequeños?

a) Clorhexidina.
b) Alcohol etílico.
c) Yodo.
d) Agua oxigenada.

20. ¿Cuál es la concentración más efectiva del alcohol etílico?

a) 30 %.
b) 50 %.
c) 70 %.
d) 90 %.

21. ¿Qué inconveniente tiene el yodo?

a) Irritante, tóxico y mancha.
b) Poco eficaz.
c) No es antiséptico.
d) Todas las respuestas son correctas.

22. ¿Cuál de estas es una ventaja del hipoclorito?

a) Estable.
b) No es tóxico.
c) Barato.
d) Inactivado por materia orgánica.

23. ¿Para qué se utilizan los aldehídos?

a) Para la esterilización de material de goma.
b) Para desinfección de superficies.

c) Como antiséptico para la piel.
d) Todas las respuestas son correctas.

24. ¿En qué técnica de desinfección se empapan las bayetas en una solución y luego se utilizan para fregar?

a) Inmersión.
b) Brumas.
c) Pulverización.
d) Loción.

25. ¿Cuáles son los factores de la teoría del círculo de Sinner?

a) Acción mecánica, acción química y tiempo.
b) Acción química, tiempo y temperatura.
c) Acción mecánica, acción química, tiempo y temperatura.
d) Acción mecánica, acción química, tiempo y humedad.

26. La Nota Informativa sobre productos desinfectantes de 29/03/2011 de la Agencia Española de Medicamentos y Productos Sanitarios, clasifica los desinfectantes en tres categorías legales. Indica la incorrecta:

a) Biocidas.
b) Productos sanitarios.
c) Limpiadores de alto espectro.
d) Medicamentos.

27. La organización Mundial de la Salud ha establecido unas recomendaciones y orientaciones en la limpieza y desinfección del entorno inmediato en el marco de la COVID-19, en ellas se considera en los centros de atención de la salud que es una superficie:

a) Mobiliario.
b) Objetos fijos dentro de las habitaciones de los pacientes.
c) Superficies de equipos médicos ordinarios.
d) Todos ellos lo son.

28. Según la OMS entre las recomendaciones generales en la limpieza y desinfección del entorno inmediato se ha de tener en cuenta. Indica la incorrecta:

a) Hay que limpiar con agua y jabón o detergente neutro, siendo opcional aplicar un desinfectante químico en la limpieza.
b) Hay que proceder de una manera sistemática para no omitir ninguna zona.
c) En las zonas de alto riesgo con respecto a la contaminación por el virus de la COVID-19, use un paño nuevo para limpiar la cama de cada usuario enfermo.
d) Los cubos habrán de lavarse con detergente, enjuagarse, secarse y guardarse invertidos para que se escurran por completo.

29. ¿Con qué frecuencia se limpiarán, según las recomendaciones y orientaciones de la OMS en la limpieza y desinfección del entorno inmediato en el marco de la COVID-19, las habitaciones de consulta externa:

a) Al menos dos veces al día.

b) Después de cada consulta de un paciente.

c) Cuando el enfermo es dado de alta.

d) Al menos una vez al día.

Solución al test n.º 2

1. b) Reduce la posibilidad de transmisión de infecciones provenientes de fuentes inanimadas.

2. b) Uso en exclusividad del kit de limpieza y desinfección de superficies.

3. c) Aquellas zonas hospitalarias donde por el tipo de asistencia, actividad o riesgo, la concentración de placas patógenas es alta, y donde es necesaria una mayor incidencia en la limpieza.

4. a) AA.

5. c) B.

6. c) De gestión y apoyo.

7. d) G.

8. d) Suelos.

9. b) Acción química.

10. c) Círculo de Sinner.

11. d) Concreta.

12. b) Pasillos.

13. c) 3.

14. b) Cada 15 días.

15. d) Terminal.

16. d) Son correctas las respuestas a) y b).

17. b) Aquella que se realiza cuando el paciente está ingresado.

18. d) 100 ºC.

19. a) Clorhexidina.

20. c) 70 %.

21. a) Irritante, tóxico y mancha.

22. c) Barato.

23. a) Para la esterilización de material de goma.

24. d) Loción.

25. c) Acción mecánica, acción química, tiempo y temperatura.

26. c) Limpiadores de alto espectro.

27. d) Todos ellos lo son.

28. a) Hay que limpiar con agua y jabón o detergente neutro, siendo opcional aplicar un desinfectante químico en la limpieza.

29. b) Después de cada consulta de un paciente.

TEST N.º 3

Procedimientos de limpieza: limpieza de habitaciones según situaciones: ocupada, desocupada, aislada. Limpieza y desinfección en zonas críticas de alto riesgo. Limpieza y desinfección en zonas semicríticas o de riesgo medio. Limpieza y desinfección en zonas generales de bajo riesgo. Limpieza y desinfección de zonas comunes y/o públicas. Limpieza y desinfección de mobiliario y suelos

1. ¿Las camas de las habitaciones de los pacientes tendrán un ancho mínimo de?

a) 70 cm.
b) 90 cm.
c) 1 m.
d) 1,30 m.

2. Las camas de las habitaciones de los pacientes tendrán un largo mínimo de:

a) 180 cm.
b) 200 cm.
c) 215 cm.
d) 240 cm.

3. ¿Cuál de los siguientes elementos no se encuentra en todas las habitaciones de pacientes del hospital?

a) Gancho de suspensión en el techo, para pesos de hasta 60 kg.
b) Dispositivos de llamada de emergencia, tanto en el baño como en la habitación.
c) Barra con ganchos de suspensión de goteros o bombas de perfusión.
d) Toma de oxígeno y vacío.

4. Señala la opción incorrecta en relación a la cama del paciente:

a) La cama será fuerte y robusta, con ruedas no pequeñas para que se desplace con facilidad, y con frenos.
b) El somier tendrá varios planos y movimientos de elevación dorsal, flexión de piernas, tren-antitrén y elevación de pies.

c) El cabecero debe ser de fácil abatimiento.

d) Los accesorios de la cama (barandillas, incorporadores, goteros y arcos balcánicos) se deberán hallar siempre en la habitación del paciente para su inmediata aplicación cuando sean necesarios.

5. Señala la opción incorrecta en relación al mobiliario de la habitación del paciente:

a) Habrá una mesilla; con un cajón para colocar objetos personales.

b) La mesa de cama normalmente tiene pies, para que el paciente tome sobre ella sus comidas.

c) Habrá un armario con cerradura, para la ropa y objetos de valor del paciente.

d) La cama deberá tener topes de protección de goma.

6. La manguera de la ducha, en los aseos de las habitaciones de los pacientes, tendrá una longitud mínima de:

a) 87 cm.

b) 1,29 cm.

c) 1,53 cm.

d) 1,92 cm.

7. Señala la afirmación correcta en relación a la ducha del aseo del paciente:

a) Las duchas suelen contar con varias repisas de madera para poner el jabón y el champú.

b) Generalmente tienen un bordillo de unos 10 cm para evitar que se derrame el agua.

c) Deberán ser abiertas, no podrán tener cortina ni puerta.

d) Generalmente, incluyen un asiento de baño plegable.

8. La altura ideal del lavamanos es de:

a) 86 cm.

b) 95 cm.

c) 108 cm.

d) 120 cm.

9. ¿Cuál de las siguientes tomas de la habitación del paciente se limpiará primero?

a) La toma de televisión.

b) La toma de oxígeno.

c) La toma eléctrica para accionamiento de la cama.

d) La toma de aire.

10. Señala la opción incorrecta en relación a la limpieza diaria de la habitación del paciente:

a) Siempre, previamente al uso del desinfectante, la superficie debe limpiarse con solución detergente.

b) Evitar que se ventile la habitación.

c) Limpiar con el paño azul impregnado con la solución DD (detergente/desinfectante) el entorno inmediato del paciente siempre hacia la periferia y de arriba abajo.

d) Preparar la solución respetando la dilución y disponer el material teniendo en cuenta la zona limpia y sucia convenida sobre el carro.

11. En la habitación ocupada, de los siguientes elementos, ¿cuál limpiaremos primero?

a) La cama.
b) Los interruptores.
c) Las manillas de las puertas.
d) El timbre.

12. Las salas de estar de pacientes, se limpiarán:

a) Una vez al día.
b) A última hora de la tarde.
c) A primera hora de la mañana y de la tarde.
d) A última hora de la mañana.

13. La limpieza al alta se iniciará transcurrido un período mínimo de:

a) 15 minutos.
b) Media hora.
c) 1 hora.
d) Inmediatamente, no se tiene por qué demorar.

14. En la limpieza de habitaciones al alta de pacientes no es necesario incluir:

a) Cambiar la funda del colchón y protector de almohada.
b) Limpieza del colchón.
c) Limpieza interior de armarios y mesillas.
d) Desmontaje de rejillas del aire y limpieza.

15. No es correcto en relación a la limpieza en profundidad de las habitaciones:

a) Incluye todas las acciones de la limpieza diaria.
b) Incluye desincrustación enérgica del suelo y paredes del baño empleando estropajo y cepillos de cerdas duras en lugar de mopa porosa y bayetas.
c) Incluye desmontaje y limpieza de las rejillas de aireación.
d) Podrá realizarse en presencia de los pacientes, tomando precauciones.

16. De las siguientes acciones de la limpieza en profundidad de la habitación, ¿cuál se realizará en primer lugar?

a) Limpieza de cristales.
b) Desinfección de la barra de la cortina de separación entre pacientes.

c) Limpieza del zócalo.
d) Desinfección del interior de los armarios.

17. Los residuos que se producen como consecuencia de la actividad asistencial y/o de investigación asociada, que no están incluidos entre los considerados como residuos sanitarios peligrosos, se consideran:

a) Residuos urbanos.
b) Residuos sanitarios urbanos.
c) Residuos asimilables a urbanos.
d) Residuos del grupo I.

18. No entran en la consideración de residuos sanitarios asimilables a urbanos:

a) Las bolsas de orina vacías y empapadores.
b) Los equipos desechables procedentes de Hemodiálisis usados en pacientes no afectos de virus VHB, VHC y VIH.
c) Los restos de pequeñas intervenciones quirúrgicas.
d) Los residuos de podas.

19. Se depositarán en bolsas de color negro:

a) Los residuos generales asimilables a urbanos.
b) Los residuos sanitarios asimilables a urbanos.
c) Los residuos sanitarios peligrosos.
d) Los residuos químicos.

20. Señala la opción incorrecta en relación a la manipulación de residuos:

a) Bajo ningún concepto se harán trasvases de residuos entre envases.
b) El personal de limpieza deberá usar guantes que impidan el contacto directo de la piel con los envases.
c) Las bolsas con residuos deberán cogerse con una mano debajo de la bolsa y otra arriba para evitar que se desgarren y se esparza su contenido.
d) Los envases deben estar siempre convenientemente cerrados.

21. ¿Cómo da el aviso un intercomunicador con el control de enfermería?

a) Por una luz exterior en la puerta de la habitación.
b) Por una luz en el cuadro de control.
c) Por un aviso sonoro.
d) Todas las respuestas son válidas.

22. ¿Qué elementos debe haber en una habitación de traumatología?

a) Barra con ganchos de suspensión de gotero.
b) Gancho de suspensión en el techo para pesos.

c) Toma de oxígeno.
d) Todas las respuestas son correctas.

23. ¿Qué peso puede soportar un gancho de suspensión de techo para trauma-tología?

a) 20 kg.
b) 30 kg.
c) 50 kg.
d) 60 kg.

24. ¿Qué anchura mínima tendrá una cama de hospital?

a) 80.
b) 90.
c) 120.
d) 150.

25. ¿Qué plano de movimiento de elevación se permitirán en un somier de cama hospitalaria?

a) Dorsal.
b) Flexión de piernas.
c) Elevación de pies.
d) Todas las respuestas son correctas.

26. ¿Qué características tendrá la ducha de pacientes?

a) Construida a ras de suelo para favorecer el acceso de pacientes.
b) Con suelo deslizante.
c) No incluirá asiento plegable.
d) Todas las respuestas son correctas.

27. ¿Qué puede ocurrir si se usa desinfectante sin limpiar previamente la super-ficie con detergente?

a) Que mejora la desinfección.
b) Que se puede inactivar el desinfectante.
c) Que se puede inactivar el detergente.
d) No afecta.

28. ¿Qué parte no se limpiará con el paño azul?

a) Toma de oxígeno.
b) Cama.

c) Mando de la tele.
d) WC.

29. ¿Qué afirmación es falsa?

a) Se efectuará limpieza de las áreas de cortinas que resulten manchadas. En ningún caso se desmontarán para enviarlas a lavar.
b) Se dedicará especial atención a los puentes de gases y luces de los cabeceros de las camas, así como a los monitores de televisión de las habitaciones.
c) Para la limpieza de los cuartos de baño se utilizarán, si es preciso, otros productos como desincrustantes, antioxidantes, además del detergente y la lejía.
d) Las salas de estar de pacientes se limpiarán a primera hora de la mañana y de la tarde.

30. ¿En qué momento se considera una menor incidencia de altas hospitalarias?

a) Mañanas.
b) Tardes.
c) Días laborables.
d) Fines de semana y festivos.

31. De entre estas operaciones, ¿cuál se realiza en último lugar?

a) Barrido húmedo.
b) Reposición de material.
c) Desincrustación del baño.
d) Recogida de residuos y ropa.

32. ¿Qué tarea se realiza en la limpieza al alta del paciente, que no se hacen habitualmente en habitaciones ocupadas?

a) Limpieza de suelos.
b) Limpieza de interrupciones.
c) Limpieza de interior de armarios.
d) Barrido húmedo.

33. ¿Qué se hará al alta de un paciente hospitalizado?

a) Limpieza y desinfección de superficies de la habitación.
b) Hacer cama.
c) Recogida del material por habitación.
d) Todas las respuestas son correctas.

34. ¿En qué momento se realiza la limpieza en profundidad de una habitación?

a) En turno de noche mientras el paciente duerme.
b) Cuando el paciente está ausente.

c) Cuando el paciente está presente.
d) El fin de semana cuando se cierran las instalaciones.

35. Para la limpieza en profundidad del baño, ¿qué es falso?

a) Se limpiarán los azulejos y papeleras.
b) Se hará desincrustación enérgica del suelo y paredes.
c) Se utilizarán estropajos y cepillos de cerdas duras para el suelo.
d) Todas son correctas.

36. ¿Con qué bayeta se desinfectarán los colchones tras el alta de un paciente?

a) Azul.
b) Roja.
c) Amarilla.
d) No se desinfecta con bayeta.

37. ¿Cuánto tiempo hay que dejar cerrada una habitación tras el alta?

a) 1 hora.
b) 5 horas.
c) 15 horas.
d) No es necesario dejarla cerrada un tiempo.

38. ¿Cuánto tiempo hay que dejar cerrada una habitación tras el alta de pacientes con tuberculosis pulmonar?

a) 1 hora.
b) 5 horas.
c) 15 horas.
d) No es necesario dejarla cerrada un tiempo.

39. ¿Qué peligrosidad real o potencial se reconoce a los residuos asimilables a urbanos?

a) Baja.
b) Media.
c) Alta.
d) Ninguna.

40. ¿Cuál de los siguientes no se incluye en los residuos asimilables a urbanos?

a) Restos de curas y pequeñas intervenciones quirúrgicas.
b) Bolsas de orina vacías y empapadores.
c) Los equipos desechables procedentes de hemodiálisis usados en pacientes afectos de VHB.
d) Yesos.

41. ¿Dónde se recogen los residuos generados?

a) En cada punto de producción.
b) En un lugar centralizado.
c) En el almacén intermedio.
d) En el almacén final.

42. ¿En qué bolsas se recogerán los RGAU?

a) En bolsas de color negro que cumplan la norma UNE 53-147-85, con galga mínima 200.
b) En bolsas de color marrón que cumplan la norma UNE 53-147-85, con galga mínima 200.
c) En bolsas de color verde que cumplan la norma UNE 53-147-85, con galga mínima 200.
d) En bolsas de color rojo que cumplan la norma UNE 53-147-85, con galga mínima 200.

43. ¿En qué bolsas se recogerán los RSAU?

a) En bolsas de color negro que cumplan la norma UNE 53-147-85, con galga mínima 200.
b) En bolsas de color marrón que cumplan la norma UNE 53-147-85, con galga mínima 200.
c) En bolsas de color verde que cumplan la norma UNE 53-147-85, con galga mínima 200.
d) En bolsas de color rojo que cumplan la norma UNE 53-147-85, con galga mínima 200.

44. ¿En qué punto reside uno de los mayores riesgos del transporte de residuos?

a) En la producción.
b) En el tratamiento.
c) En la carga y descarga.
d) En ninguno de los anteriores.

45. ¿Qué precaución se debe tomar con los envases perforables de residuos?

a) El personal de limpieza deberá cogerlos por arriba y mantenerlos suspendidos alejados del cuerpo.
b) El personal de limpieza deberá cogerlos por abajo, y mantenerlos cerrados.
c) Para evitar el exceso de peso se deberán arrastrar.
d) Todas las respuestas son correctas.

46. ¿Qué es lo que no se debe hacer con los envases de residuos?

a) Trasvases de residuos entre envases.
b) No arrastrarlos por el suelo.
c) Mantenerlos cerrados.
d) Todas las respuestas son correctas.

47. Al hacer la cama tras el alta del paciente, ¿qué parte se cambiará?

a) Sábana.
b) Funda protectora de colchón.

c) Almohada.
d) Se cambiarán todas ellas.

48. ¿Qué se hará con el colchón tras el alta del paciente?

a) Cambiar por otro.
b) Limpiar y desinfectar.
c) Desechar.
d) Nada.

49. ¿Qué es falso sobre las salas de estar de pacientes?

a) Se limpiarán a primera hora de la mañana.
b) Se limpiarán a primera hora de la tarde.
c) Se recogerán papeleras a última hora de la mañana.
d) Se recogerán papeleras a última hora de la tarde.

50. ¿Cuánto medirá como mínimo la manguera de la ducha de una habitación de hospital?

a) 1,33 m.
b) 1,53 m.
c) 1,83 m.
d) 2 m.

51. En relación con la limpieza de habitaciones de aislamiento, se procederá en primer lugar a la limpieza de pacientes:

a) Aislados por aire.
b) Inmunodeprimidos.
c) Aislados por contacto.
d) Aislados por gotas.

52. Por regla general, se utiliza para la limpieza de cualquier superficie de la unidad del paciente que no sea sanitario ni retrete, el paño de color:

a) Rojo.
b) Azul.
c) Amarillo.
d) Verde.

53. Señala la opción correcta. Se debe limpiar:

a) De las zonas más sucias a las menos sucias.
b) De afuera hacia dentro.
c) De arriba a abajo.
d) Del lado contiguo a la entrada al opuesto.

54. En la limpieza de habitaciones de aislamiento, ¿cuál de las siguientes acciones se realiza primero?

a) Limpieza de paredes y cristales.
b) Limpieza de superficies horizontales.
c) Barrido húmedo.
d) Retirada de residuos.

55. En la sala de operaciones quirúrgicas, la limpieza estará finalizada antes del inicio de la programación diaria de las intervenciones quirúrgicas:

a) 15 minutos antes.
b) 30 minutos antes.
c) 1 hora antes.
d) Desde el día anterior.

56. En relación con la limpieza entre intervenciones quirúrgicas, antes de la limpieza de las superficies próximas al campo operatorio que se hayan utilizado en la intervención, se realizará:

a) Un barrido húmedo con gasa o muselina.
b) Un barrido seco.
c) Fregado del suelo con el método del doble cubo.
d) La limpieza de paredes, si existen manchas visibles.

57. En la limpieza diaria al final de la programación diaria de intervenciones quirúrgicas, ¿cuál de las siguientes acciones se realiza después de las demás?

a) Recogida de residuos y basura.
b) Fregado de las periferias por el método del doble cubo.
c) Barrido húmedo del suelo.
d) Fregado del área central del quirófano por el método de doble cubo.

58. ¿Cuál de las siguientes limpiezas en el área quirúrgica se realizará semestralmente?

a) Superficies horizontales altas.
b) Desmontar rejillas, limpiar y desinfectar.
c) Carcasas de las luminarias.
d) Interior de armarios/estanterías.

59. La técnica de barrido en seco:

a) Se utilizará exclusivamente en talleres y almacenes ubicados fuera de las áreas asistenciales y en exteriores.
b) Se podrá utilizar en habitaciones desocupadas.

c) Se utilizará exclusivamente en zonas exteriores del hospital al aire libre.

d) No se podrá utilizar en ninguna zona del hospital.

60. En relación con el barrido con mopa gasa, no es correcto que:

a) El barrido se haga en zigzag.

b) Deberá ir antecedido por el método húmedo más adecuado en cada caso.

c) Se evitará repasar por una zona ya limpiada.

d) Se usa para una primera eliminación de la suciedad no adherida al suelo.

61. En la técnica de fregado con doble cubo se suele utilizar:

a) Cubo rojo (cubo de sucio) y cubo azul (cubo de limpio).

b) Cubo rojo (cubo de sucio) y cubo amarillo (cubo de limpio).

c) Cubo azul (cubo de sucio) y cubo amarillo (cubo de limpio).

d) Cubo azul (cubo de sucio) y cubo rojo (cubo de limpio).

62. ¿Cuál de las siguientes opciones de doble cubo es la recomendada para el fregado de las habitaciones de los pacientes?

a) Cubo de limpio: agua+desinfectante/Cubo de sucio: agua+detergente.

b) Cubo de limpio: agua+detergente+desinfectante/Cubo de sucio: agua.

c) Cubo de limpio: agua+detergente/Cubo de sucio: agua+desinfectante.

d) Ambos cubos con: agua+detergente+desinfectante.

63. En el sistema de rasante o de mopa, el cubo utilizado acoge aproximadamente:

a) 3 litros de agua.

b) 5 litros de agua.

c) 10 litros de agua.

d) 16 litros de agua.

64. ¿Cuál de las siguientes opciones es incorrecta?

a) Los materiales empleados en una zona calificada como de Alto Riesgo serán de uso exclusivo para esa zona.

b) Al finalizar la limpieza de un ámbito determinado se cambiará el agua y solución desinfectante si se utiliza el doble cubo.

c) En el caso de las UCI se entiende por ámbito la totalidad de la habitación.

d) Los materiales utilizados en los aislamientos no deberán salir de la habitación hasta el alta del paciente.

65. No es característico del carro de limpieza para el sistema de doble cubo:

a) Tendrá una bandeja con capacidad para dos cubetas de distinto color de 3-5 litros, y barra para transportarlo.

b) Superficies lisas y lavables, con dos únicos planos a diferentes alturas.

c) Con ruedas giratorias y sistema de frenado.

d) Dos cubos pequeños de diferente color para la limpieza de superficies diferentes al suelo, y para limpiar los paños después de cada habitación.

66. ¿Cuáles de los siguientes se consideran aseos de baja frecuencia?

a) Vestuarios de personal.

b) Aseos públicos.

c) Aseos de otras dependencias.

d) Todas las respuestas son correctas.

67. ¿Qué comprende la limpieza de rutina de las escaleras?

a) Limpieza de los escalones en su totalidad así como de las superficies tanto horizontales como verticales contiguas.

b) Limpieza de los escalones en su totalidad así como de las superficies tanto horizontales como verticales contiguas y barandillas (sean metálicas, de madera o de cantería).

c) Limpieza de los escalones en su totalidad así como de las superficies tanto horizontales como verticales contiguas y barandillas (sean metálicas, de madera o de cantería), así como de paredes cuando existan manchas visibles.

d) Ninguna respuesta es correcta.

68. ¿Con qué frecuencia se limpiarán las escaleras principales?

a) Una vez al día.

b) Dos veces al día.

c) Cuatro veces al día.

d) Cada dos días.

69. ¿Cómo se limpia el suelo del ascensor?

a) Aplicando barrido húmedo y fregado mediante la técnica del doble cubo.

b) Aplicando barrido húmedo sólo.

c) Fregando mediante técnica de doble cubo sólo.

d) Ninguna respuesta es correcta.

70. ¿Qué ascensores se limpiarán cada vez que se utilicen?

a) Ascensores de público.

b) Ascensores de quirófano.

c) Ascensores de transporte de material sucio y basura.

d) Ascensores de transporte de cocina.

71. ¿Con qué frecuencia se limpiarán los ascensores de transporte de cocina?

a) Mínimo una vez al día.

b) Después del reparto de comida y cena.

c) Mínimo una vez a la semana.

d) Cada tres días.

72. ¿Con qué frecuencia se abrillantará el suelo de los vestíbulos principales de los centros?

a) Diaria.
b) Mensual.
c) Trimestral.
d) Semestral.

73. ¿Con qué frecuencia se abrillantará el suelo de los pasillos de planta?

a) Diaria.
b) Mensual.
c) Trimestral.
d) Semestral.

74. Existen variables clínicas y ambientales que afectan a la seguridad en la UCI. Entre los factores ambientales además de la calidad del aire y la climatización de los locales se encuentran:

a) La limpieza de la unidad.
b) La limpieza del equipamiento médico.
c) La limpieza del textil.
d) Todas son correctas.

75. Los aseos, despachos, salas y otras áreas de la UCI deben ser tratadas como zona:

a) De muy alto riesgo.
b) De bajo riesgo.
c) De riesgo intermedio.
d) De riesgo contaminado.

76. El equipamiento médico debe limpiarse, lavarse, desinfectarse, esterilizarse. Señale la incorrecta:

a) Antes de usarse con cada paciente.
b) Cuando pase de una unidad a otra.
c) Después de usarse con cada paciente.
d) Solo antes de usarse con cada paciente.

77. Para eliminar microorganismos patógenos de la ropa sucia en UCI se recomienda el lavado:

a) Durante un mínimo de 15 minutos a 60 ºC con lejía.
b) Durante un mínimo de 45 minutos a 30 ºC con lejía.
c) Durante un mínimo de 25 minutos a 60 ºC con lejía.
d) Durante un mínimo de 15 minutos a120 ºC con lejía.

78. ¿Qué es la Urpa?

a) Sala destinada a proveer de cuidados postanestésicos inmediatos a pacientes que han sido sometidos a procedimientos diagnósticos o terapéuticos bajo cualquier tipo de anestesia, hasta alcanzar unos criterios de alta predefinidos. Considerada Zona de Alto Riesgo o zona crítica.

b) Sala destinada a proveer de cuidados anestésicos inmediatos a pacientes que han sido sometidos a procedimientos diagnósticos o terapéuticos, hasta alcanzar unos criterios de alta definidos. Considerada Zona de Alto Riesgo o zona semi crítica.

c) Sala destinada a proveer de cuidados postanestésicos inmediatos a pacientes que han sido sometidos a procedimientos únicamente diagnósticos bajo cualquier tipo de anestesia, hasta alcanzar unos criterios de alta predefinidos. Considerada Zona de Riesgo Medio o zona crítica.

d) Ninguna de las opciones anteriores es correcta.

79. La limpieza concurrente en la Urpa (aseo rutinario) se realiza:

a) Por lo menos una vez al día, utilizando agua y jabón.
b) Tres veces al día, una por turno de trabajo.
c) Dos veces al día.
d) A demanda del paciente.

80. Un Angiógrafo es:

a) Un equipo médico que utiliza rayos X y sistemas digitales para sustraer las estructuras que son de interés dejando visibles los vasos sanguíneos (arterias y venas) del organismo.

b) Un equipo médico que utiliza ultravioletas y sistemas digitales para sustraer las estructuras que no son de interés dejando visibles los vasos sanguíneos (arterias y venas) del organismo.

c) Un equipo médico que utiliza rayos X y sistemas digitales para sustraer las estructuras que no son de interés dejando visibles los vasos sanguíneos (arterias y venas) del organismo.

d) Un equipo médico que utiliza rayos X y sistemas digitales para añadir las estructuras que no son de interés dejando invisibles los vasos sanguíneos (arterias y venas) del organismo.

81. Entre los Componentes de un angiógrafo no se encuentra:

a) Arco en G: tubo e intensificador.
b) Mesa de paciente.
c) Cadena TV.
d) Medios de almacenamiento y grabación o registro de imágenes.

82. La limpieza del angiógrafo se seguirá siguiendo las instrucciones del fabricante, pero tendremos en cuenta: Señale la incorrecta.

a) Las partes esmaltadas y las superficies de aluminio deben limpiarse con un paño húmedo y un detergente suave y luego frotar con un paño de lana seco.

b) Usaremos agentes de limpieza corrosivos, solventes, detergentes abrasivos o agentes de pulido cuando así lo requiera la técnica utilizada.

c) Las piezas de cromo solo se limpiarán frotando con un paño de lana seco.

d) Las superficies de plástico solo se deben limpiar con agua y jabón.

83. La endoscopia es:

a) La endoscopia es un procedimiento médico que utiliza un sistema óptico para poder ver en el interior del tubo digestivo.

b) Para la realización de la técnica endoscópica se utiliza el endoscopio que consiste en un tubo de fibra óptica largo y flexible, con una cámara, conectada a un vídeo, que permite ir viendo el interior del tubo digestivo.

c) La limpieza del material endoscopio se realizará mediante una limpieza mecánica de las superficies externa e interna que incluya el cepillado y enjuagado de los canales internos con agua y detergente enzimático (Instrunet Enzimático GLP).

d) Todas las anteriores son correctas en cuanto a la utilización y limpieza de la técnica a través del endoscopio.

84. Al final de cada necropsia, se procederá a su limpieza siguiendo un Protocolo de desinfección de instrumental y equipamiento. Señala la incorrecta:

a) Se lavarán a fondo y desinfectarán todos los instrumentos utilizados.

b) Las hojas de bisturí usadas deben desecharse en los contenedores amarillos para objetos punzantes.

c) Al final del día de trabajo la sala de necropsias se lavará con agua y detergentes industriales utilizando agua a presión (Karcher). Diariamente, se barrerá y fregará la sala a fondo.

d) Las mesas de necropsia se lavarán con detergentes industriales y desinfectarán una vez a la semana.

85. Detergentes y desinfectantes autorizados para el uso en la sala de necropsias:

a) Para las mesas y suelo: Hipoclorito sódico, Total shock SF (aéreo) Limoseptic® Plus (cloruro de didecil dimetil amonio 4,5%).

b) Jabones y desinfectantes de manos: Jabón, Daroxidina (chlorhexidina 4%).

c) Para el instrumental: Darodor oxiactive (percarbonato sódico al 37,8%).

d) Todas las anteriores son correctas.

86. Para poder ser estudiados con el microscopio, los tejidos de las biopsias, piezas quirúrgicas o autopsias deben ser seccionados en cortes muy delgados, generalmente de entre 3 y 6 micras (milésimas de milímetro). Previamente es necesario conferirles una consistencia homogénea mediante lo que llamamos la inclusión por parafina, consiste en:

a) Sustituir el agua de los tejidos por parafina liquida caliente (58º C) que al enfriarse adquirirá una consistencia adecuada para el corte.

b) Como la parafina es insoluble en agua es preciso eliminar previamente esta última del tejido, sustituyéndola inicialmente por alcohol (deshidratación) y posteriormente por tolueno o xileno (aclaramiento) que al ser solubles en parafina pueden ser sustituidos finalmente por ella.

c) Así se obtendrá un tejido embebido en parafina que será introducido en moldes partir del cual pueden obtenerse las secciones.

d) Todas las anteriores son correctas.

87. El proceso a seguir en el orden de la limpieza de una habitación en un centro residencial, ha de ser el siguiente: Señale la incorrecta.

a) Desconectar el aire acondicionado o la calefacción por aire si la hubiera.

b) Comprobar las luces por si estuvieran fundidas.

c) Abrir las ventanas para ventilar (entre 5 y 10 minutos es suficiente).

d) Hacer las camas.

88. Los pasos a seguir para realizar la limpieza de los aseos en centros residenciales son los siguientes:

a) Retirar la ropa de aseo, depositándola directamente en los carros destinados a ello.

b) Limpiar los sanitarios por dentro y por fuera, los desagües y las ranuras de seguridad también se limpiarán. Se utilizarán productos desinfectantes líquidos, que no sean corrosivos ni rayen la porcelana.

c) Las cortinas, si las hubiera, deberán limpiarse con un poco de lejía y después un buen aclarado si se observan puntos negros. Si hubiera mamparas, se limpiarán con un limpiacristales.

d) Todas las anteriores son correctas.

89. En relación con los materiales utilizados en la limpieza de áreas de alto o muy alto riesgo es cierto que, una vez terminada la limpieza:

a) Los materiales textiles se lavarán a mano a una temperatura de 60º-90º.

b) Los cubos utilizados se lavarán con agua templada y no se secarán, dejándolos a escurrir boca abajo.

c) El material no textil se introducirá en una solución de lejía al 1 % durante al menos 30 minutos.

d) Los elementos no textiles utilizados en la limpieza se lavarán y desinfectarán al finalizar cada box o habitación y baños.

90. Señala el producto correcto en la limpieza de zonas de muy alto o alto riesgo hospitalario:

a) Solución hipoclorito sódico (lejía) 1,5-2 %.

b) Solución derivados fenólicos 0,25 %.

c) Desinfectante de amplio espectro libre de aldehído.

d) Solución aldehída 0,4 %.

91. Se recomienda una limpieza a fondo de toda la zona de Hemodiálisis:

a) Cada día.

b) Semanalmente.

c) Semestralmente.
d) Quincenalmente.

92. Se recomienda una limpieza de los techos de la UCI, como mínimo:

a) Semanalmente.
b) Quincenalmente.
c) Mensualmente.
d) Semestralmente.

93. Se realizará una limpieza y desinfección general o a fondo de toda la sala de partos:

a) Cada vez que se produzca un parto.
b) Semanalmente.
c) Quincenalmente.
d) Diariamente.

94. Se realizará una limpieza a fondo y desinfección de toda la zona del Banco de Sangre, incluyendo paredes, techo y cristales:

a) Semanalmente.
b) Quincenalmente.
c) Mensualmente.
d) Trimestralmente.

95. Además de cuantas veces sea necesario a requerimiento del responsable de la Unidad de Neonatología y Prematuros, esta Unidad se limpiará como mínimo:

a) Una vez al día.
b) Dos veces al día.
c) Tres veces al día.
d) Cuatro veces al día.

96. Se realizará un desmontaje de grifos y rejillas de aire en las zonas de muy alto o alto riesgo, al menos:

a) Una vez al mes.
b) Semanalmente.
c) Cada mes.
d) Cada 6 meses.

97. Las tapicerías de sillones en las zonas de alto riesgo se cepillarán:

a) Diariamente.
b) Semanalmente.

c) Quincenalmente.
d) Mensualmente.

98. Las habitaciones de pacientes de las Áreas de Hospitalización:

a) Son simples, porque constan de un único habitáculo.
b) Son dobles, porque cuentan con dos camas.
c) Son mixtas, porque cuentan con aseo.
d) Son individuales.

99. En un área de hospitalización, la zona anexa al control de la unidad, que se utiliza para la preparación de medicación y material para realizar procedimientos, es zona:

a) Limpia.
b) Intermedia.
c) Esterilizada.
d) Sucia.

100. La zona intermedia del área de hospitalización, es:

a) Donde se realiza la descarga de fluidos corporales y de aguas residuales.
b) Donde el personal de enfermería prepara los carros de tratamientos y los carros de higiene de los pacientes.
c) Donde se prepara la medicación y material para realizar procedimientos.
d) Donde se centraliza la presencia, vigilancia y trabajo del personal de enfermería.

101. En un área de hospitalización, el lugar al que llegan los carros de comida y de donde parte la distribución de alimentos, es:

a) La cocina.
b) El office.
c) La zona intermedia.
d) El puesto de control de enfermería.

102. Señala la opción incorrecta. En el almacén general de un área de hospitalización se almacena:

a) Material desechable.
b) Material administrativo.
c) Material de consumo clínico.
d) Ropa limpia.

103. En Consultas Externas, generalmente disponen de aseo las consultas de:

a) Urología.
b) Psiquiatría.

c) Endocrinología.
d) Pediatría.

104. Es una característica habitual de la Sala de espera de encamados en Consultas Externas:

a) Situada en la entrada del área de Consultas Externas.
b) Espacio controlado por Celadores.
c) Control visual desde recepción.
d) Cuenta con despacho/consulta.

105. Las pruebas para determinar el estado de la sangre, o el estado general del paciente basándonos en determinaciones sanguíneas, se realizan en:

a) El laboratorio de bioquímica.
b) El laboratorio de microbiología.
c) El área de radiodiagnóstico.
d) El laboratorio de hematología.

106. Los servicios de radiodiagnóstico que existen en los centros de salud o en hospitales pequeños, son de nivel:

a) 1.
b) 2.
c) 3.
d) General.

107. La zona de trabajo del técnico especialista en radiodiagnóstico, donde se encuentra la mesa de mandos, telemando, monitores y ordenadores, se llama:

a) Sala de revelado.
b) Sala de exploración.
c) Cuarto oscuro.
d) Sala de control.

108. El símbolo del trébol amarillo con puntas radiales sobre fondo blanco, indica:

a) Zona de permanencia limitada.
b) Puerta con cierre hermético.
c) Zona vigilada.
d) Zona de acceso prohibido.

109. Las Unidades de Urgencias Hospitalarias pertenecen orgánicamente al:

a) Servicio especializado de Cuidados Críticos y Medicina Intensiva.
b) Servicio de Medicina Interna.

c) Servicio de Medicina Preventiva.
d) Servicio de Admisión.

110. La limpieza diaria a fondo en el Área de Urgencias se realizará:

a) En los tres turnos.
b) En el turno de noche.
c) En el turno de mañana.
d) En el turno de tarde.

111. La limpieza general de la zona de observación del Área de Urgencias se realizará:

a) Diariamente.
b) Semanalmente.
c) Quincenalmente.
d) Mensualmente.

112. La limpieza de paredes en el Área de Urgencias se realizará al menos:

a) Una vez al día.
b) Semanalmente.
c) Quincenalmente.
d) Mensualmente.

113. En la mayoría de los Hospitales existe un Servicio de Farmacia que dependerá de:

a) La Gerencia del Hospital.
b) La Dirección Médica.
c) La Dirección de Gestión y Servicios Generales.
d) El Servicio especializado de Cuidados Críticos y Medicina Intensiva.

114. La zona del Área de Farmacia donde se preparan dosis especiales de ciertos medicamentos según las pautas establecidas por la comisión de farmacia, es:

a) El área de dispensación farmacológica.
b) El área de citostáticos.
c) El área de farmacotecnia.
d) El área de nutrición artificial.

115. Es una característica del área de preparación de medicamentos citostáticos, dentro del Área de Farmacia:

a) Debe contar con recirculación de aire y aire acondicionado ambiental.
b) Tiene una campana de flujo laminar horizontal.

c) Zona aislada físicamente del resto del servicio en la que no se realizan otras operaciones que no sean la dosificación y preparación de medicamentos citostáticos.

d) Habitación separada con presión positiva.

Justificación: esta zona debe ser una "Área o zona aislada físicamente del resto del servicio en la que no se realicen otras operaciones". Además, debe tener "Habitación separada con presión negativa" y "Campana de flujo laminar vertical", lo que contradice las opciones 'a', 'b' y 'd'.

116. En las zonas de medio riesgo, el personal de limpieza utiliza solución de hipoclorito sódico, al:

a) 0,1 %.
b) 0,5 %.
c) 1 %.
d) 1,5 %.

117. En las zonas de medio riesgo, el personal de limpieza utiliza solución de derivados fenólicos al:

a) 0,05 %.
b) 0,1 %.
c) 0,2 %.
d) 0,4 %.

118. ¿Cuáles son las zonas de medio riesgo?

a) No críticas.
b) Críticas.
c) Semicríticas.
d) Las respuestas b) y c) son correctas.

119. ¿Cuál es la zona intermedia en el área de hospitalización?

a) Zona anexa al control de la unidad, que se utiliza para la preparación de medicación y material para realizar procedimientos.

b) Zona donde el personal de enfermería prepara los carros de tratamientos y los carros de higiene de los pacientes.

c) Zona en la cual se centraliza la presencia, vigilancia y trabajo del personal de enfermería.

d) Habitaciones de pacientes.

120. ¿Dónde se realiza el lavado terminal de lavacuñas y botellas?

a) En la zona sucia.
b) En la zona de control.

c) En la zona intermedia.
d) En la habitación del paciente.

121. ¿Qué dos ambientes componen la sala de consultas?

a) Vestuario y exploración.
b) Despacho y consulta.
c) Exploración y consulta.
d) Sucia y limpia.

122. ¿Cuál de estas zonas no forma parte de los laboratorios?

Zona de recepción de muestras.
Zona de almacenamiento de material.
Zona de investigación.
Zona de destrucción de residuos.

123. ¿En qué espacio del laboratorio se encuentra la sala de aféresis?

a) Banco de sangre.
b) Laboratorio de urgencias.
c) Zona de apoyo.
d) Ninguna de las anteriores respuestas es correcta.

124. ¿Dónde están los Servicios de Radiodiagnóstico general o nivel 2?

a) En hospitales pequeños.
b) En los centros de salud.
c) En centros sanitarios de tamaño medio.
d) En grandes hospitales.

125. ¿Qué peculiaridad tendrá la sala de exploración del servicio de radio-diagnóstico?

a) Paredes plomadas o de hormigón.
b) Indicación de un pictograma que indique presencia de citotóxicos.
c) Paredes con aislamiento térmico y sonoro.
d) Todas las respuestas son correctas.

126. ¿Cuántos turnos de limpieza se establecerán en el área de urgencias?

a) 1.
b) 2.
c) 3.
d) 4.

127. ¿Qué afirmación es cierta sobre las urgencias?

a) Las Unidades de Urgencias Hospitalarias son los Servicios de Urgencias de los Hospitales generales y de especialidades.
b) Orgánicamente pertenecen al Servicio especializado de Cuidados Críticos y Medicina Intensiva del Hospital.
c) Prestan asistencia sanitaria especializada las 24 horas.
d) Todas las respuestas son correctas.

128. En el área de urgencias, ¿cada cuánto tiempo se realiza la limpieza general de la zona de observación?

a) Cada día.
b) Cada semana.
c) Cada mes.
d) Cada 6 meses.

129. ¿En qué turno se hará la limpieza a fondo del área de urgencias?

a) Mañana.
b) Tarde.
c) Noche.
d) En todos los turnos.

130. ¿En qué zona de la farmacia se preparan dosis especiales de ciertos medicamentos según las pautas establecidas por la comisión de farmacia?

a) Área de dispensación farmacológica.
b) Área de farmacotecnia.
c) Áreas de citostáticos.
d) Área de nutrición artificial.

131. ¿Qué es la nutrición enteral?

a) Técnica que se realiza cuando no es posible una adecuada alimentación por vía oral o por sonda.
b) Aportar por vía endovenosa todos los constituyentes de una dieta completa.
c) Administración de sustancias nutritivas a través de una sonda que estará alojada en el tubo digestivo.
d) Ninguna respuesta es correcta.

132. ¿En qué zona se centraliza la presencia, vigilancia y trabajo del personal de enfermería?

a) Zona limpia.
b) Zona intermedia.

c) Sala técnica polivalente.
d) Puesto de control.

133. ¿Qué es el oficio u office?

a) Lugar al que llegan los carros de comida.
b) Lugar de donde parte la distribución de alimentos.
c) Lugar donde se realiza el lavado y desinfección de cuñas.
d) Son correctas las respuestas a) y b).

134. ¿Cuál es el tipo de actividad predominante en consultas?

a) Programada.
b) Urgente.
c) De larga estancia.
d) Ambulancia.

135. ¿Cuál de las siguientes consultas dispondrá de aseo?

a) Urología.
b) Obstetricia.
c) Ginecología.
d) Todas las anteriores.

136. Los laboratorios de pequeñas dimensiones suelen estar divididos por:

a) Especialidades.
b) Servicios.
c) Dotaciones.
d) Áreas.

137. ¿En qué zona del laboratorio se recepciona a los pacientes?

a) Zonas de almacenaje de material.
b) Zona de recepción de muestras.
c) Zona de investigación.
d) Zona de hematología.

138. ¿En qué laboratorio se realizarán las pruebas para determinaciones sanguíneas?

a) Bioquímica.
b) Microbiología.
c) Farmacología.
d) Hematología.

139. ¿Qué laboratorio se encarga de determinar los diferentes valores de estas estructuras químicas y averiguar si se encuentran en las proporciones normales?

a) Bioquímica.
b) Microbiología.
c) Farmacología.
d) Hematología.

140. ¿En qué laboratorio se realiza el diagnóstico de las enfermedades infecciosas?

a) Bioquímica.
b) Microbiología.
c) Farmacología.
d) Hematología.

141. ¿De qué nivel son los servicios de radiodiagnóstico propios de grandes hospitales?

a) 1.
b) 2.
c) 3.
d) 4.

142. ¿En qué zona se encuentran los aparatos de radiodiagnóstico?

a) Sala de espera.
b) Sala de control.
c) Sala de exploración.
d) Sala de revelado.

143. ¿Qué función tiene la sala de informes?

a) Es donde el técnico especialista en radiología realiza la evaluación de las imágenes obtenidas.
b) Es donde el técnico especialista en radiología realiza el procesado de las imágenes obtenidas.
c) Es donde se reúnen los radiólogos para la evaluación de las imágenes obtenidas.
d) Todas las respuestas son correctas.

144. En el área de urgencias, ¿cuál es la periodicidad para la limpieza de paredes?

a) Diaria.
b) Semanal.
c) Mensual.
d) No hay periodicidad establecida.

145. ¿Qué actividad realiza el servicio de farmacia?

a) Control y dispensación de estupefacientes y psicótropos.
b) Control y dispensación de medicamentos extranjeros.
c) Control de los botiquines existentes en las Unidades de hospitalización.
d) Todas las respuestas son correctas.

146. ¿Qué son los citostáticos?

a) Son sustancias farmacológicas que impiden o retardan la división celular.
b) Son residuos de clase III.
c) Son sustancias antibióticas de amplio espectro.
d) Son desinfectantes.

147. ¿Qué productos utiliza el personal de limpieza en las zonas de medio riesgo?

a) Solución de hipoclorito sódico al 5 %.
b) Solución de derivados fenólicos al 4 %.
c) Solución de hipoclorito sódico al 0,5 %.
d) Son correctas las respuestas b) y c).

148. ¿En qué zona de bajo riesgo se encuadraría el salón de actos del Hospital?

a) Zona C.
b) Zona D.
c) Zona E.
d) Zona F.

149. ¿En qué zona de bajo riesgo se encuadrarían los almacenes del Hospital?

a) Zona C.
b) Zona D.
c) Zona E.
d) Zona F.

150. La zona G se refiere a:

a) Zonas de vestuarios y aseos.
b) Zonas exteriores y viales.
c) Zonas de talleres, almacenes y similares.
d) Zonas de hostelería.

151. Forma parte de la Zona D:

a) El área administrativa.
b) El animalario.
c) La escalera de incendios.
d) Lavandería y Lencería.

152. Los patios interiores del hospital pertenecen a la zona:

a) D.
b) E.
c) F.
d) G.

153. Las ventanas, persianas y cristaleras de las oficinas de administración se limpiarán con una periodicidad:

a) Semanal.
b) Quincenal.
c) Mensual.
d) Trimestral.

154. Las tapicerías de sillas y sillones de las oficinas administrativas del hospital se aspirarán con una periodicidad:

a) Semanal.
b) Quincenal.
c) Mensual.
d) Trimestral.

155. ¿Con qué periodicidad se limpiarán las Áreas Administrativas de Atención Directa al Usuario?

a) Mantenimiento diario y limpieza semanal.
b) Mantenimiento diario y limpieza en días alternos.
c) Mantenimiento y limpieza diaria.
d) Mantenimiento y limpieza en días alternos.

156. En las áreas administrativas del hospital se realizará una limpieza general con una periodicidad:

a) Semanal.
b) Mensual.
c) Trimestral.
d) Semestral.

157. Para la desinfección de vestuarios del personal utilizaremos una solución de hipoclorito sódico al:

a) 0,1 %.
b) 0,02 %.
c) 500 ppm.
d) Son correctas las respuestas a) y c).

158. Para la limpieza de loza sanitaria en los vestuarios de personal, utilizaremos:

a) Solución de agua + detergente.
b) Polvo abrasivo clorado.
c) Solución de detergente + agua + desinfectante.
d) Desinfectante + agua.

159. ¿Con qué periodicidad se realizará la limpieza y mantenimiento de los vestuarios de personal?

a) Limpieza diaria y mantenimiento en cada turno.
b) Limpieza en días alternos y mantenimiento diario.
c) Limpieza y mantenimiento en días alternos.
d) Limpieza y mantenimiento en cada turno.

160. ¿Con qué periodicidad se realizará la limpieza general en los vestuarios de personal?

a) Semanal.
b) Mensual.
c) Trimestral.
d) Semestral.

161. ¿Con qué periodicidad deberá realizarse el pulido y abrillantado de suelos en todos los vestíbulos principales de los hospitales?

a) Semanal.
b) Mensual.
c) Trimestral.
d) Semestral.

162. ¿Con qué periodicidad deberá realizarse el pulido y abrillantado de suelos de los vestíbulos de plantas, zonas de espera y pasillos?

a) Semanal.
b) Mensual.
c) Trimestral.
d) Semestral.

163. La limpieza rutinaria de pasillos se realizará:

a) Diariamente, una vez al día.
b) Diariamente, tres veces al día.
c) Diariamente, tres veces por turno.
d) Diariamente, dos veces al día.

164. Señala la afirmación correcta en relación con la limpieza rutinaria de las escaleras:

a) Los tramos que se utilizan regularmente en las escaleras de emergencia se limpiarán diariamente, una vez en cada turno.
b) Para la limpieza rutinaria se empleará limpieza en seco y fregado con máquina.
c) El fregado se realizará dividiendo la escalera en dos mitades, derecha e izquierda.
d) La limpieza rutinaria de las escaleras consiste en la limpieza únicamente de los escalones en su totalidad.

165. La escalera principal (o escaleras principales) se limpiará rutinariamente:

a) 2 veces al día.
b) 3 veces al día.
c) 4 veces al día.
d) 2 veces por turno cada día.

166. En la mayoría de los hospitales, la limpieza general de las escaleras se realiza con una frecuencia:

a) Diaria.
b) Semanal.
c) Quincenal.
d) Mensual.

167. Los ascensores de personal y público se limpiarán como mínimo:

a) 2 veces al día.
b) 3 veces al día.
c) 4 veces al día.
d) 5 veces al día.

168. A efectos de alcanzar una limpieza más idónea que responda a las prestaciones sanitarias que los Centros Asistenciales ofrecen, los centros se subdividen en zonas. Estas zonas son:

a) Alto y muy alto riesgo, Riesgo medio y Bajo riesgo.
b) Zona quirúrgica y de tratamientos, Zonas de hospitalización y Zonas comunes.
c) Área de hospitalización, Área administrativa y Área de servicios.
d) Zonas de hospitalización, Zonas de servicios y Zonas exteriores.

169. En los hospitales del Servicio Navarro de Salud, ¿cuál es la zona C?

a) De medio riesgo.
b) Hostelería.

c) De gestión y apoyo.
d) Vestuarios y aseos.

170. La terraza en un hospital de Osasumbidea, ¿a qué zona pertenece?

a) B.
b) D.
c) F.
d) G.

171. ¿Qué se consideran zonas de bajo riesgo?

a) Zonas cuyo uso está directamente relacionado con los procesos asistenciales o médicos.
b) Zonas cuyo uso no está directamente relacionado con los procesos asistenciales o médicos.
c) Zonas que no suponen riesgo alguno para el paciente ni el trabajador.
d) Son correctas las respuestas a) y c).

172. ¿En qué tipo de zona están las áreas docentes?

a) A.
b) B.
c) C.
d) D.

173. ¿De qué tipo son las zonas de hostelería?

a) A.
b) B.
c) C.
d) D.

174. ¿Qué dependencias pertenecen a la zona F?

a) Zonas de vestuarios y aseos.
b) Zonas de hostelería.
c) Zonas de talleres, almacenes y similares.
d) Zonas exteriores y viales.

175. ¿Cuál de las siguientes pertenece a la zona G?

a) Garitas de vigilancia y seguridad.
b) Azoteas y terrazas.
c) Sótanos.
d) Todas las respuestas son correctas.

176. ¿Cómo se lavarán y desinfectarán los utensilios de limpieza textiles al finalizar cada box?

a) Lavado a máquina con detergente a 90-95 ºC. Se guardarán secos.
b) Lavado con agua a 50 ºC y detergente.
c) Lavado automático junto a cubos y contenedores.
d) En lavadoras convencionales.

177. ¿Cómo se guardarán los cubos y contenedores tras su limpieza?

a) Boca arriba.
b) Boca abajo.
c) Unos dentro de otros.
d) Colgados de ganchos.

178. ¿Cuál no es un material textil?

a) Mopa.
b) Fliselina.
c) Guantes.
d) Gamuza.

179. ¿Cada cuánto tiempo se limpiarán las ventanas en las zonas de bajo riesgo?

a) Cada semana.
b) Cada quince días.
c) Cada mes.
d) Cada año.

180. ¿Cada cuánto tiempo se limpiarán las cortinas en las zonas de bajo riesgo?

a) Cada semana.
b) Cada quince días.
c) Cada mes.
d) Cada tres meses.

181. ¿Con qué periodicidad se limpiará la maquinaria de oficina?

a) Diariamente.
b) Semanalmente.
c) Mensualmente.
d) Quincenalmente.

182. ¿Con qué productos se limpiará la maquinaria de oficina?

a) Lejía.
b) Detergente.

c) Amoniaco.
d) Aquellos que no dañen los equipos.

183. ¿Qué concentración de hipoclorito sódico se utilizará en la limpieza de vestuarios de personal?

a) 0,05 %.
b) 0.5 %.
c) 500 ppm.
d) Son correctas las respuestas a) y c).

184. ¿Qué producto es eficaz en la limpieza de la loza de los aseos de zonas de bajo riesgo?

a) Detergente neutro.
b) Polvo abrasivo clorado.
c) Amonio cuaternario.
d) Agua y detergente catiónico.

185. Como norma general, ¿con qué frecuencia se hará la limpieza general de las zonas de bajo riesgo?

a) Diaria.
b) Mensual.
c) Trimestral.
d) Anual.

186. ¿Cuándo se limpiará el interior de las taquillas?

a) Diariamente.
b) Cuando lo decida el usuario.
c) Dentro del programa general de gestión.
d) En ningún momento.

187. ¿En qué concentración se usarán los derivados fenólicos, para la limpieza de pasillos, ascensores, etc.?

a) 0,2 %.
b) 0,3 %.
c) 0,4 %.
d) 0,5 %.

188. ¿Dónde se realiza limpieza mediante sistemas de alto rendimiento?

a) Vestíbulos y pasillos.
b) Salas de estar de personal.

c) Habitaciones.
d) Todas las respuestas son correctas.

189. En la limpieza de rutina de las zonas de bajo riesgo, ¿se limpian las paredes?

a) No.
b) Si.
c) Si tienen manchas visibles, sí.
d) Sólo la parte baja.

190. ¿Cómo se define la limpieza general?

a) De rutina.
b) Ligera.
c) Exhaustiva.
d) De todo el hospital.

191. ¿Qué comprende la limpieza de rutina de las escaleras?

a) Limpieza de los escalones en su totalidad así como de las superficies tanto horizontales como verticales contiguas.
b) Limpieza de los escalones en su totalidad así como de las superficies tanto horizontales como verticales contiguas y barandillas (sean metálicas, de madera o de cantería).
c) Limpieza de los escalones en su totalidad así como de las superficies tanto horizontales como verticales contiguas y barandillas (sean metálicas, de madera o de cantería), así como de paredes cuando existan manchas visibles.
d) Ninguna respuesta es correcta.

192. ¿Con qué frecuencia se limpiarán las escaleras principales?

a) Una vez al día.
b) Dos veces al día.
c) Cuatro veces al día.
d) Cada dos días.

193. ¿Cómo se limpia el suelo del ascensor?

a) Aplicando barrido húmedo y fregado mediante la técnica del doble cubo.
b) Aplicando barrido húmedo sólo.
c) Fregando mediante técnica de doble cubo sólo.
d) Ninguna respuesta es correcta.

194. ¿Qué ascensores se limpiarán cada vez que se utilicen?

a) Ascensores de público.
b) Ascensores de quirófano.

c) Ascensores de transporte de material sucio y basura.
d) Ascensores de transporte de cocina.

195. ¿Con qué frecuencia se limpiarán los ascensores de transporte de cocina?

a) Mínimo una vez al día.
b) Después del reparto de comida y cena.
c) Mínimo una vez a la semana.
d) Cada tres días.

196. ¿Con qué frecuencia se abrillantará el suelo de los vestíbulos principales de los centros?

a) Diaria.
b) Mensual.
c) Trimestral.
d) Semestral.

197. ¿Con qué frecuencia se abrillantará el suelo de los pasillos de planta?

a) Diaria.
b) Mensual.
c) Trimestral.
d) Semestral.

198. ¿Cuáles de los siguientes se consideran aseos de baja frecuencia?

a) Vestuarios de personal.
b) Aseos públicos.
c) Aseos de otras dependencias.
d) Todas las respuestas son correctas.

199. A efectos de limpieza, ¿qué tipo de elemento es el vertedero?

a) Superficie.
b) Mobiliario.
c) Sanitario.
d) Material de limpieza.

200. ¿Qué tipo de zona es el dormitorio de personal de guardia de Atención Especializada?

a) C.
b) D.
c) E.
d) G.

201. ¿Qué tipos de suciedad es el cemento?

a) Grasa.
b) Mineral.
c) Procedente de partículas que se desprenden del cuerpo.
d) Óxido.

202. ¿Con qué producto se elimina la grasa?

a) No tiene importancia la acidez.
b) Ácido.
c) Alcalino.
d) Neutro o ligeramente alcalino.

203. ¿Con qué producto se elimina la suciedad mineral?

a) Ácido.
b) Básico.
c) Neutro.
d) Lejía.

204. ¿Qué operación es correcta en la limpieza de aseos?

a) Se deberá aplicar después de la limpieza, si es necesario, lejía en una concentración al 2 %.
b) Se deberá aplicar después de la limpieza, si es necesario, peróxido de hidrógeno en una concentración al 2 %.
c) a) Se deberá aplicar después de la limpieza, si es necesario, lejía en una concentración al 12 %.
d) Todas son correctas.

205. De los elementos del cuarto de baño, ¿cuál se limpiará en último lugar?

a) Lavabo.
b) Bidé.
c) Bañera.
d) Inodoro.

206. ¿Para qué sirve la escobilla?

a) Para barrer.
b) Para frotar por dentro el lavabo.
c) Para frotar por dentro el inodoro.
d) Para frotar por dentro y por fuera el inodoro.

207. ¿Qué producto se utilizará para fregar el suelo del baño?

a) Detergente ácido.
b) Jabón.
c) Abrillantador.
d) Detergente-desinfectante.

208. ¿Cuántas veces se limpian los aseos públicos?

a) Una.
b) Diaria.
c) Dos.
d) Cuantas sea necesario en función de la ocupación.

209. ¿Qué es lo primero que se limpia en el aseo?

a) Lavabo.
b) Bidé.
c) Bañera.
d) Inodoro.

210. ¿Qué tipos de aseos públicos podemos encontrar?

a) Para mujeres.
b) Para hombres.
c) Para personas con discapacidad.
d) Todas las respuestas son correctas.

211. ¿A qué altura estará el lavabo en un aseo para personas con discapacidad?

a) 50 cm.
b) 70 cm.
c) 90 cm.
d) 1 m.

212. ¿Cuál de estas características corresponde a un aseo de personas con discapacidad?

a) Lavabo a altura de 90 cm., sin pie ni mueble, que permita el acercamiento y uso con silla de ruedas.
b) Grifos de accionamiento por giro.
c) Barras de apoyo a altura adecuada ancladas firmemente junto al inodoro.
d) Papel higiénico y accesorios cercanos al suelo.

213. ¿Qué es correcto sobre la limpieza de urinarios?

a) Se realizará de la misma forma que la limpieza de inodoros.
b) Es conveniente que la solución permanezca en el interior del urinario durante unos minutos.

c) Para la suciedad mineral se utilizará detergente ácido y después se tirará de la cadena.
d) Todas las respuestas son correctas.

214. ¿Cómo se realizará la limpieza de cuartos de baños y aseos?

a) En húmedo.
b) Realizando limpieza y desinfección simultáneamente.
c) Se fregará el suelo con el sistema de doble cubo.
d) Todas las respuestas son correctas.

215. Los aseos de personal (despachos, salas), de baja frecuentación, se limpiarán al menos:

a) Una vez al día.
b) Dos veces al día.
c) Tres veces al día.
d) Dos veces por turno.

216. La limpieza de servicios:

a) Debe ser meticulosa.
b) Requiere el uso de guantes.
c) No es importante.
d) Son correctas la a) y la b).

217. La suciedad grasa o materia orgánica:

a) Es la suciedad diaria.
b) Requiere el uso de solución de detergente neutro.
c) Es así como se llama al sarro y óxido.
d) Son correctas la a) y la b).

218. En limpieza de servicios hay que tener en cuenta:

a) Limpiar de lo menos sucio a lo más sucio para evitar contaminaciones.
b) Utilizar muchos productos.
c) Preocuparse únicamente del suelo.
d) Ninguna es correcta.

219. En los servicios se debe:

a) Reponer el papel higiénico, jabón, toallas,...
b) Vaciar papeleras.
c) Dejar correr el agua de los urinarios...
d) Todas son correctas.

220. El detergente ácido:

a) Se empleará para quitar la suciedad de diario.
b) Sólo sirve para eliminar el óxido, sarro, cal,...
c) Se utilizará después de haber limpiado.
d) Son correctas la b) y la c).

221. En la limpieza de los servicios debemos tener en cuenta que hay dos tipos de suciedades, que son:

a) La grasa y la inorgánica.
b) La grasa y la sólida.
c) La grasa y la mineral.
d) Ninguna de las opciones anteriores es correcta.

222. En los aseos de alta frecuentación, la limpieza y reposición de suministros se realizará como mínimo:

a) Cuatro veces en turno de mañana y tres veces en turno de tarde.
b) Tres veces en turno de mañana y dos veces en turno de tarde.
c) Cuatro veces por turno.
d) Dos veces por turno.

223. Los aseos públicos de baja frecuentación se limpiarán al menos:

a) Una vez al día.
b) Dos veces al día.
c) Tres veces al día.
d) Dos veces por turno.

224. ¿En qué zona se centraliza la presencia, vigilancia y trabajo del personal de enfermería?

a) Zona limpia.
b) Zona intermedia.
c) Sala técnica polivalente.
d) Puesto de control.

Solución al test n.º 3

1. b) 90 cm.

2. c) 215 cm.

3. a) Gancho de suspensión en el techo, para pesos de hasta 60 kg.

4. d) Los accesorios de la cama (barandillas, incorporadores, goteros y arcos balcáni-cos) se deberán hallar siempre en la habitación del paciente para su inmediata aplicación cuando sean necesarios.

5. c) Habrá un armario con cerradura, para la ropa y objetos de valor del paciente.

6. c) 1,53 cm.

7. d) Generalmente, incluyen un asiento de baño plegable.

8. a) 86 cm.

9. b) La toma de oxígeno.

10. b) Evitar que se ventile la habitación.

11. a) La cama.

12. c) A primera hora de la mañana y de la tarde.

13. c) 1 hora.

14. d) Desmontaje de rejillas del aire y limpieza.

15. d) Podrá realizarse en presencia de los pacientes, tomando precauciones.

16. a) Limpieza de cristales.

17. c) Residuos asimilables a urbanos.

18. d) Los residuos de podas.

19. a) Los residuos generales asimilables a urbanos.

20. c) Las bolsas con residuos deberán cogerse con una mano debajo de la bolsa y otra arriba para evitar que se desgarren y se esparza su contenido.

21. d) Todas las respuestas son válidas.

22. d) Todas las respuestas son correctas.

23. d) 60 kg.

24. b) 90.

25. d) Todas las respuestas son correctas.

26. a) Construida a ras de suelo para favorecer el acceso de pacientes.

27. b) Que se puede inactivar el desinfectante.

28. d) WC.

29. a) Se efectuará limpieza de las áreas de cortinas que resulten manchadas. En ningún caso se desmontarán para enviarlas a lavar.

30. d) Fines de semana y festivos.

31. b) Reposición de material.

32. c) Limpieza de interior de armarios.

33. d) Todas las respuestas son correctas.

34. b) Cuando el paciente está ausente.

35. d) Todas son correctas.

36. a) Azul.

37. d) No es necesario dejarla cerrada un tiempo.

38. a) 1 hora.

39. d) Ninguna.

40. c) Los equipos desechables procedentes de hemodiálisis usados en pacientes afectos de VHB.

41. a) En cada punto de producción.

42. a) En bolsas de color negro que cumplan la norma UNE 53-147-85, con galga mínima 200.

43. b) En bolsas de color marrón que cumplan la norma UNE 53-147-85, con galga mínima 200.

44. c) En la carga y descarga.

45. a) El personal de limpieza deberá cogerlos por arriba y mantenerlos suspendidos alejados del cuerpo.

46. a) Trasvases de residuos entre envases.

47. d) Se cambiarán todas ellas.

48. b) Limpiar y desinfectar.

49. c) Se recogerán papeleras a última hora de la mañana.

50. b) 1,53 m.

51. b) Inmunodeprimidos.

52. b) Azul.

53. c) De arriba a abajo.

54. d) Retirada de residuos.

55. b) 30 minutos antes.

56. a) Un barrido húmedo con gasa o muselina.

57. b) Fregado de las periferias por el método del doble cubo.

58. b) Desmontar rejillas, limpiar y desinfectar.

59. a) Se utilizará exclusivamente en talleres y almacenes ubicados fuera de las áreas asistenciales y en exteriores.

60. b) Deberá ir antecedido por el método húmedo más adecuado en cada caso.

61. a) Cubo rojo (cubo de sucio) y cubo azul (cubo de limpio).

62. d) Ambos cubos con: agua+detergente+desinfectante.

63. d) 16 litros de agua.

64. c) En el caso de las UCI se entiende por ámbito la totalidad de la habitación.

65. b) Superficies lisas y lavables, con dos únicos planos a diferentes alturas.

66. d) Todas las respuestas son correctas.

67. c) Limpieza de los escalones en su totalidad así como de las superficies tanto horizontales como verticales contiguas y barandillas (sean metálicas, de madera o de cantería), así como de paredes cuando existan manchas visibles.

68. b) Dos veces al día.

69. a) Aplicando barrido húmedo y fregado mediante la técnica del doble cubo.

70. c) Ascensores de transporte de material sucio y basura.

71. b) Después del reparto de comida y cena.

72. c) Trimestral.

73. d) Semestral.

74. d) Todas son correctas.

75. a) De muy alto riesgo.

76. d) Solo antes de usarse con cada paciente.

77. c) Durante un mínimo de 25 minutos a 60 ºC con lejía.

78. a) Sala destinada a proveer de cuidados postanestésicos inmediatos a pacientes que han sido sometidos a procedimientos diagnósticos o terapéuticos bajo cualquier tipo de anestesia, hasta alcanzar unos criterios de alta predefinidos. Considerada Zona de Alto Riesgo o zona crítica.

79. a) Por lo menos una vez al día, utilizando agua y jabón.

80. c) Un equipo médico que utiliza rayos X y sistemas digitales para sustraer las estructuras que no son de interés dejando visibles los vasos sanguíneos (arterias y venas) del organismo.

81. a) Arco en G: tubo e intensificador.

82. b) Usaremos agentes de limpieza corrosivos, solventes, detergentes abrasivos o agentes de pulido cuando así lo requiera la técnica utilizada.

83. d) Todas las anteriores son correctas en cuanto a la utilización y limpieza de la técnica a través del endoscopio.

84. d) Las mesas de necropsia se lavarán con detergentes industriales y desinfectarán una vez a la semana.

85. d) Todas las anteriores son correctas.

86. d) Todas las anteriores son correctas.

87. c) Abrir las ventanas para ventilar (entre 5 y 10 minutos es suficiente).

88. d) Todas las anteriores son correctas.

89. c) El material no textil se introducirá en una solución de lejía al 1 % durante al menos 30 minutos.

90. c) Desinfectante de amplio espectro libre de aldehído.

91. d) Quincenalmente.

92. c) Mensualmente.

93. b) Semanalmente.

94. b) Quincenalmente.

95. b) Dos veces al día.

96. d) Cada 6 meses.

97. a) Diariamente.

98. c) Son mixtas, porque cuentan con aseo.

99. a) Limpia.

100. b) Donde el personal de enfermería prepara los carros de tratamientos y los carros de higiene de los pacientes.

101. b) El office.

102. d) Ropa limpia.

103. a) Urología.

104. c) Control visual desde recepción.

105. d) El laboratorio de hematología.

106. a) 1.

107. d) Sala de control.

108. a) Zona de permanencia limitada.

109. a) Servicio especializado de Cuidados Críticos y Medicina Intensiva.

110. c) En el turno de mañana.

111. b) Semanalmente.

112. d) Mensualmente.

113. b) La Dirección Médica.

114. c) El área de farmacotecnia.

115. c) Zona aislada físicamente del resto del servicio en la que no se realizan otras operaciones que no sean la dosificación y preparación de medicamentos citostáticos.

116. b) 0,5 %.

117. d) 0,4 %.

118. c) Semicríticas.

119. b) Zona donde el personal de enfermería prepara los carros de tratamientos y los carros de higiene de los pacientes.

120. a) En la zona sucia.

121. c) Exploración y consulta.

122. d) Zona de destrucción de residuos.

123. a) Banco de sangre.

124. c) En centros sanitarios de tamaño medio.

125. a) Paredes plomadas o de hormigón.

126. c) 3.

127. d) Todas las respuestas son correctas.

128. b) Cada semana.

129. a) Mañana.

130. b) Área de farmacotecnia.

131. c) Administración de sustancias nutritivas a través de una sonda que estará alojada en el tubo digestivo.

132. d) Puesto de control.

133. d) Son correctas las respuestas a) y b).

134. a) Programada.

135. d) Todas las anteriores.

136. a) Especialidades.

137. b) Zona de recepción de muestras.

138. d) Hematología.

139. a) Bioquímica.

140. b) Microbiología.

141. c) 3.

142. c) Sala de exploración.

143. d) Todas las respuestas son correctas.

144. c) Mensual.

145. d) Todas las respuestas son correctas.

146. a) Son sustancias farmacológicas que impiden o retardan la división celular.

147. c) Solución de hipoclorito sódico al 0,5 %.

148. a) Zona C.

149. d) Zona F.

150. b) Zonas exteriores y viales.

151. d) Lavandería y Lencería.

152. d) G.

153. b) Quincenal.

154. c) Mensual.

155. b) Mantenimiento diario y limpieza en días alternos.

156. d) Semestral.

157. d) Son correctas las respuestas a) y c).

158. b) Polvo abrasivo clorado.

159. a) Limpieza diaria y mantenimiento en cada turno.

160. c) Trimestral.

161. c) Trimestral.

162. d) Semestral.

163. b) Diariamente, tres veces al día.

164. c) El fregado se realizará dividiendo la escalera en dos mitades, derecha e izquierda.

165. a) 2 veces al día.

166. d) Mensual.

167. c) 4 veces al día.

168. a) Alto y muy alto riesgo, Riesgo medio y Bajo riesgo.

169. c) De gestión y apoyo.

170. d) G.

171. b) Zonas cuyo uso no está directamente relacionado con los procesos asistenciales o médicos.

172. c) C.

173. d) D.

174. c) Zonas de talleres, almacenes y similares.

175. d) Todas las respuestas son correctas.

176. a) Lavado a máquina con detergente a 90-95 ºC. Se guardarán secos.

177. b) Boca abajo.

178. c) Guantes.

179. b) Cada quince días.

180. d) Cada tres meses.

181. a) Diariamente.

182. d) Aquellos que no dañen los equipos.

183. d) Son correctas las respuestas a) y c).

184. b) Polvo abrasivo clorado.

185. c) Trimestral.

186. c) Dentro del programa general de gestión.

187. c) 0,4 %.

188. a) Vestíbulos y pasillos.

189. c) Si tienen manchas visibles, sí.

190. c) Exhaustiva.

191. c) Limpieza de los escalones en su totalidad así como de las superficies tanto horizontales como verticales contiguas y barandillas (sean metálicas, de madera o de cantería), así como de paredes cuando existan manchas visibles.

192. b) Dos veces al día.

193. a) Aplicando barrido húmedo y fregado mediante la técnica del doble cubo.

194. c) Ascensores de transporte de material sucio y basura.

195. b) Después del reparto de comida y cena.

196. c) Trimestral.

197. d) Semestral.

198. d) Todas las respuestas son correctas.

199. c) Sanitario.

200. b) D.

201. b) Mineral.

202. d) Neutro o ligeramente alcalino.

203. a) Ácido.

204. a) Se deberá aplicar después de la limpieza, si es necesario, lejía en una concentración al 2 %.

205. d) Inodoro.

206. c) Para frotar por dentro el inodoro.

207. d) Detergente-desinfectante.

208. d) Cuantas sea necesario en función de la ocupación.

209. a) Lavabo.

210. d) Todas las respuestas son correctas.

211. b) 70 cm.

212. c) Barras de apoyo a altura adecuada ancladas firmemente junto al inodoro.

213. d) Todas las respuestas son correctas.

214. d) Todas las respuestas son correctas.

215. a) Una vez al día.

216. d) Son correctas la a) y la b).

217. d) Son correctas la a) y la b).

218. a) Limpiar de lo menos sucio a lo más sucio para evitar contaminaciones.

219. d) Todas son correctas.

220. d) Son correctas la b) y la c).

221. c) La grasa y la mineral.

222. a) Cuatro veces en turno de mañana y tres veces en turno de tarde.

223. b) Dos veces al día.

224. d) Puesto de control.

TEST N.º 4

Utensilios, maquinaria y productos mínimos para realizar la limpieza de cada una de las zonas de un hospital. Cuidados del equipo: sistema doble cubo. Detergentes y desinfectantes. Gestión de Residuos Sanitarios en Navarra

1. Indica la opción incorrecta. Los sistemas de incineración destinados al tratamiento de los residuos sanitarios del grupo 3, según el Decreto Foral 296/1993, deberán reunir las siguientes características mínimas:

a) Régimen de funcionamiento a temperaturas comprendidas entre 900.ºC y 1.000.ºC en la cámara de combustión secundaria.

b) Alimentación automática o semiautomática del horno con mecanismos de carga elevadores o de bloqueo de recipientes.

c) Triple cámara de combustión.

d) Sistema de tratamiento de gases que garantice el cumplimiento de las limitaciones de emisiones a la atmósfera establecidas en la normativa de protección del ambiente atmosférico de aplicación a estas actividades.

2. El Reglamento CLP establece el contenido que debe llevar la etiqueta y la manera en que se han de organizar los distintos elementos de etiquetado, así como las dimensiones de la etiqueta en función del tamaño del envase. Señala la afirmación correcta al respecto:

a) La etiqueta no será necesaria cuando sus elementos figuren claramente en el propio envase.

b) La etiqueta estará fijada firmemente en el envase y deberá poder leerse en sentido vertical cuando el envase esté en su posición normal.

c) Este reglamento sustituye los antiguos pictogramas de peligro por palabras de advertencia.

d) La información que debe figurar en la etiqueta no incluye denominación o nombre comercial del preparado y uso al que se destina.

3. La Ficha de Datos de Seguridad (FDS) es un documento elaborado por el fabricante de una sustancia o mezcla química en la que se ofrece abundante información sobre sus riesgos. En ella se ofrece información ordenada en 16 secciones. Una de estas secciones es:

a) Identificación de la sustancia o la mezcla y de la sociedad o la empresa.
b) Medidas de lucha contra incendios.
c) Medidas en caso de vertido accidental.
d) Todas son correctas.

4. El Reglamento CLP establece tres tipos de peligros que pueden representar las sustancias o sus mezclas. ¿Cuál de los siguientes no se incluye en los peligros físicos?

a) Peróxidos orgánicos.
b) Toxicidad aguda.
c) Corrosivos para metales.
d) Gases a presión.

5. Los líquidos inflamables son líquidos con un punto de inflamación no superior a:

a) 40 ºC.
b) 50 ºC.
c) 60 ºC.
d) 70 ºC.

6. Son sustancias o mezclas líquidas o sólidas que, aún en pequeñas cantidades, pueden inflamarse al cabo de 5 minutos de entrar en contacto con el aire. Hablamos de:

a) Comburentes.
b) Sustancias autorreactivas.
c) Explosivos.
d) Sustancias pirofóricas.

7. Las palabras de advertencia, que deben figurar en la etiqueta, indican el nivel relativo de gravedad de los peligros para alertar al lector de la existencia de un peligro potencial. ¿Qué palabra se asocia a las categorías más graves?

a) Peligro.
b) Atención.
c) Riesgo.
d) Contaminante.

8. Señala lo correcto sobre los pictogramas de peligro según el Reglamento CLP:

a) Los pictogramas de peligro son composiciones gráficas que contienen un símbolo rojo sobre un fondo blanco, con un marco negro lo suficientemente ancho para ser claramente visible.
b) Tienen forma de cuadrado apoyado en un vértice y sirven para transmitir la información específica sobre el peligro en cuestión.

c) Cada pictograma deberá cubrir como máximo una quinceava parte de la superficie de la etiqueta armonizada.

d) La superficie mínima del pictograma en ningún caso será menor de 3.

9. El Reglamento CLP establece cuatro tipos de consejos de prudencia, "Proteger de la humedad" se incluye en:

a) Consejos de prudencia generales.

b) Consejos de prudencia de prevención.

c) Consejos de prudencia de respuesta.

d) Consejos de prudencia de almacenamiento y eliminación.

10. ¿Qué tipo de bayeta no necesita ningún líquido específico para limpiar, ya que viene preparada de tal forma que sólo hace falta mojarla en agua para conseguir buenos resultados?

a) Bayeta de celulosa.

b) Bayeta de tela sin tejer.

c) Bayeta ecológica.

d) Bayeta sintética.

11. Los paños son clasificados por colores en función de donde vayan a ser utilizados. Según la clasificación más ampliamente aceptada, ¿qué color utilizaremos únicamente para limpiar retretes?

a) Azul.

b) Amarillo.

c) Rojo.

d) Verde.

c) Rojo.

12. La fliselina es un tipo de tela que se usa en la limpieza. Señala cuál es la característica incorrecta:

a) Producto de alta resistencia mecánica y química.

b) No genera pelusa ni hilachas libres en condiciones normales de uso.

c) No es tóxico, ni alérgico y resiste a las agresiones biológicas.

d) No es resistente al calor.

13. La maquinaria utilizada en las labores de limpieza deberá contar con:

a) Protección eléctrica Clase II, con doble aislamiento.

b) Protección sobre sobrecalentamiento.

c) Mínima emisión de partículas.

d) Todas son correctas.

14. Señala la afirmación correcta sobre la fregadora - abrillantadora rotativa:

a) Basadas en el principio de un disco giratorio robusto portaplato de arrastre o cepillos y equilibrado dinámicamente.

b) Su campo de aplicación es, principalmente, superficies pequeñas.

c) Su principal problema es el alto nivel de ruido que produce al usarla.

d) Todas son correctas.

15. Señala la afirmación correcta sobre las fregadoras automáticas:

a) Permiten rendimientos muy elevados y están especialmente diseñadas para la limpieza de pasillos, vestíbulos de entrada, almacenes, supermercados, fábricas, etc.

b) Las máquinas que van a la red son más caras que las de baterías.

c) Las máquinas de baterías tienen mayor autonomía de trabajo y requieren poco mantenimiento.

d) Las máquinas que van a la red son muy pesadas y para ir de un piso a otro sólo se pueden transportar con ascensor.

16. Respecto al carro de limpieza para el sistema de doble cubo o rasante:

a) Llevará adosado un sistema de doble cubo de fregado de distinto color (normalmente azul y rojo) con escurrefregona o prensa.

b) Dispondrá de una bandeja de 15 centímetros de profundidad mínima, una para material de cuartos de baño y otra para material de limpieza de mobiliario.

c) Dispondrá de dos cubos pequeños de diferente color (normalmente azul y rojo) para la limpieza de superficies diferentes al suelo, y para limpiar los paños después de cada habitación.

d) Todas son correctas.

17. La reducción de microorganismos se puede realizar a tres niveles diferentes, ¿qué caso supone la total eliminación de la vida microbiana?

a) Esterilización.

b) Desinfección.

c) Descontaminación.

d) Limpieza bacteriana.

18. Cuando un objeto está esterilizado se dice que es:

a) Higiénico.

b) Aséptico.

c) Purificado.

d) Séptico.

19. ¿Cuál es una técnica de esterilización por calor húmedo?

a) Flameado.

b) Autoclave.

c) Incineración.
d) Estufa Poupinel.

20. La esterilización en autoclave se caracteriza por:

a) Es económica, segura y rápida.
b) Es muy utilizada para materiales de goma o plástico, pues no los deteriora.
c) Tiene el inconveniente de que los residuos que deja son contaminantes.
d) Todas son correctas.

21. Las radiaciones ionizantes más empleadas como germicida son:

a) Rayos ultravioleta.
b) Radiaciones gamma.
c) Radiaciones beta.
d) Radiaciones alfa.

22. Señala la afirmación correcta sobre la esterilización por óxido de etileno:

a) El óxido de etileno es un gas incoloro, de olor parecido al cloroformo, altamente inflamable en presencia de aire, y tóxico.
b) La temperatura idónea del gas, para que pueda impregnar mejor los objetos a esterilizar, es de 100º C (a partir de 75º ya es efectivo).
c) Hay materiales que no se pueden esterilizar con óxido de etileno, como: material de goma, plástico, antibióticos, caucho: guantes, sondas, etc.
d) Todas son correctas.

23. Entre las ventajas del uso de peróxido de hidrógeno-Plasma gas para la esterilización no figura:

a) Es una opción válida para materiales termosensibles.
b) No deja residuos tóxicos - Se convierte y .
c) Puede esterilizarse material que contenga celulosa, algodón, madera.
d) El material no precisa aireación.

24. El formaldehído es un importante bactericida que necesita actuar, como mínimo:

a) Unas 2-3 horas.
b) Unas 4-7 horas.
c) Unas 7-10 horas.
d) Unas 11-12 horas.

25. La central de esterilización en un hospital:

a) Ha de estar ubicada en un lugar de fácil comunicación con todas las unidades clínicas principalmente del bloque quirúrgico.
b) Tiene como principal cliente el quirófano y la comunicación entre ambos será siempre directa y horizontal (nunca verticalmente).

c) Debe contar con un solo circuito tanto para el material limpio como para el material sucio.
d) Todas son correctas.

26. La utilización de guantes en la central de esterilización puede minimizar el riesgo de:

a) Heridas y cortes al manipular el material.
b) Las quemaduras que se suelen producir al sacar el material que se ha esterilizado.
c) Los eczemas producidos por la utilización de ciertos productos químicos como pueden ser detergentes, jabones, etc.
d) Todas son correctas.

27. ¿Qué tipo de riesgos suponen los pinchazos, cortes o erosiones con material contaminado?

a) Riesgo físico.
b) Riesgo químico.
c) Riesgo biológico.
d) Riesgo psicológico.

28. Existen distintos tipos de controles de esterilización. Los Indicadores colorimétricos son un control:

a) Físico.
b) Químico.
c) Biológico.
d) Técnico.

29. Una vez esterilizado el material, el periodo de duración de la esterilización es variable. Depende de:

a) El tipo de envoltorio utilizado.
b) Las condiciones de almacenamiento.
c) El tipo de material.
d) Todas son correctas.

30. Para que la conservación del material estéril sea la más adecuada una de las condiciones climáticas ideales para el mantenimiento es:

a) Ventilación (6 renovaciones 1 hora).
b) Temperatura (40 ºC-50 ºC).
c) Humedad (10%-20%).
d) Todas son correctas.

31. El material esterilizado que se vaya a almacenar en las plantas debe ser utilizado:

a) En 12-24 horas y se colocará por orden de caducidad.
b) En 24-48 horas y se colocará por orden de caducidad.

c) En 12-24 horas y se colocará por orden alfabético para facilitar su localización.

d) En 24-48 horas y se colocará por orden alfabético para facilitar su localización.

32. La caducidad de un material esterilizado está estrechamente relacionada con las condiciones del envasado y almacenamiento. El método de triple barrera garantiza la viabilidad de la esterilización durante un máximo de:

a) Un mes.

b) Tres meses.

c) Seis meses.

d) Doce meses.

33. Se pueden clasificar los materiales utilizados en clínica, según las características y duración de los mismos en fungibles e inventariables. ¿Cuál de los siguientes pertenece al segundo tipo?

a) Sonda.

b) Bisturí.

c) Cama.

d) Pinzas.

34. Es interesante clasificar el material según la peligrosidad infectiva del mismo. De los siguientes materiales, ¿cuál se considera semicrítico?

a) Ropa de cama.

b) Orinal.

c) Mascarilla.

d) Hilo de sutura.

35. Todos los materiales deben llegar a la Central de Esterilización en perfecto estado de limpieza y secado para facilitar su empaquetado y esterilización. Para su limpieza debemos tener en cuenta:

a) El instrumental nunca debe desmontarse para su limpieza.

b) El instrumental se sumerge en una solución antiséptica (que inhibirá o destruirá los microorganismos) con agua caliente.

c) Una vez que se ha comprobado que está bien limpio, hay que sacarlo del medio líquido y secarlo perfectamente para evitar posibles oxidaciones y la proliferación de microorganismos en las juntas o ranuras húmedas.

d) Todas son correctas.

36. ¿Cuál de los siguientes sistemas de limpieza es apropiado para las habitaciones de enfermos?

a) Barrido en seco.

b) Fregado con un solo cubo.

c) Fregado con doble cubo.

d) Cualquier sistema de limpieza es apropiado siempre que se termine con un procedimiento de esterilización del suelo.

37. Para eliminar la suciedad mineral del suelo utilizaremos un detergente:

a) Ácido.
b) Neutro.
c) Alcalino.
d) Natural.

38. La gestión de los residuos sanitarios en la Comunidad Foral de Navarra se regula mediante:

a) Decreto Foral 128/2002, de 6 de junio.
b) Decreto Foral 85/1999, de 26 de enero.
c) Decreto Foral 296/1993, de 13 de septiembre.
d) Decreto Foral 112/2015, de 5 de mayo.

39. Según la normativa de la Comunidad Foral de Navarra los residuos sanitarios se clasifican varios grupos, ¿a cuál pertenecen las agujas y residuos punzantes o cortantes?

a) Grupo 1, de residuos asimilables a urbanos.
b) Grupo 2, de residuos sanitarios no específicos.
c) Grupo 3, de residuos sanitarios específicos.
d) Grupo 4, de residuos sanitarios de alto riesgo.

40. ¿Qué tipo de detergentes compatibles con la lejía, tienen gran poder emulsionante y una capacidad antiséptica baja ya que no produce selección de gérmenes?

a) Los detergentes no iónicos.
b) Los detergentes anfóteros.
c) Los detergentes aniónicos.
d) Los detergentes catiónicos.

41. ¿Qué tipo de detergentes actúan como catiónicos o aniónicos dependiendo del medio en el que se encuentren, son compatibles con el resto de tensioactivos, con la piel y mucosas y tienen baja sensibilidad a las aguas duras?

a) Los detergentes no iónicos.
b) Los detergentes anfóteros.
c) Los detergentes aniónicos.
d) Los detergentes catiónicos.

42. Señala la respuesta incorrecta respecto a los detergentes alcalinos o básicos:

a) Son productos de gran eficacia, pero de elevado poder corrosivo.
b) Son productos de gran eficacia en los procesos de limpieza de la suciedad en general.
c) Son los más indicados para manchas proteicas y también para manchas de grasa.
d) Son aquellos cuyo pH supera el valor de 9.

43. Los detergentes neutros son aquellos cuyo nivel de pH:

a) Es de 5.
b) Es inferior a 5.
c) Supera el valor de 9.
d) Está comprendido entre 6 y 8.

44. Señala una de las características del desinfectante ideal:

a) Estable, tanto en la forma concentrada como en la diluida del producto.
b) Solubilidad en agua.
c) Amplio espectro (bactericida, virucida, fungicida y esporicida).
d) Todas las respuestas son correctas.

45. ¿Cómo se denomina el compuesto que reduce pero no necesariamente elimina los microorganismos desde el medioambiente inanimado y suele ser utilizado generalmente en contacto con los alimentos?

a) Desinfectante de hospital.
b) Detergente desinfectante.
c) Sanitizante.
d) Desinfectante general o de amplio espectro.

46. Señala la respuesta incorrecta respecto a la lejía:

a) Su contenido en cloro activo no será inferior a 35 g/l, ni superior a 100 g/l.
b) Es estable aunque tiene poco efecto remanente y se inactiva muy fácilmente en presencia de materia orgánica.
c) Es el derivado clorado más utilizado, pues tiene un amplio espectro antibacteriano.
d) Es de acción rápida y a la vez económica.

47. ¿Cuál es la dilución de uso de la lejía para zonas de alto riesgo?

a) 1:50 (9,8 litros de agua y 200 ml de lejía).
b) 1:10 (9 litros de agua y 1 de lejía).
c) 2:10 (8 litros de agua y 2 de lejía).
d) 5:10 (5 litros de agua y 5 de lejía).

48. Señala la respuesta incorrecta respecto a los fenoles:

a) Se utilizan en la desinfección de objetos inanimados, superficies y ambiente a la concentración del 1 al 5 %.

b) Son poco solubles en agua, pero unidos a jabones y lejías se obtienen emulsiones densas y estables.

c) De acción rápida en 10 o 15 minutos.

d) Son activos frente a hongos y bacterias Gram (+) y menos frente a las Gram (-).

49. ¿Cuál es la concentración óptima del alcohol?

a) 90 %.

b) 75 %.

c) 70 %.

d) 50 %.

50. Señala la respuesta correcta respecto al alcohol:

a) El alcohol etílico es un buen desinfectante de superficies, de acción lenta y alta potencia.

b) Su actividad depende de la concentración, situándose su máxima actividad entre 40 y 60º.

c) Los alcoholes se inactivan en presencia de materia orgánica.

d) Tiene un tiempo de acción mínimo de 5 minutos.

51. Respecto a los desinfectantes basados en oxígeno activo debemos saber que:

a) Puede utilizarse sobre acero inoxidable de baja calidad ya que no es oxidante.

b) Es recomendable para la limpieza y desinfección de todo tipo de superficies.

c) No se recomienda para incubadoras, utillaje y aparatos.

d) Solo actúan en superficies limpias.

52. La Ley de residuos y suelos contaminados para una economía circular tiene por objeto:

a) Regular el régimen jurídico aplicable a la puesta en el mercado de productos en relación con el impacto en la gestión de sus residuos.

b) Regular el régimen jurídico de la prevención, producción y gestión de residuos, incluyendo el establecimiento de instrumentos económicos aplicables en este ámbito.

c) Regular el régimen jurídico aplicable a los suelos contaminados.

d) Todas las respuestas anteriores son correctas.

53. La Ley de residuos y suelos contaminados para una economía circular es de aplicación:

a) A los residuos radiactivos.

b) A las materias fecales, paja y otro material natural, agrícola o silvícola, no peligroso, utilizado en explotaciones agrícolas y ganaderas, en la silvicultura o en la producción de energía a base de esta biomasa, mediante procedimientos o métodos que no pongan en peligro la salud humana o dañen el medio ambiente.

c) A todo tipo de residuos, con algunas exclusiones.

d) A los explosivos desclasificados.

54. La Ley 7/2022, de 8 de abril, será aplicable:

a) A los cadáveres de animales que hayan muerto de forma diferente al sacrificio, incluidos los que han sido muertos con el fin de erradicar epizootias.

b) A los subproductos animales y sus productos derivados, cuando se destinen a la incineración, a los vertederos o sean utilizados en una planta de digestión anaerobia, de compostaje o de obtención de combustibles.

c) A las aguas residuales.

d) A los residuos resultantes de la prospección, de la extracción, del tratamiento o del almacenamiento de recursos minerales, así como de la explotación de canteras.

55. Se excluirán del ámbito de aplicación de la Ley 7/2022, de 8 de abril, los sedimentos reubicados en el interior de las aguas superficiales a efectos de gestión de las aguas y de las vías navegables, de prevención de las inundaciones o de mitigación de los efectos de las inundaciones y de las sequías, o de creación de nuevas superficies de terreno, si se demuestra:

a) Que dichos sedimentos son residuos.

b) Que dichos sedimentos no son residuos.

c) Que dichos sedimentos no son peligrosos.

d) Ninguna de las respuestas anteriores es correcta.

56. A los efectos de la Ley 7/2022, de 8 de abril, de residuos y suelos contaminados para una economía circular, se entenderá por residuo:

a) Cualquier sustancia que su poseedor deseche.

b) Cualquier objeto que su poseedor tenga la intención de desechar.

c) Cualquier sustancia que su poseedor tenga la obligación de desechar.

d) Todas las respuestas son correctas.

57. No se considera un residuo doméstico:

a) Los residuos que se generan en los hogares de aparatos eléctricos y electrónicos, ropa, pilas, acumuladores, muebles y enseres.

b) Los residuos y escombros procedentes de obras menores de construcción y reparación domiciliaria.

c) Los residuos generados en los hogares, servicios e industrias, como consecuencia de las actividades domésticas.

d) Los residuos generados por la actividad propia del comercio, al por mayor y al por menor, de los servicios de restauración y bares, de las oficinas y de los mercados, así como del resto del sector servicios.

58. Los residuos procedentes de limpieza de vías públicas, zonas verdes, áreas recreativas y playas, tendrán la consideración de:

a) Residuos comerciales.
b) Residuos industriales.
c) Residuos domésticos.
d) Residuos peligrosos.

59. Son residuos industriales:

a) Los vehículos abandonados.
b) Los residuos que se generan en los hogares de aparatos eléctricos y electrónicos, ropa, pilas, acumuladores, muebles y enseres.
c) Los residuos generados por la actividad propia del comercio, al por mayor y al por menor, de los servicios de restauración y bares, de las oficinas y de los mercados, así como del resto del sector servicios.
d) Los residuos resultantes de los procesos de producción, fabricación, transformación, utilización, consumo, limpieza o mantenimiento generados por la actividad industrial como consecuencia de su actividad principal.

60. Los animales domésticos muertos, tienen la consideración de:

a) Residuos domésticos.
b) Residuos comerciales.
c) Residuos industriales.
d) No tienen la consideración de residuo.

61. El residuo peligroso:

a) Es aquel que presenta una o varias características peligrosas.
b) Es aquel que puede aprobar el Gobierno de conformidad con lo establecido en la normativa europea o en los convenios internacionales de los que España sea parte.
c) Los recipientes y envases que hayan contenido residuos peligrosos.
d) Todas las respuestas son correctas.

62. Los vehículos abandonados tienen la consideración de:

a) Residuos comerciales.
b) Residuos domésticos.
c) Residuos industriales.
d) Residuos peligrosos.

63. Se consideran aceites usados todos los aceites industriales o de lubricación, de origen mineral, natural o sintético, que hayan dejado de ser aptos para el uso originalmente previsto. Entre ellos no se encuentran:

a) Los aceites usados de motores de combustión y los aceites de cajas de cambios.
b) Los aceites usados en el entorno doméstico.

c) Los aceites lubricantes.
d) Los aceites para turbinas y los aceites hidráulicos.

64. Se considera biorresiduo:

a) Los residuos alimenticios y de cocina procedentes de hogares.
b) Los residuos alimenticios y de cocina procedentes de restaurantes y servicios de restauración colectiva.
c) Los residuos alimenticios y de cocina procedentes de establecimientos de venta al por menor.
d) Todas las respuestas anteriores son correctas.

65. La Ley 7/2022, de 8 de abril, define «prevención» al conjunto de medidas adoptadas en la fase de concepción y diseño, de producción, de distribución y de consumo de una sustancia, material o producto para reducir:

a) La cantidad de residuo, incluso mediante la reutilización de los productos o el alargamiento de la vida útil de los productos.
b) Los impactos adversos sobre el medio ambiente y la salud humana de los residuos generados, incluyendo el ahorro en el uso de materiales o energía.
c) El contenido de sustancias nocivas en materiales y productos.
d) Todas las respuestas anteriores son correctas.

66. No se incluye en la definición de «productor de residuos»:

a) Las personas físicas o jurídicas que estén en posesión de residuos.
b) Cualquier persona física cuya actividad produzca residuos (productor inicial de residuos).
c) Cualquier persona que efectúe operaciones de tratamiento previo, de mezcla o de otro tipo, que ocasionen un cambio de naturaleza o de composición de esos residuos.
d) Cualquier persona jurídica cuya actividad produzca residuos (productor inicial de residuos).

67. A toda persona física o jurídica que organiza la valorización o la eliminación de residuos por encargo de terceros, se define por la Ley 7/2022, de 8 de abril, como:

a) Productor de residuos.
b) Negociante.
c) Agente.
d) Poseedor de residuos.

68. Toda persona física o jurídica que actúe por cuenta propia en la compra y posterior venta de residuos, se define por la Ley 7/2022, de 8 de abril, como:

a) Productor de residuos.
b) Negociante.
c) Agente.
d) Poseedor de residuos.

69. Según la Ley 7/2022, de 8 de abril, ¿qué se entiende por «recogida»?

a) La recogida, el transporte y tratamiento de los residuos, incluida la vigilancia de estas operaciones, así como el mantenimiento posterior al cierre de los vertederos, incluidas las actuaciones realizadas en calidad de negociante o agente.

b) Cualquier operación mediante la cual productos o componentes de productos que no sean residuos se utilizan de nuevo con la misma finalidad para la que fueron concebidos.

c) La operación consistente en el acopio, la clasificación y almacenamiento iniciales de residuos, de manera profesional, con el objeto de transportarlos posteriormente a una instalación de tratamiento.

d) Las operaciones de valorización o eliminación, incluida la preparación anterior a la valoración o eliminación.

70. La recogida en la que un flujo de residuos se mantiene por separado, según su tipo y naturaleza, para facilitar un tratamiento específico se define como:

a) Gestión de residuos.
b) Tratamiento.
c) Recogida separada.
d) Reutilización.

71. Indique cuál de las siguientes es una operación de valorización consistente en la comprobación, limpieza o reparación, mediante la cual productos o componentes de productos que se hayan convertido en residuos se preparan para que puedan reutilizarse sin ninguna otra transformación previa:

a) Preparación para la reutilización.
b) Reciclado.
c) Reutilización.
d) Eliminación.

72. ¿Cuál de las siguientes definiciones se relaciona con el «reciclado»?

a) Cualquier operación de reciclado que permita producir aceites de base mediante el refinado de aceites usados, en particular mediante la retirada de los contaminantes, los productos de la oxidación y los aditivos que contengan dichos aceites.

b) Cualquier operación que no sea la valorización, incluso cuando la operación tenga como consecuencia secundaria el aprovechamiento de sustancias o energía.

c) Toda operación de valorización mediante la cual los materiales de residuos son transformados de nuevo en productos, materiales o sustancias, tanto si es con la finalidad original como con cualquier otra finalidad.

d) La operación de valorización consistente en la comprobación, limpieza o reparación, mediante la cual productos o componentes de productos que se hayan convertido en residuos se preparan para que puedan reutilizarse sin ninguna otra transformación previa.

73. La operación de reciclado incluye:

a) La transformación del material orgánico.
b) La valorización energética.
c) La transformación en materiales que se vayan a usar como combustibles.
d) Las operaciones de relleno.

74. ¿Qué concepto se vincula con la siguiente definición: material orgánico higienizado y estabilizado obtenido a partir del tratamiento controlado biológico aerobio y termófilo de residuos biodegradables recogidos separadamente?

a) Suelo contaminado.
b) Material bioestabilizado.
c) Compost.
d) Aceite usado.

75. Señala cuál de las siguientes opciones son incorrectas. Una sustancia u objeto, resultante de un proceso de producción, cuya finalidad primaria no sea la producción de esa sustancia u objeto, puede ser considerada como subproducto y no como residuo, cuando se cumplan cuatro condiciones:

a) Que se tenga la seguridad de que la sustancia u objeto va a ser utilizado ulteriormente.
b) Que la sustancia u objeto se tenga que someter a una transformación ulterior distinta de la práctica industrial habitual.
c) Que la sustancia u objeto se produzca como parte integrante de un proceso de producción.
d) Que el uso ulterior cumpla todos los requisitos pertinentes relativos a los productos así como a la protección de la salud humana y del medio ambiente, sin que produzca impactos generales adversos para la salud humana o el medio ambiente.

76. ¿Qué ley ha venido a derogar la nueva Ley 7/2022, de 8 de abril, de residuos y suelos contaminados para una economía circular?

a) La Ley 37/2009, de 17 de enero, de residuos y suelos contaminados.
b) La Ley 33/2010, de 9 de abril, de residuos y suelos contaminados.
c) La Ley 5/2011, de 30 de septiembre, de residuos y suelos contaminados.
d) La Ley 22/2011, de 28 de julio, de residuos y suelos contaminados.

77. La Ley 7/2022, de 8 de abril, de residuos y suelos contaminados para una economía circular, no es aplicable a:

a) Los explosivos desclasificados.
b) Los suelos contaminados.
c) Los productos fabricados con plástico oxodegradable.
d) Los artes de pesca que contienen plásticos.

78. A tenor de la Ley 7/2022, de 8 de abril, la persona física o jurídica, pública o privada, registrada mediante autorización o comunicación que realice cualquiera de las operaciones que componen la gestión de los residuos, sea o no el productor de los mismos, se define como:

a) Negociante.
b) Gestor de residuos.
c) Manipulador de residuos.
d) Intermediario.

79. ¿Cómo define la Ley de residuos y suelos contaminados para una economía circular a toda persona física o jurídica que actúe por cuenta propia en la compra y posterior venta de residuos, incluidas aquellas que no tomen posesión física de los residuos?

a) Negociante.
b) Tratante.
c) Manipulador de residuos.
d) Intermediario.

80. Toda operación de valorización en la que se utilizan residuos no peligrosos aptos para fines de regeneración en zonas excavadas o para obras de ingeniería paisajística, se denomina en la nueva Ley de residuos y suelos contaminados para una economía circular como:

a) Relleno.
b) Colmado.
c) Picado.
d) Batido.

81. Cualquier operación cuyo resultado principal sea que el residuo sirva a una finalidad útil al sustituir a otros materiales, que de otro modo se habrían utilizado para cumplir una función particular o que el residuo sea preparado para cumplir esa función en la instalación o en la economía en general, es definida por la Ley 7/2022, de 8 de abril, como:

a) Valorización.
b) Tratamiento.
c) Biotransformación.
d) Biotratamiento.

82. Cualquier operación mediante la cual productos o componentes de productos que no sean residuos se utilizan de nuevo con la misma finalidad para la que fueron concebidos, es denominada en la Ley de residuos y suelos contaminados para una economía circular como:

a) Biotransformación.
b) Valorización.

c) Reutilización.
d) Reciclaje.

83. La Ley 7/2022, de 8 de abril, de residuos y suelos contaminados para una economía circular, define como residuos domésticos a:

a) Los residuos peligrosos generados en los hogares como consecuencia de las actividades domésticas.
b) Los similares en composición y cantidad a los residuos peligrosos o no peligrosos generados en los hogares como consecuencia de las actividades domésticas generados en servicios e industrias, que no se generen como consecuencia de la actividad propia del servicio o industria.
c) Los residuos no peligrosos generados en los hogares como consecuencia de las actividades domésticas.
d) Todas las respuestas son correctas.

84. ¿Cómo define la Ley 7/2022, de 8 de abril, a cualquier sustancia u objeto que su poseedor deseche o tenga la intención o la obligación de desechar?

a) Resto.
b) Sobrante.
c) Despojo.
d) Residuo.

85. ¿Qué consideración otorga la Ley 7/2022, de 8 de abril, a los residuos procedentes de los servicios de restauración y bares?

a) Residuos industriales.
b) Residuos domésticos.
c) Residuos agrarios y silvícolas.
d) Residuos comerciales.

86. Los residuos peligrosos del hogar y residuos voluminosos, incluidos los colchones y los muebles, tienen la consideración en la Ley 7/2022, de 8 de abril, de residuos y suelos contaminados para una economía circular, de:

a) Residuos municipales.
b) Residuos industriales.
c) Residuos domésticos.
d) Residuos comerciales.

87. Los escombros procedentes de obras menores de construcción y reparación domiciliaria, tienen la consideración en la Ley 7/2022, de 8 de abril, de residuos y suelos contaminados para una economía circular, de:

a) Residuos industriales.
b) Residuos municipales.

c) Residuos de construcción y demolición.
d) Residuos domésticos.

88. ¿Cuál no es una característica mínima de las bolsas donde se deben depositar los residuos del grupo 2 y 3 según el Decreto Foral 296/1993?

a) Opacos.
b) Un solo uso.
c) Resistentes a la carga.
d) Con cierre hermético.

89. Según el Decreto Foral 296/1993 la frecuencia mínima de recogida o tratamiento de los residuos sanitarios depositados en el almacén central del centro sanitario será de:

a) 24 horas.
b) 48 horas.
c) 72 horas.
d) 120 horas.

Solución al test n.º 4

1. c) Triple cámara de combustión.

2. a) La etiqueta no será necesaria cuando sus elementos figuren claramente en el propio envase.

3. d) Todas son correctas.

4. b) Toxicidad aguda.

5. c) 60 ºC.

6. d) Sustancias pirofóricas.

7. a) Peligro.

8. b) Tienen forma de cuadrado apoyado en un vértice y sirven para transmitir la información específica sobre el peligro en cuestión.

9. b) Consejos de prudencia de prevención.

10. c) Bayeta ecológica.

11. c) Rojo.

12. d) No es resistente al calor.

13. d) Todas son correctas.

14. a) Basadas en el principio de un disco giratorio robusto portaplato de arrastre o cepillos y equilibrado dinámicamente.

15. a) Permiten rendimientos muy elevados y están especialmente diseñadas para la limpieza de pasillos, vestíbulos de entrada, almacenes, supermercados, fábricas, etc.

16. d) Todas son correctas.

17. a) Esterilización.

18. b) Aséptico.

19. b) Autoclave.

20. a) Es económica, segura y rápida.

21. b) Radiaciones gamma.

22. a) El óxido de etileno es un gas incoloro, de olor parecido al cloroformo, altamente inflamable en presencia de aire, y tóxico.

23. c) Puede esterilizarse material que contenga celulosa, algodón, madera.

24. b) Unas 4-7 horas.

25. a) Ha de estar ubicada en un lugar de fácil comunicación con todas las unidades clínicas principalmente del bloque quirúrgico.

26. d) Todas son correctas.

27. c) Riesgo biológico.

28. b) Químico.

29. d) Todas son correctas.

30. a) Ventilación (6 renovaciones 1 hora).

31. b) En 24-48 horas y se colocará por orden de caducidad.

32. b) Tres meses.

33. c) Cama.

34. c) Mascarilla.

35. c) Una vez que se ha comprobado que está bien limpio, hay que sacarlo del medio líquido y secarlo perfectamente para evitar posibles oxidaciones y la proliferación de microorganismos en las juntas o ranuras húmedas.

36. c) Fregado con doble cubo.

37. a) Ácido.

38. c) Decreto Foral 296/1993, de 13 de septiembre.

39. c) Grupo 3, de residuos sanitarios específicos.

40. c) Los detergentes aniónicos.

41. b) Los detergentes anfóteros.

42. a) Son productos de gran eficacia, pero de elevado poder corrosivo.

43. d) Está comprendido entre 6 y 8.

44. d) Todas las respuestas son correctas.

45. c) Sanitizante.

46. b) Es estable aunque tiene poco efecto remanente y se inactiva muy fácilmente en presencia de materia orgánica.

47. b) 1:10 (9 litros de agua y 1 de lejía).

48. a) Se utilizan en la desinfección de objetos inanimados, superficies y ambiente a la concentración del 1 al 5 %.

49. c) 70 %.

50. c) Los alcoholes se inactivan en presencia de materia orgánica.

51. b) Es recomendable para la limpieza y desinfección de todo tipo de superficies.

52. d) Todas las respuestas anteriores son correctas.

53. c) A todo tipo de residuos, con algunas exclusiones.

54. b) A los subproductos animales y sus productos derivados, cuando se destinen a la incineración, a los vertederos o sean utilizados en una planta de digestión anaerobia, de compostaje o de obtención de combustibles.

55. b) Que dichos sedimentos no son residuos.

56. d) Todas las respuestas son correctas.

57. d) Los residuos generados por la actividad propia del comercio, al por mayor y al por menor, de los servicios de restauración y bares, de las oficinas y de los mercados, así como del resto del sector servicios.

58. c) Residuos domésticos.

59. d) Los residuos resultantes de los procesos de producción, fabricación, transformación, utilización, consumo, limpieza o mantenimiento generados por la actividad industrial como consecuencia de su actividad principal.

60. d) No tienen la consideración de residuo.

61. d) Todas las respuestas son correctas.

62. d) Residuos peligrosos.

63. b) Los aceites usados en el entorno doméstico.

64. d) Todas las respuestas anteriores son correctas.

65. d) Todas las respuestas anteriores son correctas.

66. d) Cualquier persona jurídica cuya actividad produzca residuos (productor inicial de residuos).

67. c) Agente.

68. b) Negociante.

69. c) La operación consistente en el acopio, la clasificación y almacenamiento iniciales de residuos, de manera profesional, con el objeto de transportarlos posteriormente a una instalación de tratamiento.

70. c) Recogida separada.

71. a) Preparación para la reutilización.

72. c) Toda operación de valorización mediante la cual los materiales de residuos son transformados de nuevo en productos, materiales o sustancias, tanto si es con la finalidad original como con cualquier otra finalidad.

73. a) La transformación del material orgánico.

74. c) Compost.

75. b) Que la sustancia u objeto se tenga que someter a una transformación ulterior distinta de la práctica industrial habitual.

76. d) La Ley 22/2011, de 28 de julio, de residuos y suelos contaminados.

77. a) Los explosivos desclasificados.

78. b) Gestor de residuos.

79. a) Negociante.

80. a) Relleno.

81. a) Valorización.

82. c) Reutilización.

83. d) Todas las respuestas son correctas.

84. d) Residuo.

85. d) Residuos comerciales.

86. a) Residuos municipales.

87. b) Residuos municipales.

88. d) Con cierre hermético.

89. c) 72 horas.

TEST N.º 5

Alimentación: Guía de buenas prácticas de higiene y fabricación en hostelería hospitalaria y centros residenciales. Organización de enseres. Conceptos generales de Análisis de Peligros y Puntos de Control Críticos y trazabilidad. Principio de "marcha adelante"

1. La Organización Mundial de la Salud (OMS) propone Diez Reglas de Oro para reducir el riesgo de contaminación del alimento. Señala lo correcto:

a) Cocinar bien los alimentos. Muchos alimentos crudos pueden estar contaminados por agentes patógenos que se eliminan durante la cocción, garantizando siempre que toda la masa, incluido el centro del producto, alcanza al menos los 50 ºC.

b) Guardar cuidadosamente los alimentos cocinados. Cuando un alimento cocinado se pretende guardar durante más de 4 o 5 horas, se hará en condiciones de temperatura adecuada: si se conserva en caliente estará por encima de 100 ºC y si se conserva en frío será por debajo de 0 ºC.

c) Recalentar bien los alimentos cocinados. Durante el almacenamiento del alimento no se destruyen los microorganismos, sino que se retrasa su proliferación, que volverá a activarse cuando se saca del frío. Por ello se deberá recalentar inmediatamente asegurando que todas las partes del alimento alcancen al menos una temperatura de 70 ºC.

d) Todas son correctas.

2. Cortar carne cruda en la misma tabla donde se trinchará una vez cocida, da lugar a:

a) Contaminación cruzada directa.

b) Contaminación cruzada indirecta.

c) Contaminación infecciosa.

d) No se produce ningún tipo de contaminación, pues la cocción de la carne ha destruido los posibles agentes patógenos.

3. Entre las normas básicas de higiene relativas a los manipuladores de alimentos podemos citar:

a) Usará guantes y mascarilla buconasal (que cubra nariz y boca) en el proceso de envasado o emplatado de alimentos, así como en cualquier otra tarea de manipulación, principalmente cuando el alimento manipulado va a ser consumido sin ser sometido a cocción o cualquier otro tratamiento que asegure la eliminación de microorganismos.

b) Está prohibido fumar, comer o masticar chicle durante la realización del trabajo.

c) Toda persona ajena que visite el área de manipulación de alimentos deberá llevar ropa adecuada y el pelo cubierto.

d) Todas son correctas.

4. Se entiende por productos primarios:

a) Los productos de producción primaria, incluidos los de la tierra, ganadería, caza y pesca.

b) Los productos de primera necesidad como el pan.

c) Los productos destinados a la alimentación infantil.

d) Los productos que solo pueden comer personas que no tengan ninguna alergia o intolerancia alimentaria.

5. El Reglamento 852/2004 del Parlamento Europeo y del Consejo, de 29 de abril, relativo a la higiene de los productos alimenticios, se refiere en su Anexo II a los requisitos higiénicos de las empresas alimentarias, y especifica las características que tendrán los locales destinados a la producción de alimentos. Señala la que no aparece en dicho reglamento:

a) Los locales se conservarán limpios y en buen estado de mantenimiento.

b) Se dispondrá de suficiente luz natural o artificial.

c) Las dimensiones del local deben garantizar un espacio mínimo de 10 metros cuadrados por cada trabajador.

d) Los productos de limpieza y desinfección no se almacenarán en las zonas donde se manipulen alimentos.

6. Señala la afirmación incorrecta sobre el transporte de productos alimenticios:

a) Los receptáculos de vehículos o contenedores utilizados para transportar productos alimenticios, se mantendrán limpios y en buen estado.

b) Los productos alimenticios se colocarán y protegerán para su transporte, de forma que se reduzca al mínimo el riesgo de contaminación.

c) No es posible transportar productos alimenticios a granel en estado líquido o granulado en polvo. El transporte de estos productos debe realizarse siempre envasado.

d) Todas las afirmaciones son correctas.

7. La formación de los manipuladores de alimentos debe ser impartida por:

a) La propia empresa alimentaria.

b) Empresas o entidades formadoras.

c) Centros o escuelas de formación profesional o educacional reconocidos por organismos oficiales.

d) Todas son correctas.

8. ¿Cuál de los siguientes es un instrumento para ayudar a lograr niveles elevados de seguridad alimentaria?

a) El sistema de control de seguridad alimentaria PS.

b) El sistema APPCC.

c) El sistema APC.
d) El sistema CSA.

9. Señala la afirmación correcta sobre los utensilios de cobre en la preparación de alimentos:
a) Es muy buen conductor del calor.
b) Cuando se utiliza para elaborar merengues y caramelos debe estar estañado.
c) Es un material de conservación y no de cocción.
d) Todas son correctas.

10. El material más usado tanto para la cocción como para la conservación y fabricación de los pequeños accesorios es:

a) Acero negro.
b) Acero inoxidable.
c) Aluminio.
d) Hierro fundido.

11. ¿Qué tipo de utensilio es un rondón?

a) Marmita.
b) Cazuela de barro.
c) Cacerola.
d) Rustidera.

12. Es un utensilio de cocina para asados o cocción de pescados grandes planos como fletán, rodaballo o raya:

a) Turbotera.
b) Sautese o saute.
c) Bresera.
d) Rondón.

13. ¿Qué tipo de utensilio es una lustrera?

a) Red metálica sobre una estructura rígida, normalmente de madera, por la que se tamizan los ingredientes para homogeneizar su grosor.
b) Recipiente metálico con un tamiz fino en la tapa, utilizada para espolvorear.
c) Recipiente utilizado para mezclar ingredientes.
d) Se denomina así el utensilio formado por diversas varillas arqueadas y unidas por un extremo, que se utiliza para batir, mezclar y emulsionar.

14. ¿Qué utensilio se usa para estirar masas?

a) Rodillos.
b) Mangas.

c) Espátulas.
d) Lenguas.

15. Un preparado de ave deshuesada y rellena de otra clase de carne se denomina:

a) Gelatina.
b) Galantina.
c) Brioche.
d) Pudding.

16. Los moldes para pan de miga suelen estar fabricados con:

a) Cobre estañado u hojalata.
b) Hierro fundido con revestimiento antiadherente.
c) Porcelana, vidrio o hierro.
d) Chapa de hierro con un revestimiento interior de teflón.

17. La fuente de energía más utilizada en las zonas de cocción es:

a) El gas tanto para los fogones como en hornos y campanas extractoras.
b) La electricidad tanto para los fogones como en hornos y campanas extractoras.
c) El gas principalmente para los fogones y la electricidad en hornos y campanas extractoras.
d) La electricidad principalmente para los fogones y el gas en hornos y campanas extractoras.

18. El propano es un gas tóxico y pesado, con riesgo de explosión si se acerca a una llama. Para prevenir los accidentes se debe observar:

a) Que los quemadores estén cerrados si no hay llama.
b) Que con el quemador abierto la llama sea roja.
c) Que si la llama es azul no hay combustión adecuada.
d) Todas son correctas.

19. Señala la afirmación correcta sobre el gas natural como combustible o fuente de energía en los fogones:

a) Su poder calorífico está entre 9000 y 12000 kilocalorías por metro cúbico.
b) Tiene más peligro de acumulación que el propano.
c) Tiene mayor capacidad de explosión que el propano.
d) Todas son correctas.

20. Señala la afirmación incorrecta sobre los fogones de carbón mineral:

a) El carbón mineral es una sustancia fósil resultante de la descomposición de materia leñosa, arde con menos facilidad, pero da más calor que el carbón vegetal.
b) Su limpieza es fácil y rápida.

c) La combustión del carbón produce problemas de contaminación química en la atmósfera debido al desprendimiento de gas sulfuroso derivado de la combustión del azufre que acompaña al carbón como impureza.

d) Los fogones de carbón mineral no son muy frecuentes en las cocinas modernas.

21. Los fogones de gasoil se utilizan habitualmente para:

a) Asados de carne y pescados de gran tamaño.

b) Freír patatas y cortezas, si bien los modelos más pequeños se usan también para hacer churros.

c) La cocción de legumbres y carnes de caza.

d) Están en desuso por su alto poder contaminante.

22. Señala lo incorrecto sobre las placas vitrocerámicas y de inducción:

a) Este sistema se utiliza más a nivel doméstico y con menor frecuencia en cocina industriales.

b) El vidrio cerámico es resistente y de fácil limpieza.

c) En la vitrocerámica se utiliza un mecanismo de campo magnético, que hace que el calor pase directamente de la resistencia al recipiente, sin afectar al cristal cerámico.

d) La vitrocerámica admite tanto utensilios metálicos como el barro.

23. Las campanas extractoras de humo:

a) Deben tener forma y dimensiones similares (ligeramente inferiores) a las del fogón.

b) Deben limpiarse al menos una vez al mes.

c) Se situarán siempre sobre los fogones con el fin de captar los vapores de cocción y expulsarlos.

d) Deben situarse en una zona alejada de los fogones para evitar accidentes.

24. Para la limpieza de fogones de gas debemos tener en cuenta que:

a) La limpieza de encimeras, laterales, frontales, etc., se hará siempre en sentido ascendente.

b) Las llaves de conexión o mandos se deben desmontar siempre para su limpieza y se limpiarán con estropajo de alambre y desengrasante.

c) La limpieza de los fogones se realiza con cepillo de alambre, estropajo de níquel, líquido anti-grasa (solo cuando sea estrictamente necesario), agua jabonosa, enjuague, y paños para secar.

d) Las cocinas específicas de gas se componen de los siguientes elementos desmontables: rejilla-soporte de recipientes, placa recogedora de grasa, quemador y bandeja recoge grasas. Esta última será la primera que se ha de limpiar.

25. ¿Qué tipo de generador de calor es una salamandra?

a) Freidora.

b) Gratinadora.

c) Olla a presión.
d) Mesa caliente.

26. ¿Qué tipos de freidora son las utilizadas en las industrias "snacks", precocinados, etc.?

a) Con cámara de agua.
b) Giratorias.
c) Con calentamiento espiral.
d) Continuas.

27. ¿Qué método de calentamiento es el más suave para el aceite de la freidora continua?

a) El calentamiento directo por quemador.
b) El calentamiento indirecto por resistencia.
c) El calentamiento por medio de un fluido térmico.
d) Es indiferente. El método de calentamiento no afecta al aceite.

28. Las parrillas que utilizan el acero, cromo y níquel tienen ventajas sobre los demás, ya que:

a) Soportan altas temperaturas.
b) Se recuperan muy rápidamente de calorías.
c) Se limpian con mucha facilidad.
d) Todas son correctas.

29. Las prusianas son generadores de calor que funcionan con:

a) Carbón vegetal.
b) Electricidad.
c) Gas natural.
d) Gas propano.

30. Los hornos microondas:

a) Utilizan el aire para transmitir el calor y producir de este modo la cocción del alimento.
b) Al no sobrepasar los 100 ºC, no doran los alimentos, por lo que algunos incorporan grill de resistencias blindadas o halógenas.
c) A su potencia máxima alcanzan temperaturas de hasta 180 ºC.
d) Todas son correctas.

31. ¿Cuáles son las aplicaciones más comunes del horno microondas?

a) Freír y cocer verdura.
b) Cocer huevos.

c) Descongelar y calentar.

d) Gratinar.

32. Para usar el horno microondas debemos tener una serie de precauciones como:

a) Funciona mejor si introducimos los alimentos en recipientes herméticos.

b) Proteger los alimentos delicados para evitar su desecación superficial.

c) Utilizar preferentemente recipientes metálicos.

d) Todas son correctas.

33. La mesa caliente:

a) Es un mueble metálico utilizado para calentamiento, a temperaturas menores de ochenta grados centígrados (generalmente de veinte a cincuenta), por electricidad, gas ciudad o propano, o vapor, principalmente.

b) Es un mueble metálico utilizado para calentamiento, a temperaturas mayores de cien grados centígrados (generalmente de cincuenta a setenta), por electricidad.

c) Es un mueble metálico utilizado para calentamiento, a temperaturas menores de cien grados centígrados (generalmente de cincuenta a setenta), por electricidad, gas ciudad o propano, o vapor, principalmente.

d) Es un mueble metálico utilizado para calentamiento, a temperaturas mayores de ochenta grados centígrados, por electricidad, gas ciudad o propano, o vapor, principalmente.

34. Las sartenes abatibles se utilizan para:

a) Salteados.

b) Estofados.

c) Arroces.

d) Todas son correctas.

35. La cocción al baño maría, especialmente si es al vacío, presenta una serie de ventajas, entre las que no figura:

a) Evita la pérdida de líquidos y la deshidratación y resecamiento de los alimentos.

b) Potencia y fija los aromas y sabores de los alimentos y sus condimentos.

c) Pueden asegurarse resultados más precisos que en un horno de convección donde el medio, en lugar del agua, es el aire y la oscilación térmica, mucho mayor.

d) Al esterilizar los alimentos, permite la reutilización de los que se encuentran en mal estado.

36. ¿En qué zona de la cámara frigorífica situaría la fruta y la verdura?

a) Antecámara.

b) Cámara de refrigeración.

c) Cámara de congelación.
d) Cámara primaria.

37. Sobre las condiciones de las cámaras frigoríficas es cierto que:

a) Las puertas cerrarán con dispositivos herméticos y se abrirán por dentro y por fuera.
b) La altura interior estará limitada a 1,80 m.
c) Su nivel de iluminación será de 500 lux.
d) Los accesorios interiores y estantes no serán desmontables.

38. El abatidor permite la bajada de temperatura de 65 ºC hasta 3-5 ºC en un tiempo máximo de:

a) Una hora.
b) Dos horas.
c) Tres horas.
d) Cuatro horas.

39. Entre los pequeños aparatos eléctricos utilizados en la cocina se incluye:

a) Batidoras.
b) Moledoras-refinadoras.
c) Picadoras.
d) Todas son correctas.

40. La peladora es un aparato para quitar la piel a las patatas u otras hortalizas. Señala lo correcto:

a) La técnica que suelen utilizar estas máquinas se basa en raspar el género contra las paredes laterales y el plato de la cubeta construidos con material abrasivo.
b) Las capacidades de estas máquinas suelen oscilar entre 2 y 5 kilos de patatas por ciclo.
c) Cada ciclo de tiempo puede durar entre 1 y 5 minutos.
d) Todas son correctas.

41. Las medidas de capacidad son recipientes, normalmente en forma de taza, utilizados para medir cantidades de líquidos. 1 litro equivale a:

a) 1 cm³.
b) 10 cm³.
c) 100 cm³.
d) 1000 cm³.

42. Elemento de alambre estañado utilizado para colocar ciertos productos, como croquetas o pasteles, que una vez cocidos o asados han de abrillantarse:

a) Escurridor o escurridera.
b) Cesta de alambre.

c) Rejilla.
d) Cacillo escurridor.

43. Se aconseja que los coladores sean de:

a) Acero inoxidable.
b) Chapa.
c) Hilo de hierro.
d) Es indiferente.

44. Utensilio para majar ajos, machacar frutos secos o hierbas, y para reducir ingredientes a una pasta o puré:

a) Pasapurés.
b) Colador chino.
c) Mortero o almirez.
d) Tamiz.

45. La araña se utiliza para:

a) Servir caldos y cremas, salsear y napar.
b) Batir, mezclar y montar.
c) Sacar alimentos sumergidos en un líquido hirviendo (agua o aceite generalmente).
d) Cortar principalmente verduras en rodajas de grosor uniforme.

46. ¿Cómo se denomina al cuchillo pequeño, de una hoja de 8 a 10 cm. aproximadamente, utilizado para limpiar y tornear verduras?

a) Puntilla.
b) Cuchillo de golpe.
c) Cuchillo de sierra.
d) Cebollero.

47. Herramienta aplastadora para adelgazar o aplanar una vianda mediante golpes suaves:

a) Mechadora.
b) Espalmadera.
c) Acanalador.
d) Sacarrizos.

48. Para envases de más de 80 cm² el tamaño de la letra, para conseguir una mayor legibilidad del etiquetado y según el Reglamento (UE) n.º 1169/2011, debe de ser de:

a) 1,2 mm.
b) 1,2 cm.

c) 0,9 mm.
d) 0,9 cm.

49. El sistema de organización que obliga a que todas las tareas realizadas en la Unidad de Cocina se hagan por orden, en un sentido de avance a través de las distintas zonas de trabajo, y siguiendo siempre los caminos más cortos posibles, se basa en el principio de:

a) "Marcha adelante".
b) "Marcha hacia atrás".
c) Organización jerárquica.
d) Organización optimizada.

50. ¿En qué tipo de distribución la entrada de la materia prima y la salida de los platos elaborados se disponen en lugares opuestos y el avance es siempre en el mismo sentido?

a) Distribución lineal.
b) Distribución en "L".
c) Distribución en "U".
d) Distribución jerárquica.

51. El Reglamento (UE) n.º 1169/2011 del Parlamento Europeo y del Consejo de 25 de octubre de 2011, sobre información alimentaria facilitada al consumidor establece con carácter general la siguiente lista de menciones obligatorias en los alimentos, salvo exenciones en determinados alimentos establecidas en otros apartados de la norma:

a) la denominación del alimento.
b) la lista de ingredientes.
c) la cantidad neta del alimento.
d) Todos ellos son de mención obligatoria.

Solución al test n.º 5

1. c) Recalentar bien los alimentos cocinados. Durante el almacenamiento del alimento no se destruyen los microorganismos, sino que se retrasa su proliferación, que volverá a activarse cuando se saca del frío. Por ello se deberá recalentar inmediatamente asegurando que todas las partes del alimento alcancen al menos una temperatura de 70 ºC.

2. a) Contaminación cruzada directa.

3. d) Todas son correctas.

4. a) Los productos de producción primaria, incluidos los de la tierra, ganadería, caza y pesca.

5. c) Las dimensiones del local deben garantizar un espacio mínimo de 10 metros cuadrados por cada trabajador.

6. c) No es posible transportar productos alimenticios a granel en estado líquido o granulado en polvo. El transporte de estos productos debe realizarse siempre envasado.

7. d) Todas son correctas.

8. b) El sistema APPCC.

9. a) Es muy buen conductor del calor.

10. b) Acero inoxidable.

11. c) Cacerola.

12. a) Turbotera.

13. b) Recipiente metálico con un tamiz fino en la tapa, utilizada para espolvorear.

14. a) Rodillos.

15. b) Galantina.

16. d) Chapa de hierro con un revestimiento interior de teflón.

17. c) El gas principalmente para los fogones y la electricidad en hornos y campanas extractoras.

18. a) Que los quemadores estén cerrados si no hay llama.

19. a) Su poder calorífico está entre 9000 y 12000 kilocalorías por metro cúbico.

20. b) Su limpieza es fácil y rápida.

21. b) Freír patatas y cortezas, si bien los modelos más pequeños se usan también para hacer churros.

22. c) En la vitrocerámica se utiliza un mecanismo de campo magnético, que hace que el calor pase directamente de la resistencia al recipiente, sin afectar al cristal cerámico.

23. c) Se situarán siempre sobre los fogones con el fin de captar los vapores de cocción y expulsarlos.

24. c) La limpieza de los fogones se realiza con cepillo de alambre, estropajo de níquel, líquido anti-grasa (solo cuando sea estrictamente necesario), agua jabonosa, enjuague, y paños para secar.

25. b) Gratinadora.

26. d) Continuas.

27. c) El calentamiento por medio de un fluido térmico.

28. d) Todas son correctas.

29. a) Carbón vegetal.

30. b) Al no sobrepasar los 100 °C, no doran los alimentos, por lo que algunos incorporan grill de resistencias blindadas o halógenas.

31. c) Descongelar y calentar.

32. b) Proteger los alimentos delicados para evitar su desecación superficial.

33. c) Es un mueble metálico utilizado para calentamiento, a temperaturas menores de cien grados centígrados (generalmente de cincuenta a setenta), por electricidad, gas ciudad o propano, o vapor, principalmente.

34. d) Todas son correctas.

35. d) Al esterilizar los alimentos, permite la reutilización de los que se encuentran en mal estado.

36. a) Antecámara.

37. a) Las puertas cerrarán con dispositivos herméticos y se abrirán por dentro y por fuera.

38. b) Dos horas.

39. d) Todas son correctas.

40. a) La técnica que suelen utilizar estas máquinas se basa en raspar el género contra las paredes laterales y el plato de la cubeta construidos con material abrasivo.

41. d) 1000 cm³.

42. c) Rejilla.

43. a) Acero inoxidable.

44. c) Mortero o almirez.

45. c) Sacar alimentos sumergidos en un líquido hirviendo (agua o aceite generalmente).

46. a) Puntilla.

47. b) Espalmadera.

48. a) 1,2 mm.

49. a) "Marcha adelante".

50. a) Distribución lineal.

51. d) Todos ellos son de mención obligatoria.

TEST N.º 6

Alimentos: definición y clasificación. Nutrientes: tipos y funciones.
Toxiinfecciones alimentarias más frecuentes en comidas preparadas.
Anisakis. Efectos de la temperatura y medidas preventivas.
Alergias e intolerancias alimentarias: Conceptos generales.
Tipos de alérgenos de declaración obligatoria.
Reglamento UE 1169/2011, anexo I, II y III

1. De los siguientes productos, ¿cuáles no son derivados de la leche?

a) Nata y mantequilla.
b) Queso y requesón.
c) Sueros lácteos.
d) Cafeína.

2. Decir qué afirmación es correcta:

a) La canal incluye la carne y todas las vísceras del animal.
b) Los derivados cárnicos son productos alimenticios preparados total o parcialmente con carnes o despojos sometidos a operaciones específicas.
c) Los productos tales como solomillo, entrecot, bistec, chuletas, etc., se consideran derivados cárnicos.
d) Todas las respuestas anteriores son correctas.

3. El Código Alimentario Español, dentro del grupo de "pescados", incluye los siguientes:

a) Aquellos animales que viven en el agua y son comestibles.
b) Exclusivamente a los vertebrados marinos.
c) Exclusivamente a los vertebrados de agua dulce.
d) Todos excepto las ballenas, por ser mamíferos.

4. ¿Cuál de las siguientes afirmaciones es falsa?

a) El pescado tiene menos grasas saturadas y menos colesterol que algunas carnes.
b) El pescado azul tiene mayor valor calórico que el blanco.

c) El pescado fresco tiene mayor valor nutritivo que el congelado.
d) Todas son falsas.

5. ¿Cuándo se considera que un huevo es fresco?

a) Cuando se mantiene en cámaras a temperatura no superior a 4 ºC durante un tiempo inferior a 30 días.
b) Cuando está conservado por encima de 0 ºC durante una semana como máximo.
c) Sólo se considera fresco el huevo recién puesto.
d) Cuando no ha sido refrigerado ni conservado por ningún método.

6. Un huevo que ha sido incubado se dice que es un huevo:

a) Fresco.
b) Defectuoso.
c) Averiado.
d) Podrido.

7. ¿Qué tipo de alimento son las habas?

a) Frutos.
b) Legumbres.
c) Bulbos.
d) Frutas.

8. ¿Cuál de las siguientes partes del vacuno es carne de segunda categoría?

a) Babilla.
b) Aguja.
c) Morcillo.
d) Falda.

9. La cinta de lomo de cerdo, ¿de qué categoría es?

a) Extra.
b) Primera.
c) Segunda.
d) Despojos.

10. ¿Cómo se denomina el tocino entreverado que ha sido sometido a operaciones de ahumado, salazón o adobo?

a) Panceta.
b) Bacon.
c) Papada.
d) Lomo.

11. ¿Qué es un yogur?

a) Derivado de la leche entera o desnatada, obtenido por fermentación.
b) Son postres elaborados con leche condensada.
c) Son postres elaborados con natas.
d) Todas las opciones anteriores son válidas.

12. ¿De qué clase es la carne de pavo que no tiene golpes ni roturas?

a) A.
b) B.
c) C.
d) D.

13. ¿Qué tratamiento recibirá la leche destinada para el consumo de colectividades?

a) Ninguno, porque la leche cruda es muy nutritiva.
b) Debe recibir algún tratamiento térmico.
c) Será siempre leche especial sin tratar.
d) Todas las respuestas son correctas.

14. ¿Cómo se denomina la leche modificada por acción microbiana?

a) Leche enriquecida.
b) Leche desnatada.
c) Leche fermentada.
d) Leche adicionada de aromas.

15. Decir qué afirmación es correcta:

a) La leche esterilizada es leche natural, sometida a un proceso tecnológico tal, que asegure la destrucción de los microorganismos y la inactividad de sus formas de resistencia.
b) La leche evaporada es leche esterilizada a la que se le añade agua.
c) Leche condensada es la leche higienizada y concentrada por eliminación de agua, sin añadirle azúcares.
d) Leche en polvo es aquella que se congela y posteriormente se tritura.

16. Según su composición podemos decir que hay natas de los siguientes tipos:

a) Batidas o montadas.
b) De vaca, oveja o cabra.
c) Doble nata, delgada o ligera.
d) Todas son correctas.

17. ¿Qué es la caseína?

a) Líquido formado por parte de los componentes de la leche.
b) Es el principal componente proteico de la leche.

c) Producto obtenido precipitando las proteínas en medio ácido, por el calor.
d) Ninguna es correcta.

18. ¿Qué es un lechal?

a) El cordero que se sacrifica entre los 4 y 6 meses de vida.
b) Animales alimentados solo de leche.
c) Un cordero nacido en invierno y sacrificado en primavera.
d) Cordero que ha sido sobrealimentado.

19. ¿Cómo se denomina al pollo castrado y bien cebado?

a) Gallina.
b) Pichón.
c) Capón.
d) Lechón.

20. Si un huevo tiene la clara de color verdoso, ¿qué le ocurre?

a) Se desechará.
b) Está averiado.
c) Es un huevo de oca.
d) Está en perfectas condiciones.

21. ¿Qué tipo de alimento son los guisantes?

a) Verduras.
b) Hortalizas.
c) Legumbres frescas.
d) Fruta.

22. ¿Cuáles de las siguientes hortalizas son bulbos?

a) Berenjena, guindilla, pimiento.
b) Ajo, cebolla y puerro.
c) Ajo, guisante y lombarda.
d) Berenjena, cebolleta y berro.

23. ¿Qué tipo de alimento es la patata?

a) Un bulbo.
b) Una legumbre.
c) Un fruto.
d) Un tubérculo.

24. ¿Qué grupo de alimentos es el más rico en lípidos?

a) Aceites y grasas.
b) Verduras y hortalizas.
c) Carnes.
d) Pescados.

25. Según el Código Alimentario Español, ¿en qué grupo de alimentos se incluye al tomate?

a) Verduras.
b) Hortalizas.
c) Frutas carnosas.
d) Frutos oleaginosos.

26. ¿Qué es un producto sucedáneo?

a) Todo producto que tiene un sabor distinto al esperado.
b) Todo producto que sustituye un alimento por otro, sin que el consumidor lo note.
c) Todo producto que, sin fines engañosos o fraudulentos, pretenda sustituir en todo o en parte a un alimento.
d) Producto esencial en la dieta.

27. ¿A qué tipo de tratamiento habrá sido sometida una leche concentrada?

a) Eliminación de agua.
b) Eliminación de grasa.
c) Adición de nutrientes.
d) Adición de estimulantes.

28. ¿Está permitida la adición de glucosa a la nata?

a) No.
b) Sí, en una proporción inferior al 10 % en peso.
c) Sí, en una proporción superior al 10 % en peso.
d) No está permitido adicionar glucosa, pero sí sacarosa.

29. ¿Cómo se denomina al cerdo lactante, sacrificado a partir de los 15 días desde su nacimiento?

a) Lechón.
b) Tostón.
c) Verraco.
d) Lechal.

30. ¿Cuáles de estas carnes de vacuno son de primera?

a) Morcillo, aleta y lomo.
b) Pescuezo, falda y rabo.
c) Lomo aguja y aleta.
d) Redondo, contra y rabillo de cadera.

31. ¿Qué peso tienen los huevos de tamaño L?

a) 43-53 g.
b) 53-63 g.
c) 63-73 g.
d) 73-83 g.

32. ¿Qué tipo de manipulación no es imprescindible para obtener un pescado de secado?

a) Reducción del contenido en agua.
b) Eviscerado.
c) Fraccionamiento.
d) Todas las anteriores son imprescindibles.

33. Según el Código Alimentario Español, ¿cómo se clasifican las judías verdes?

a) Legumbre fresca.
b) Legumbre seca.
c) Tallo.
d) Fruto.

34. ¿Qué es el gluten?

a) Un azúcar.
b) Una grasa.
c) Una proteína.
d) Un cereal.

35. ¿Cómo se obtiene el aceite puro de oliva?

a) Se extrae por procedimientos mecánicos, en frío, y se somete a sedimentación y filtración.
b) Se mezcla aceite de oliva virgen y aceite de oliva refinado.
c) Se refina el aceite de oliva virgen.
d) Se trata el orujo de aceituna con un disolvente autorizado.

36. La denominación genérica de leche se aplica a:

a) La leche de oveja.
b) La leche de vaca.

c) La leche de cabra.

d) La leche de burra.

37. La leche higienizada:

a) Es la procedente de explotaciones ganaderas.

b) Es la leche certificada.

c) Es la leche natural sometida a un proceso tecnológico autorizado.

d) Es aquella cuya composición ha sido modificada.

38. Las leches concentradas:

a) Poseen las mismas características de composición establecidas para la leche higienizada.

b) Son privadas de grasa.

c) Son modificadas por la acción microbiana.

d) Son las modificadas mediante la adición de principios inmediatos.

39. Son derivados de la leche:

a) La nata y la mantequilla.

b) Los quesos, los sueros lácteos y el requesón.

c) La caseína.

d) Todas las anteriores.

40. La doble nata contiene:

a) Un 18 % en peso de grasa.

b) Un 50 % en peso de grasa.

c) Un 30 % en peso de grasa.

d) Un mínimo de un 70 % en peso de grasa.

41. La mantequilla puede ser:

a) De oveja, de cabra y de vaca.

b) Salada.

c) De suero.

d) Todas las anteriores.

42. Los quesos se clasifican de acuerdo con el procedimiento de elaboración en:

a) Fresco, afinado, madurado o fermentado.

b) De pasta blanda, prensada o fundido.

c) Doble graso, extra graso, graso y magro.

d) Crema de queso, fermentado y magro.

43. La denominación genérica de carne se aplica a:

a) Bóvidos, óvidos, équidos y cápridos.
b) Équidos y camélidos.
c) Animales de corral, caza de pelo y pluma y mamíferos marinos.
d) Todos los anteriores.

44. El cuerpo de los animales, desprovisto de vísceras, excepto riñones, se denomina:

a) Magro.
b) Canal.
c) Clase.
d) Categoría.

45. Cuando el animal adulto ha sido capado para su engorde se denomina:

a) Novillo.
b) Buey.
c) Vaca.
d) Añojo.

46. Las hortalizas destinadas al consumo fresco deben:

a) Estar recién recolectadas.
b) Estar exentas de artrópodos.
c) Estar exentas de lesiones o traumatismos.
d) Todas las anteriores.

47. La sacarosa está constituida por:

a) Dos unidades de glucosa.
b) Glucosa y fructosa.
c) Glucosa y galactosa.
d) Dos unidades de galactosa.

48. Los aceites de coco y palma son alimentos ricos en:

a) Ácidos grasos monoinsaturados.
b) Ácidos grasos poliinsaturados.
c) Ácidos grasos saturados.
d) Todas son correctas.

49. ¿Cuál de los siguientes alimentos es rico en Vitamina B1?

a) Pimientos rojos.
b) Yema de huevo.

c) Col verde.
d) Cítricos.

50. La composición predominante del Grupo III-Plásticos son:

a) Las vitaminas.
b) Los oligoelementos.
c) Las proteínas.
d) Las grasas.

51. Las hortalizas y verduras:

a) Pertenecen al grupo I de los alimentos energéticos.
b) Pertenecen al grupo V de los alimentos reguladores.
c) Pertenecen al grupo III de los alimentos plásticos.
d) Pertenecen al grupo II de los alimentos energéticos.

52. ¿Cuál es la principal función de las grasas en el organismo?

a) Reserva energética.
b) Aceleran la velocidad de las reacciones metabólicas.
c) Forman todos los tejidos del cuerpo.
d) Todas son correctas.

53. ¿Cuál es la principal función de las proteínas en el organismo?

a) Reserva energética.
b) Estructural.
c) Reguladora de los procesos metabólicos.
d) Todas son correctas.

54. ¿Qué vitamina participa en el proceso de formación de hemoglobina, contribuye a disminuir la producción de ácido clorhídrico en el estómago?

a) Vitamina D.
b) Vitamina B3
c) Vitamina B6.
d) Vitamina A.

55. ¿Qué vitamina es fundamental para la visión?

a) A.
b) B.
c) C.
d) D.

56. ¿Qué vitamina interviene en la formación de colágeno?

a) A.
b) B.
c) C.
d) D.

57. ¿Qué es la riboflavina?

a) Una proteína.
b) Vitamina B2 .
c) Vitamina E.
d) Una parte de las grasas.

58. ¿Qué elemento químico no es obligatorio o esencial en la composición de los azúcares?

a) C.
b) H.
c) O.
d) N.

59. ¿Qué composición de fibras vegetales es soluble?

a) Agar-agar.
b) Lignina.
c) Celulosa.
d) Hemicelulosa.

60. ¿Cuántos aminoácidos esenciales hay en la especie humana?

a) 20.
b) 15.
c) 8.
d) 4.

61. ¿Qué otro nombre recibe la vitamina C?

a) Riboflavina.
b) Piridoxina.
c) Ácido ascórbico.
d) Tocoferol.

62. ¿Qué vitamina es antihemorrágica?

a) La vitamina A.
b) La vitamina B12.

c) La vitamina D.
d) La vitamina K.

63. ¿Qué son los aditivos alimentarios?

a) Sustancias que se añaden a los alimentos, de manera intencionada, con el objetivo de modificar o mejorar sus cualidades.
b) Sustancias que se añaden a los alimentos, de manera intencionada, sin que se modifiquen sus cualidades.
c) Sustancias presentes en el alimento de manera accidental.
d) Son los principales ingredientes de cualquier alimento conservado.

64. ¿Qué representa la pirámide de los alimentos en su base?

a) Alimentos de consumo frecuente.
b) Alimentos y bebidas para los que se recomienda un consumo opcional, más ocasional y moderado.
c) Actividad física y equilibrio emocional entre otros.
d) Todas las respuestas son correctas.

65. En la obtención de las mantecas y sebos se permitirá:

a) Lavado con agua.
b) Secado y oreo.
c) Refinación.
d) Todas son correctas.

66. ¿Cómo se denomina la grasa que procede del fruto del cocotero adecuadamente refinado de consistencia pastosa, o fluida, según la temperatura ambiente, de color blanco o de marfil?

a) Manteca de palma.
b) Manteca de cacao comestible.
c) Manteca de coco.
d) Aceite de palmiste.

67.La manteca en rama o en pella:

a) Es el producto obtenido por fusión de las grasas de depósito del ganado vacuno sacrificado en perfectas condiciones sanitarias.
b) Es la grasa que recubre los riñones del cerdo, mesenterios y epiplones, extraída directamente del animal.
c) Es la grasa obtenida calentando las grasas del cerdo a una temperatura máxima de 80 grados centígrados y depositada luego en moldes de los que toma su forma al enfriarse.
d) Es la grasa procedente de trozos de grasa recogida en el despiece y recortes, sometidos a la acción directa del vapor de agua.

68. ¿Qué acidez máxima tiene el aceite de orujo de oliva?

a) Su acidez máxima es 0.8º.
b) Su acidez máxima es 1º.
c) Su acidez máxima es 2º.
d) Su acidez máxima es 1.5 º.

69. ¿Por dónde desciende el bolo alimenticio antes de llegar al estómago?

a) Cavidad bucal.
b) Esófago.
c) Intestino delgado.
d) Páncreas.

70. ¿Dónde ocurre la mayor parte de la absorción de nutrientes?

a) En el intestino delgado.
b) En el intestino grueso.
c) En el estómago.
d) En el esófago.

71. ¿Cómo se denominan las reacciones que degradan los nutrientes para obtener otras moléculas?

a) Anabolismo.
b) Catabolismo.
c) Metabolismo.
d) Todas las respuestas son correctas.

72. ¿Qué alimento puede producir un daño al consumidor?

a) Nocivo.
b) Alterado.
c) Contaminado.
d) Todas las respuestas son correctas.

73. ¿La leche en polvo puede ser desnatada?

a) Sí.
b) No, nunca.
c) Solo si es mezcla de vaca y oveja.
d) Solo en el caso de que se haya eliminado todo el azúcar.

74. ¿De qué tamaño es un huevo de 70 gramos?

a) S.
b) M.
c) L.
d) XL.

75. ¿Qué es el apio según el Código Alimentario Español?

a) Una raíz.
b) Un tallo joven.
c) Una especia.
d) Todas las respuestas son correctas.

76. ¿Qué es el tirabeque según el Código Alimentario Español?

a) Una raíz.
b) Una legumbre verde.
c) Una especia.
d) Una inflorescencia.

77. ¿Qué tipo de pescado son el lenguado y el rape?

a) Blanco o magro.
b) Semiblanco o semigraso.
c) Azul.
d) Graso.

78. ¿Cuál de los siguientes es un pescado semiblanco?

a) Cazón.
b) Salmón.
c) Besugo.
d) Boquerón.

79. ¿En qué categoría estaría la canal de buey?

a) A.
b) B.
c) C.
d) D.

80. ¿Qué carne está en la categoría de canal Z?

a) Añojo.
b) Ternera.
c) Vaca.
d) Toro.

81. ¿Cuál es la canal de referencia según el RD 815/2018, de 6 de julio?

a) Tipo I.
b) Tipo II.
c) Tipo III.
d) Tipo A.

82. ¿En qué categoría se incluyen las canales de ternera hembra de más de 12 meses parida?

a) Tipo II subtipo IIA.
b) Tipo II subtipo IIB.
c) Tipo III subtipo IIIA.
d) Tipo III subtipo IIIB.

83. ¿Qué es el sebo?

a) Mantequilla.
b) Grasa líquida.
c) Grasa sólida.
d) Carne de categoría tercera.

84. ¿Qué es el AOVE?

a) Aceite de oliva virgen extra.
b) Aceite de semillas.
c) Una grasa sólida.
d) Un condimento.

85. ¿Qué es el salvado?

a) Trigo entero.
b) Cáscara del grano de cereal desmenuzada por la molienda.
c) Cereales cocidos al vapor y aplanados.
d) Parte de la semilla de la que nacerá los brotes de la nueva planta.

86. ¿Qué tipo de reacción es el eccema?

a) Cutáneo.
b) Gastrointestinal.
c) Respiratorio.
d) Ocular.

87. Una sustancia activa en cantidades elevadas en un alimento produce reacciones adversas en el organismo. ¿De qué mecanismo se trata?

a) Enzimático.
b) Farmacológico.
c) Biológico.
d) Indeterminado.

88. ¿Qué tipo de microorganismo provoca la enfermedad de Minamata?

a) Virus.
b) Bacteria.

c) Hongo.
d) Ninguno.

89. ¿Cuál es la causa de la aparición del quiste hidatídico?

a) Bacteria.
b) Parásito.
c) Insecto.
d) Virus.

90. ¿Qué tamaño tendrá el plato testigo?

a) Será una muestra microscópica.
b) Será la cantidad equivalente a una GN1/1.
c) Será como una ración.
d) Equivaldrá a 10 raciones.

91. ¿Qué dato no debe figurar en la muestra testigo?

a) Fecha de toma de la muestra.
b) Alimento de donde procede.
c) Fecha de consumo de la elaboración.
d) Envasado.

92. ¿Qué aspectos se deben vigilar en cocina?

a) Proceso.
b) Producto.
c) Temperatura.
d) Todas las respuestas son correctas.

93. ¿Cómo serán los envases para recogida de muestra testigo?

a) Estériles abiertos.
b) Estériles cerrados.
c) De plástico y con tapa.
d) No hay requisitos específicos.

94. ¿En qué caso se debe recoger una muestra testigo?

a) Cuando haya un brote alimentario.
b) Cuando hay más de 50 comensales.
c) Cuando se trata de un Hospital exclusivamente.
d) Siempre en restauración colectiva.

95. ¿En qué producto hay alérgenos de origen vegetal?

a) Soja.
b) Cacahuete.

c) Altramuz.
d) Todas las respuestas son correctas.

96. ¿En qué alimento puede haber alérgenos de la mostaza?

a) Curry.
b) Crackers.
c) Sésamo.
d) Cuscus.

97. ¿Cuál es la primera fase de la reacción alérgica mediada por IgE?

a) Reacción.
b) Alergia.
c) Sensibilización.
d) Respuesta.

Solución al test n.º 6

1. d) Cafeína.

2. b) Los derivados cárnicos son productos alimenticios preparados total o parcial-mente con carnes o despojos sometidos a operaciones específicas.

3. a) Aquellos animales que viven en el agua y son comestibles.

4. c) El pescado fresco tiene mayor valor nutritivo que el congelado.

5. d) Cuando no ha sido refrigerado ni conservado por ningún método.

6. c) Averiado.

7. b) Legumbres.

8. c) Morcillo.

9. a) Extra.

10. b) Bacon.

11. a) Derivado de la leche entera o desnatada, obtenido por fermentación.

12. a) A.

13. b) Debe recibir algún tratamiento térmico.

14. c) Leche fermentada.

15. a) La leche esterilizada es leche natural, sometida a un proceso tecnológico tal, que asegure la destrucción de los microorganismos y la inactividad de sus formas de resistencia.

16. d) Todas son correctas.

17. b) Es el principal componente proteico de la leche.

18. b) Animales alimentados solo de leche.

19. c) Capón.

20. b) Está averiado.

21. c) Legumbres frescas.

22. b) Ajo, cebolla y puerro.

23. d) Un tubérculo.

24. a) Aceites y grasas.

25. c) Frutas carnosas.

26. c) Todo producto que, sin fines engañosos o fraudulentos, pretenda sustituir en todo o en parte a un alimento.

27. a) Eliminación de agua.

28. b) Sí, en una proporción inferior al 10 % en peso.

29. a) Lechón.

30. d) Redondo, contra y rabillo de cadera.

31. c) 63-73 g.

32. c) Fraccionamiento.

33. a) Legumbre fresca.

34. c) Una proteína.

35. a) Se extrae por procedimientos mecánicos, en frío, y se somete a sedimentación y filtración.

36. b) La leche de vaca.

37. c) Es la leche natural sometida a un proceso tecnológico autorizado.

38. a) Poseen las mismas características de composición establecidas para la leche higienizada.

39. d) Todas las anteriores.

40. b) Un 50 % en peso de grasa.

41. d) Todas las anteriores.

42. a) Fresco, afinado, madurado o fermentado.

43. d) Todos los anteriores.

44. b) Canal.

45. b) Buey.

46. d) Todas las anteriores.

47. b) Glucosa y fructosa.

48. c) Ácidos grasos saturados.

49. b) Yema de huevo.

50. c) Las proteínas.

51. b) Pertenecen al grupo V de los alimentos reguladores.

52. a) Reserva energética.

53. b) Estructural.

54. c) Vitamina B6.

55. a) A.

56. c) C.

57. b) Vitamina B2.

58. d) N.

59. a) Agar-agar.

60. c) 8.

61. c) Ácido ascórbico.

62. d) La vitamina K.

63. a) Sustancias que se añaden a los alimentos, de manera intencionada, con el objetivo de modificar o mejorar sus cualidades.

64. c) Actividad física y equilibrio emocional entre otros.

65. d) Todas son correctas.

66. c) Manteca de coco.

67. b) Es la grasa que recubre los riñones del cerdo, mesenterios y epiplones, extraída directamente del animal.

68. c) Su acidez máxima es 2º.

69. b) Esófago.

70. a) En el intestino delgado.

71. b) Catabolismo.

72. d) Todas las respuestas son correctas.

73. a) Sí.

74. d) XL.

75. b) Un tallo joven.

76. b) Una legumbre verde.

77. a) Blanco o magro.

78. c) Besugo.

79. c) C.

80. b) Ternera.

81. a) Tipo I.

82. d) Tipo III subtipo IIIB.

83. c) Grasa sólida.

84. a) Aceite de oliva virgen extra.

85. b) Cáscara del grano de cereal desmenuzada por la molienda.

86. a) Cutáneo.

87. b) Farmacológico.

88. d) Ninguno.

89. b) Parásito.

90. c) Será como una ración.

91. c) Fecha de consumo de la elaboración.

92. d) Todas las respuestas son correctas.

93. b) Estériles cerrados.

94. d) Siempre en restauración colectiva.

95. d) Todas las respuestas son correctas.

96. a) Curry.

97. c) Sensibilización.

TEST N.º 7

Modelos de cocina centralizada: línea fría y línea caliente. Características. Métodos de elaboración y conservación. Distribución de comidas preparadas en los centros hospitalarios. Servicio de comidas en centros residenciales

1. Según la fase de preparación en que se encuentren los alimentos, se puede hablar de gamas. ¿A qué gama pertenecen los productos congelados no cocinados?

a) Primera gama.
b) Segunda gama.
c) Tercera gama.
d) Cuarta gama.

2. El sistema de producción en cadena caliente consiste en elaborar los platos en el momento en que van a ser consumidos. Debemos asegurarnos siempre que el centro del producto alcance los:

a) 55 – 60 ºC.
b) 65 – 70 ºC.
c) 80 – 85 ºC.
d) 100 ºC.

3. Un inconveniente de la cadena o línea caliente es:

a) No se puede aplicar a todo tipo de alimentos.
b) No permite improvisar el menú.
c) El traslado de los platos elaborados a grandes distancias resulta imposible, ya que la comida no se serviría a la temperatura adecuada, o en su punto de cocción.
d) Requiere maquinaria específica de alta productividad.

4. El sistema de producción en cadena fría:

a) Consiste en la elaboración de postres fríos y helados.
b) Consiste en la elaboración de alimentos a partir de productos congelados.

c) Consiste en la elaboración de los alimentos con antelación y su conservación en frío hasta el momento de su consumo.

d) Consiste en la elaboración de ensaladas frescas.

5. En la cadena fría congelada:

a) Tras su elaboración, los alimentos deben pasar desde los 100 °C que debe haber como mínimo en el centro del producto, hasta 0 °C, en un tiempo no superior a 6 horas y media.

b) Tras su elaboración, los alimentos deben pasar desde los 75 °C que debe haber como mínimo en el centro del producto, hasta -18 °C, en un tiempo no superior a 4 horas y media.

c) Tras su elaboración, los alimentos deben pasar desde los 85 °C que debe haber como mínimo en el centro del producto, hasta -10 °C, en un tiempo no superior a 4 horas.

d) Tras su elaboración, los alimentos deben pasar desde los 65 °C que debe haber como mínimo en el centro del producto, hasta -25 °C, en un tiempo no superior a 5 horas y media.

6. Un abatidor de temperatura:

a) Es un sistema de enfriamiento mecánico o criogénico que hace que la temperatura del alimento disminuya desde los 65 – 70 °C que alcanza tras la cocción, hasta un máximo de 10 °C.

b) Es un sistema de enfriamiento mecánico o criogénico que permite la congelación de los alimentos.

c) Mantiene el alimento a temperatura constante de –18 °C o –20 °C.

d) Es un sistema que permite la pasteurización de los alimentos aplicando altas temperaturas.

7. En la cadena fría refrigerada el producto terminado se almacenará en cámaras que lo mantendrán:

a) Entre 0 y 3 °C.

b) A una temperatura mínima de 5 °C.

c) A una temperatura máxima de 5 °C.

d) A temperatura ambiente.

8. Señala la afirmación correcta sobre los alimentos cocinados en cadena fría refrigerada:

a) No deberán transcurrir más de 5 días desde su elaboración hasta su consumo, siempre que se mantenga una temperatura entre 0 y 3 °C.

b) En caso de que la temperatura superase los 5 °C, pero no los 10 °C durante períodos cortos, la comida se consumirá en un plazo máximo de 12 horas.

c) Si sobrepasa los 10 °C en algún momento, debe desecharse porque no se asegura que mantenga sus propiedades nutritivas, higiénico-sanitarias y organolépticas intactas.

d) Todas son correctas.

9. El sistema de producción que utiliza productos de 4.ª y 5.ª gama se denomina:

a) Cocina 45.
b) Cocina de ensamblaje.
c) Cadena fría refrigerada.
d) Cocina de gama baja.

10. El aumento de temperatura al cocer los alimentos produce, entre otros, el siguiente cambio nutritivo:

a) Los almidones se gelatinizan, dando una textura suave.
b) Las proteínas se coagulan, lo que las hace menos digestivas.
c) Las vitaminas multiplican su efecto gracias al calor, lo que supone aumento del valor nutritivo del alimento.
d) Todas son correctas.

11. Señala la afirmación correcta sobre la fritura:

a) Es conveniente que la temperatura del aceite sea más baja cuando el alimento es blando en su interior.
b) Durante la fritura sobre el producto se forma una corteza porosa, por la que se pierde agua del interior del alimento, que será sustituida por aceite.
c) En la fritura por contacto el contenido en grasas es mayor que en la fritura por inmersión.
d) Todas son correctas.

12. Consiste en sumergir la materia prima en agua caliente durante un tiempo corto. ¿De qué método de elaboración hablamos?

a) Asado.
b) Escaldado.
c) Baño María.
d) Cocción al vapor.

13. La cocción al vacío es:

a) Una elaboración a baja temperatura y durante un tiempo prolongado.
b) Una elaboración a baja temperatura y durante un tiempo corto.
c) Una elaboración a alta temperatura y durante un tiempo prolongado.
d) Una elaboración a alta temperatura y durante un tiempo corto.

14. Los métodos de conservación de alimentos irán encaminados a:

a) Impedir o retardar el desarrollo, multiplicación y actividad microbiana, para alargar así la vida del producto alimenticio.
b) Acelerar la fase de muerte en el ciclo de desarrollo de los microorganismos.

c) Ayudar a que el ciclo de desarrollo de los microorganismos permanezca en fase estacionaria.

d) Ayudar a que el ciclo de desarrollo de los microorganismos permanezca en fase de crecimiento exponencial.

15. Se engloban bajo la denominación de "congelados" todos los productos alimenticios conservados por frío, a temperaturas bajo 0:

a) Al menos -10 ºC.
b) Al menos -18 ºC.
c) Al menos -20 ºC.
d) Al menos -28 ºC.

16. Para garantizar la calidad de un alimento que se conserva por congelación debemos tener en cuenta que:

a) Cuando se compran productos frescos para congelar se elegirán materias primas de buena calidad.

b) Es necesario que el tiempo que el alimento permanezca sin congelar sea mínimo.

c) La descongelación se debe realizar siempre en refrigeración, o empleando el microondas.

d) Todas son correctas.

17. El "punto" de los platos será:

a) Arroz: al dente.
b) Pasta: entera.
c) Patata: bien cocida, sin desmoronamiento.
d) Legumbres: bien cocidas, que se desprenda la piel.

18. La congelación es, tras la refrigeración, el sistema de conservación más utilizado en la actualidad. Entre sus ventajas podemos citar:

a) Permite adquirir grandes cantidades de alimentos.

b) Disponer de muchos productos fuera de temporada.

c) Ofrece la comodidad de disponer de platos elaborados con antelación, que se regeneran en un tiempo breve para su consumo.

d) Todas son correctas.

19. Tras la descongelación de un alimento:

a) Hay una disminución del aporte energético.

b) Hay una disminución del aporte nutricional.

c) Una vez regenerado y listo para el consumo, tendrá una textura, color, olor y sabor similares a los que tenía antes de la congelación.

d) Todas son correctas.

20. Señala la afirmación correcta:

a) Es más seguro adquirir alimentos frescos para congelar después que productos congelados.

b) Si se congelan productos líquidos, o que lleven agua añadida, se dejará espacio suficiente en el envase para soportar la dilatación por el frío.

c) No se pueden congelar productos líquidos.

d) Aunque el proceso de congelación y descongelación sea adecuado, las características higiénicas, nutritivas y organolépticas del producto final a la hora de consumirlo serán muy diferentes a las que tenía antes de su congelación.

21. Señala la afirmación incorrecta:

a) Cualquier producto que se vaya a congelar debe ir envasado, cerrado herméticamente, o protegido con material adecuado.

b) Es importante etiquetar los alimentos, indicando el contenido, y la fecha de congelación.

c) Se realizará la limpieza e higienización periódica de las cámaras que garantice unas condiciones adecuadas para la conservación de los alimentos por un tiempo prolongado.

d) Al congelar platos cocinados, debemos introducirlos en el congelador inmediatamente después de su elaboración, aun calientes, pues si lo dejamos enfriar a temperatura ambiente estaremos favoreciendo la contaminación por microorganismos.

22. ¿Para qué tipo de alimento se recomienda la congelación como método de conservación?

a) Fruta.
b) Verdura.
c) Carne.
d) Pescado.

23. ¿En qué tipo de congelador el producto recibe aire más frío a la entrada que a la salida, de manera que lo primero que se congela es la superficie, impidiendo la deshidratación?

a) Congelador de lecho fluidizado.
b) Congelador de banda espiral.
c) Congelador de choque.
d) Congelador de circulación dividida de aire.

24. ¿Qué tipo de congelador es un congelador de choque?

a) Congelador de aire forzado.
b) Congelador de aire ionizado.
c) Congelador de contacto directo.
d) Congelador de contacto indirecto.

25. Para la descongelación debemos tener en cuenta:

a) Cuando el alimento está fraccionado se descongelará bajo el chorro de agua para que no pierda nutrientes.

b) En el caso de materias primas congeladas, la descongelación se podrá hacer en hornos convencionales, microondas, a vapor o en hornos a convección.

c) Si es un alimento cocinado la descongelación solo podrá hacerse en cámaras de refrigeración a unos 2 ºC.

d) Cuando se trata de comidas elaboradas se deben regenerar inmediatamente antes de su consumo y alcanzar una temperatura en el interior del alimento de 70 ºC, manteniéndola a dicha temperatura hasta su utilización.

26. A la hora de descongelar un alimento debemos tener en cuenta:

a) Generalmente todos los alimentos se deben descongelar en el frigorífico, ya que las partes externas se descongelan más deprisa que el interior, y la descongelación a temperatura ambiente facilitará el desarrollo de microorganismos en la superficie.

b) No debemos descongelar un alimento en un lugar cálido o debajo del chorro de agua, ni dejarlo fuera del frigorífico durante toda la noche.

c) Antes de descongelar un alimento, debemos calcular la cantidad que vamos a utilizar y cuándo lo vamos a cocinar, teniendo siempre en cuenta que una vez descongelado nunca debemos guardarlo en el frigorífico más de 24 horas.

d) Todas son correctas.

27. La descongelación parcial:

a) Se usa para fabricar porciones individuales congeladas a partir de productos congelados.

b) Es necesaria para efectuar sin dificultad operaciones como el deshuesado de carcasas de aves, piezas de carne, etc.

c) Consiste en elevar la temperatura del producto hasta 0 ºC, y luego volver a recongelar.

d) Todas son correctas.

28. A la hora de usar productos que han sido congelados debemos tener en cuenta que:

a) Las verduras y hortalizas congeladas tardan más tiempo en cocerse que las frescas.

b) El pan se puede descongelar a temperatura ambiente o metiéndolo en el horno para que quede más crujiente.

c) Las pastas y bollos no se pueden congelar.

d) Los pescados y las carnes descongeladas, tardan menos tiempo en hacerse que los frescos.

29. ¿Cuál de estos alimentos puede conservarse refrigerado durante más tiempo?

a) Carnes.

b) Verduras y hortalizas.

c) Huevos.
d) Productos elaborados.

30. ¿Qué método de conservación consiste en someter al producto a una temperatura elevada, para bajarla después a temperatura de refrigeración en un tiempo corto?

a) Esterilización.
b) Pasteurización.
c) Liofilización.
d) Deshidratación.

31. ¿Qué tipo de pasteurización es conocida por las siglas UHT (Ultra High Temperature)?

a) Pasteurización baja.
b) Pasteurización discontinua.
c) Pasteurización HTST.
d) Uperización.

32. La esterilización es un método térmico por el que se destruyen los microorganismos patógenos y los no patógenos presentes en un alimento. ¿Para qué tipo de alimentos se usa principalmente?

a) Conservas y lácteos.
b) Alimentos precocinados.
c) Fruta y verdura.
d) Carnes y pescados frescos.

33. ¿Cuál de los siguientes sistemas de esterilización es más adecuado para productos líquidos y semilíquidos?

a) Autoclave estática.
b) Autoclave con agitación.
c) Esterilizador a presión hidrostática.
d) Esterilización directa a la llama.

34. ¿A qué tipo de esterilizador corresponde la siguiente descripción? "Es un tubo en forma de "U", abierto en ambos extremos. Una rama del tubo lleva agua caliente y la otra lleva agua fría. El producto entra por la rama caliente y sale por la rama fría, de manera que es sometido a un proceso gradual de calentamiento y posterior enfriamiento"

a) Autoclave estática.
b) Autoclave con agitación.
c) Esterilizador a presión hidrostática.
d) Esterilización directa a la llama.

35. ¿Qué método se usa habitualmente para la deshidratación de frutos secos?

a) Desecación natural.
b) Deshidratación artificial.
c) Atomización.
d) Deshidratación de sólidos.

36. La liofilización:

a) Es una desecación en la que se produce el paso de sólido a gas sin pasar por líquido.
b) Al ser un proceso barato se está extendiendo su uso en la industria alimentaria.
c) Permite almacenar en producto en menor espacio dentro de las cámaras frigoríficas.
d) Es un proceso muy utilizado para la conservación de grandes piezas de carne.

37. La salmuera líquida se usa principalmente para:

a) Pescados (anchoa, bacalao).
b) Jamones.
c) Fiambres y beicon.
d) Frutos secos.

38. Señala la afirmación correcta sobre el ahumado en frío:

a) En primer lugar, se somete el producto a la acción del humo a una temperatura de entre 5 y 10 ºC, durante un tiempo variable según el grosor del mismo.
b) Se emplea esta técnica para productos de menor duración como las morcillas, o las salchichas.
c) Se utiliza esta técnica para alimentos de larga conservación: queso, jamón, salmón, etc.
d) Las opciones a) y c) son correctas.

39. El adobo se utiliza para carnes y pescados, y su efecto consiste en:

a) Tras introducirlos durante un tiempo en el adobo, se conservarán en refrigeración por un plazo no muy largo, pero mayor que la vida útil del producto crudo.
b) Se consigue ablandar la carne.
c) Enriquece el sabor del alimento, considerándose hoy en día más que un sistema para conservación, un método culinario.
d) Todas son correctas.

40. Consiste en someter a los alimentos de origen vegetal a la acción del vinagre, con o sin sal, azúcares u otros condimentos. Hablamos de:

a) Adobos.
b) Escabeche.
c) Encurtidos.
d) Salmuera.

41. El confitado:

a) Consiste en cocinar el alimento con su propia grasa o grasa añadida si es necesario, de manera que quede cubierto completamente para protegerlo de los microorganismos.

b) Es un método de conservación de frutas, que consiste en cocerla con azúcar para aumentar su concentración e impedir el crecimiento bacteriano.

c) Consiste en someter los alimentos de origen animal crudos, cocidos o fritos a la acción del vinagre, la sal y otros condimentos, que impiden el desarrollo de los microorganismos por hacer que las condiciones sean inadecuadas.

d) Consiste en utilizar humo de la combustión incompleta de determinadas maderas para conservar los alimentos.

42. El Real Decreto 1334/1999, de 31 de julio no se considera ingrediente:

a) Los componentes de un ingrediente que en el curso del proceso de fabricación se hayan eliminado temporalmente para reincorporarlos después en cantidad que no sobrepase el contenido inicial.

b) Los coadyuvantes tecnológicos.

c) Las sustancias utilizadas en las dosis estrictamente necesarias como disolventes o soportes para aditivos, enzimas y aromas.

d) Todas son correctas.

43. El etiquetado de los productos alimenticios requerirá una serie de indicaciones obligatorias, según el Real Decreto 1334/1999, de 31 de julio, señala la que no aparece en dicho Real Decreto:

a) La lista de ingredientes.

b) El grado alcohólico en las bebidas con una graduación superior en volumen al 5 %.

c) La fecha de duración mínima o la fecha de caducidad.

d) El lugar de origen o procedencia.

44. Los carros isotérmicos:

a) Están aislados térmicamente, pero aun así tienen el inconveniente de que los alimentos se enfrían durante su traslado.

b) Tienen sistemas de calentamiento de las bandejas, y sensores de temperatura.

c) Son carros utilizados para el sistema de cadena fría.

d) Regeneran los alimentos mediante un sistema de transmisión de calor de alto rendimiento.

45. Las bandejas abiertas se utilizan con frecuencia para la distribución de:

a) Alimentos calientes sólidos.

b) Desayunos, alimentos fríos, y fritos.

c) Dietas especiales.

d) Las bandejas abiertas no se usan en el ámbito hospitalario.

46. Señala la afirmación correcta sobre la recogida de los servicios:

a) La recogida de bandejas la realiza el personal de enfermería.
b) Para ello se utilizan unos carros especiales de «debarasaje» o recogida.
c) Los alimentos que no han sido tocados por los pacientes no se desecharán.
d) Todas son correctas.

47. Una ventaja de la distribución centralizada es:

a) Al ser rápido permite atender demandas puntuales o imprevistas como el servicio de más menús, o platos adicionales.
b) Permite la distribución a Centros que se encuentran a cierta distancia, utilizando los vehículos adecuados.
c) No requiere un equipamiento específico ni de tecnología avanzada.
d) Todas son correctas.

48. En la planificación de dietas en centros residenciales deben considerarse características como:

a) Viabilidad: La dieta debe adaptarse a los recursos humanos, técnicos y económicos con los que cuenta el centro para su puesta en práctica.
b) Eficacia: Las dietas deben tener el efecto terapéutico perseguido y cumplir el fin para el que han sido diseñadas.
c) Hábitos alimentarios: Adaptación de los menús a los hábitos, preferencias y necesidades de los residentes.
d) Todas son correctas.

49. Las Guías alimentarias establecen unas recomendaciones de ingesta energética para las personas mayores de 70 años. Señala lo incorrecto:

a) Hombres de 70-79: 2200 calorías.
b) Hombres >80: 2000 calorías.
c) Mujeres de 70-79: 2100 calorías.
d) Mujeres >80: 1700 calorías.

50. Señala la afirmación correcta acerca de las normas sobre higiene alimentaria:

a) Los aspectos más destacables a controlar del almacenamiento son: temperatura, colocación, rotación y limpieza.
b) La regla básica de todo manipulador de alimentos es la higiene personal antes de empezar el trabajo y durante la realización del mismo.
c) La regla más importante en cuanto a limpieza se refiere, se resume en limpiar a medida que se va trabajando, de este modo se previenen las contaminaciones cruzadas.
d) Todas son correctas.

51. Los alimentos deben permanecer a una temperatura:

a) Superior a los 55 ºC medidos en el núcleo del alimento.
b) Inferior a los 55 ºC medidos en el núcleo del alimento.

c) Inferior a los 65 °C medidos en el núcleo del alimento.

d) Superior a los 65 °C medidos en el núcleo del alimento.

52. Las características básicas que se deben considerar en la planificación de dietas son:

a) Viabilidad.

b) Eficacia.

c) Criterios dietéticos y gastronómicos.

d) Todas las anteriores se deben considerar en la planificación de dietas.

53. La dieta basal es definida como:

a) El plan alimentario aplicado a un individuo sano que no exige una modificación específica según edad, sexo y grado de actividad física.

b) La indicada a las personas que necesitan muy poca estimulación.

c) Aquella que está compuesta por alimentos de textura líquida y pastosa.

d) La que se usa en la transición de una dieta semilíquida a una normal.

54. La elaboración de unas guías de buenas prácticas de higiene contemplará los siguientes apartados:

a) Recepción y almacenamiento de materias primas y Preparación y elaboración de los alimentos.

b) Transporte y Limpieza de instalaciones, equipos y utensilios.

c) Almacenamiento y evacuación de residuos y Higiene personal y formación.

d) Todas las anteriores se deben de contemplar.

55. Señale la incorrecta. En el recetario en la Planificación del manual de dietas en el que figuren los platos que se van a utilizar en la preparación se debe especificar:

a) Resultados que se quieren conseguir al pautar la dieta.

b) Nombre del plato.

c) Ingredientes o componentes del plato.

d) Cantidad de ingrediente por ración.

56. En las Fichas Técnicas de cada una de las dietas incluidas en el manual se debe aportar la información sobre:

a) Denominación genérica de la dieta que aluda al perfil nutricional más que a la patología específica a la que va dirigida, y que especifique el aporte de distintos nutrientes, así como sus restricciones.

b) Resultados que se quieren conseguir al pautar la dieta.

c) Aspectos centrales de la información nutricional de la dieta.

d) Todas las anteriores son correctas.

57. Suponen un riesgo de baja ingesta de micronutrientes, que no permite cubrir los requerimientos nutricionales los aportes menores de:

a) 1800 Kcal/día.
b) 1700 Kcal/día.
c) 1400 Kcal/día.
d) 1500 Kcal/día.

58. Los aspectos más destacables a controlar del almacenamiento son:

a) Temperatura.
b) Colocación.
c) Rotación y limpieza.
d) Todos los anteriores son correctos.

Solución al test n.º 7

1. c) Tercera gama.

2. b) 65 – 70 ºC.

3. c) El traslado de los platos elaborados a grandes distancias resulta imposible, ya que la comida no se serviría a la temperatura adecuada, o en su punto de cocción.

4. c) Consiste en la elaboración de los alimentos con antelación y su conservación en frío hasta el momento de su consumo.

5. b) Tras su elaboración, los alimentos deben pasar desde los 75 ºC que debe haber como mínimo en el centro del producto, hasta -18 ºC, en un tiempo no superior a 4 horas y media.

6. a) Es un sistema de enfriamiento mecánico o criogénico que hace que la temperatura del alimento disminuya desde los 65 – 70 ºC que alcanza tras la cocción, hasta un máximo de 10 ºC.

7. a) Entre 0 y 3 ºC.

8. d) Todas son correctas.

9. b) Cocina de ensamblaje.

10. a) Los almidones se gelatinizan, dando una textura suave.

11. b) Durante la fritura sobre el producto se forma una corteza porosa, por la que se pierde agua del interior del alimento, que será sustituida por aceite.

12. b) Escaldado.

13. a) Una elaboración a baja temperatura y durante un tiempo prolongado.

14. a) Impedir o retardar el desarrollo, multiplicación y actividad microbiana, para alargar así la vida del producto alimenticio.

15. b) Al menos -18 ºC.

16. d) Todas son correctas.

17. d) Legumbres: bien cocidas, que se desprenda la piel.

18. d) Todas son correctas.

19. c) Una vez regenerado y listo para el consumo, tendrá una textura, color, olor y sabor similares a los que tenía antes de la congelación.

20. b) Si se congelan productos líquidos, o que lleven agua añadida, se dejará espacio suficiente en el envase para soportar la dilatación por el frío.

21. d) Al congelar platos cocinados, debemos introducirlos en el congelador inmediatamente después de su elaboración, aun calientes, pues si lo dejamos enfriar a temperatura ambiente estaremos favoreciendo la contaminación por microorganismos.

22. d) Pescado.

23. d) Congelador de circulación dividida de aire.

24. a) Congelador de aire forzado.

25. d) Cuando se trata de comidas elaboradas se deben regenerar inmediatamente antes de su consumo y alcanzar una temperatura en el interior del alimento de 70 ºC, manteniéndola a dicha temperatura hasta su utilización.

26. d) Todas son correctas.

27. b) Es necesaria para efectuar sin dificultad operaciones como el deshuesado de carcasas de aves, piezas de carne, etc.

28. b) El pan se puede descongelar a temperatura ambiente o metiéndolo en el horno para que quede más crujiente.

29. c) Huevos.

30. b) Pasteurización.

31. d) Uperización.

32. a) Conservas y lácteos.

33. b) Autoclave con agitación.

34. c) Esterilizador a presión hidrostática.

35. a) Desecación natural.

36. a) Es una desecación en la que se produce el paso de sólido a gas sin pasar por líquido.

37. c) Fiambres y beicon.

38. d) Las opciones a) y c) son correctas.

39. d) Todas son correctas.

40. c) Encurtidos.

41. a) Consiste en cocinar el alimento con su propia grasa o grasa añadida si es necesario, de manera que quede cubierto completamente para protegerlo de los microorganismos.

42. d) Todas son correctas.

43. d) El lugar de origen o procedencia.

44. a) Están aislados térmicamente, pero aun así tienen el inconveniente de que los alimentos se enfrían durante su traslado.

45. b) Desayunos, alimentos fríos, y fritos.

46. b) Para ello se utilizan unos carros especiales de «debarasaje» o recogida.

47. b) Permite la distribución a Centros que se encuentran a cierta distancia, utilizando los vehículos adecuados.

48. d) Todas son correctas.

49. c) Mujeres de 70-79: 2100 calorías.

50. d) Todas son correctas.

51. d) Superior a los 65 ºC medidos en el núcleo del alimento.

52. d) Todas las anteriores se deben considerar en la planificación de dietas.

53. a) El plan alimentario aplicado a un individuo sano que no exige una modificación específica según edad, sexo y grado de actividad física.

54. d) Todas las anteriores se deben de contemplar.

55. a) Resultados que se quieren conseguir al pautar la dieta.

56. d) Todas las anteriores son correctas.

57. d) 1500 Kcal/día.

58. d) Todos los anteriores son correctos.

TEST N.º 8

El almacén: Fundamentos y razón de ser. El aprovisionamiento. Funciones y actividades de almacén. Tipología de almacenes: General y Asistencial. Actividades y funciones en almacén: Del Personal de servicios generales

1. Señala la respuesta correcta. Función logística a través de la cual una compañía se provee de todo el material preciso para su adecuado funcionamiento:

a) Gestión de stoks.
b) Almacenamiento.
c) Aprovisionamiento.
d) Inventario.

2. ¿A qué función del almacén se refiere el picking?

a) Recepción.
b) Almacenaje y mantenimiento.
c) Preparación de pedidos.
d) Expedición.

3. Señala la respuesta correcta. Operación que consiste en dotar a la mercancía de unas indicaciones para identificarla:

a) Etiquetado.
b) Embalaje.
c) Precintado.
d) Expedición.

4. Fase del aprovisionamiento en la que se atiende a las necesidades de los usuarios:

a) Compra.
b) Almacenamiento.
c) Distribución.
d) Obtención.

5. Fase del aprovisionamiento en que se ubican y custodian en almacén los distintos artículos hasta que se entregan:

a) Gestión de stoks.
b) Almacenamiento.
c) Distribución.
d) Obtención.

6. Operaciones de mantenimiento en el almacén caracterizadas por realizarse manualmente, manipulándose en ellas un número reducido de productos:

a) Operaciones de mantenimiento simples.
b) Operaciones de mantenimiento originales.
c) Operaciones de mantenimiento primarias.
d) Operaciones de mantenimiento generales.

7. La preparación del pedido tiene un coste más elevado que el resto de actividades que se desarrollan en el almacén, debido a que:

a) Los costes de mantenimiento recaen siempre sobre la carga agrupada y no sobre las unidades individualizadas.
b) Se ha de realizar de forma manual.
c) En la mayoría de las ocasiones, las unidades de expedición no coinciden con las recibidas.
d) El proceso está totalmente mecanizado.

8. Es función de la jefatura de almacén:

a) Controlar las existencias en el almacén.
b) Control diario del stock de seguridad y puntos de pedido.
c) Gestión de registro de entrada y salida de los materiales.
d) Reclamación de mercancía pendiente de entrega.

9. Es función del personal de servicios generales en el almacén:

a) Gestión, archivo y cierre de albaranes.
b) Manipular y trasladar las muestras de los concursos públicos para la adquisición de materiales.
c) Impresión de etiquetas y listados.
d) Control y tramitación de productos en débito.

10. ¿Cuál de los siguientes almacenes tiene como función dividir pedidos grandes para adaptarlos a las necesidades de múltiples clientes?

a) Almacén de consolidación.
b) Almacén de materias primas.

c) Almacén de división de envíos o de ruptura.
d) Almacén de tránsito.

11. ¿Qué tipo de almacén recibe productos y los envía rápidamente sin almacenarlos a largo plazo?

a) Almacén de Cruce (Cross-Docking).
b) Almacén central.
c) Almacén cubierto.
d) Almacén de preparación de pedidos.

12. ¿Qué almacén está destinado exclusivamente a guardar el resultado final del proceso de transformación?

a) Almacén de materias primas.
b) Almacén de productos terminados.
c) Almacén regional.
d) Almacén virtual.

13. ¿Cuál de los siguientes almacenes se ubica cerca del punto de consumo final y recibe grandes cargas para distribuirlas en volúmenes pequeños?

a) Almacén central.
b) Almacén regional.
c) Almacén abierto.
d) Almacén de tránsito.

14. ¿Qué tipo de almacén permite el almacenaje de productos expuestos a la intemperie?

a) Almacén cubierto.
b) Almacén fiscal especial.
c) Almacén abierto.
d) Almacén de tránsito.

15. ¿Cuál es una característica clave del almacén mecanizado?

a) Se emplean carros manuales.
b) Tiene estanterías de baja altura.
c) Uso de equipos automatizados y mínima intervención humana.
d) No requiere que las unidades de carga tengan dimensiones iguales.

16. ¿Cuál de estos elementos debe cumplir un almacén sanitario general en cuanto a infraestructura?

a) Disponibilidad de oficinas.
b) Cámaras frigoríficas.

c) Espacio suficiente, organizado y con diseño eficiente.
d) Laboratorio propio.

17. ¿Qué función cumple la Unidad de Almacenes Asistenciales según el artículo 67?

a) Analizar las necesidades de las unidades.
b) Desarrollar sistemas de climatización.
c) Asegurar la calidad del agua potable.
d) Supervisar quirófanos.

18. ¿Qué factor influye directamente en el coste de transporte según la localización del almacén?

a) Disponibilidad de aparcamiento.
b) Altura del edificio.
c) Distancia de los proveedores al almacén.
d) Material del embalaje.

19. ¿Qué diseño interno busca minimizar movimientos innecesarios dentro del almacén?

a) Layout decorativo.
b) Layout eficiente.
c) Diseño vertical.
d) Espacio reducido.

20. ¿Cuál es una de las funciones del almacén sanitario general?

a) Fabricar materiales quirúrgicos.
b) Supervisar cirugías programadas.
c) Aprovisionamiento de los materiales a los diferentes servicios o unidades del centro.
d) Redactar manuales de procedimientos clínicos.

21. ¿Qué almacén sanitario se encarga del almacenamiento específico para un área como el quirófano o urgencias?

a) Almacén virtual.
b) Almacén sanitario asistencial.
c) Almacén mecanizado.
d) Almacén regional.

22. ¿Qué aspecto físico debe cumplir un almacén según se describe en el documento?

a) Tener mobiliario ergonómico para operarios.
b) Incorporar cámaras de vigilancia.

c) Tener un diseño eficiente que facilite la identificación y acceso a los productos.
d) Disponer de zonas verdes anexas.

23. ¿Qué sistema permite el seguimiento de inventarios en almacenes modernos?

a) Etiquetado con tiza.
b) Registro en hojas manuales.
c) Códigos de barras, RFID o sistemas de seguimiento por GPS.
d) Carteles luminosos.

24. ¿Qué tipo de almacén suele aplicar equipos y sistemas de almacenaje sencillos y se ubica entre el almacén regional y el lugar de consumo?

a) Almacén de consolidación.
b) Almacén de ruptura.
c) Almacén de tránsito.
d) Almacén de custodia.

25. ¿Cuál es el objetivo principal de un diseño eficiente del "layout" del almacén?

a) Reducir el personal contratado.
b) Cambiar la localización del almacén.
c) Maximizar el uso del espacio y facilitar el flujo de productos.
d) Aumentar el inventario al máximo posible.

26. ¿Cuál es uno de los factores a considerar en relación con el terreno para la localización del almacén?

a) Existencia de zonas verdes.
b) Posible revalorización del terreno.
c) Número de operarios disponibles.
d) Precio del gas natural.

27. ¿Qué determina el tipo de transporte a utilizar para el almacén?

a) Color de los vehículos.
b) La distancia a recorrer y los accidentes geográficos.
c) El horario laboral de los conductores.
d) El número de palets disponibles.

28. ¿Qué es el "racking"?

a) Un sistema de empaquetado.
b) Una técnica de transporte marítimo.

c) Un tipo de almacenamiento que aprovecha el espacio vertical.
d) Un protocolo de revisión de stocks.

29. ¿Qué almacén se define por no requerir edificación y estar delimitado por vallas o señales pintadas?

a) Almacén climatizado.
b) Almacén abierto.
c) Almacén virtual.
d) Almacén mecanizado.

Solución al test n.º 8

1. c) Aprovisionamiento.

2. c) Preparación de pedidos.

3. a) Etiquetado.

4. c) Distribución.

5. b) Almacenamiento.

6. a) Operaciones de mantenimiento simples.

7. c) En la mayoría de las ocasiones, las unidades de expedición no coinciden con las recibidas.

8. a) Controlar las existencias en el almacén.

9. b) Manipular y trasladar las muestras de los concursos públicos para la adquisición de materiales.

10. c) Almacén de división de envíos o de ruptura.

11. a) Almacén de Cruce (Cross-Docking).

12. b) Almacén de productos terminados.

13. b) Almacén regional.

14. c) Almacén abierto.

15. c) Uso de equipos automatizados y mínima intervención humana.

16. c) Espacio suficiente, organizado y con diseño eficiente.

17. a) Analizar las necesidades de las unidades.

18. c) Distancia de los proveedores al almacén.

19. b) Layout eficiente.

20. c) Aprovisionamiento de los materiales a los diferentes servicios o unidades del centro.

21. b) Almacén sanitario asistencial.

22. c) Tener un diseño eficiente que facilite la identificación y acceso a los productos.

23. c) Códigos de barras, RFID o sistemas de seguimiento por GPS.

24. c) Almacén de tránsito.

25. c) Maximizar el uso del espacio y facilitar el flujo de productos.

26. b) Posible revalorización del terreno.

27. b) La distancia a recorrer y los accidentes geográficos.

28. c) Un tipo de almacenamiento que aprovecha el espacio vertical.

29. b) Almacén abierto.

TEST N.º 9

Sistemas y métodos de almacenaje: Sistema Fijo. Sistema caótico. Sistema dinámico. Stocks. Seguimiento de existencias. Ubicación de materiales. Inventario. Procesos y procedimiento de trabajo: El flujo de materiales. Zonificación del almacén: La distribución interna. Almacenamiento y etiquetado. Apiladores y transpaletas: Funcionamiento y mantenimiento

1. El almacenamiento de los productos sueltos, es decir, de aquellos que no están estructurados en forma de unidades de carga, se llama:

a) Almacenamiento en bloque.
b) Almacenamiento a granel.
c) Almacenamiento desordenado.
d) Almacenamiento caótico.

2. NO es una característica del almacenamiento convencional:

a) Gran flexibilidad, que permite almacenar, por lo general, cualquier tipo de mercancía.
b) Muy dinámico ante los cambios, las modificaciones resultan rápidas y económicas.
c) Optimización del uso de máquinas, se utiliza un solo tipo de máquina para cargar, descargar, ubicar y desubicar.
d) Elevado aprovechamiento del volumen de almacenamiento y optimización de superficies y recorridos.

3. Variante en la gestión de carga del sistema de almacenamiento dinámico, en que la mercancía se carga y se descarga en un mismo pasillo donde la última caja va empujando siempre a la anterior:

a) Push-back.
b) Tradicional.
c) Combinado.
d) Automático.

4. ¿A qué tipo de almacenamiento se refiere el racking?

a) Almacenamiento a gran altura entre pasillos estrechos.
b) Almacenamiento formado por un pasillo central y dos grupos de estanterías a los lados.
c) Almacenamiento basado en un sistema de estanterías con rodillos que crean una pendiente ligeramente inclinada, por la que discurren las distintas mercancías paletizadas.
d) Almacenamiento que permite utilizar de manera eficiente el espacio vertical.

5. ¿Cómo se denomina el almacenamiento a hueco fijo?

a) Almacenamiento en bloque.
b) Almacenamiento caótico.
c) Almacenamiento a granel.
d) Almacenamiento ordenado.

6. Sistema de almacenamiento que permite un llenado al 100 % de un almacén:

a) Almacenamiento en bloque.
b) Almacenamiento caótico.
c) Almacenamiento a granel.
d) Almacenamiento ordenado.

7. El stock de un almacén es:

a) La cantidad de mercancías que se tienen en depósito.
b) La variedad, o referencias, o artículos que tiene una empresa.
c) La cantidad de bienes adquiridos por la empresa destinados a la venta sin transformación.
d) El sistema de control que la empresa realiza sobre el tráfico de las existencias.

8. Es característico de una alta rotación de stock:

a) Menor probabilidad de sufrir rotura de stock.
b) Es más fácil que las existencias se queden obsoletas.
c) Se pueden mantener unos precios más bajos por motivos comerciales.
d) Menores costes de emisión de pedidos y manipulación.

9. Fase en la tarea de suministro del almacén, que hace referencia a una necesaria adecuación de los medios con que es posible contar, a los servicios que han de prestar las instituciones:

a) Previsión de aprovisionamientos.
b) Planificación de adquisiciones.
c) Petición de material.
d) Control económico.

10. ¿Cuál de los siguientes métodos de valoración de existencias se basa en costes históricos?

a) FIFO.
b) LIFO.
c) PMP.
d) NIFO.

11. ¿Con cuál de los siguientes criterios de valoración de las salidas de existencias, se valoran las salidas al precio de coste de las más antiguas?

a) FIFO.
b) LIFO.
c) PMP.
d) NIFO.

12. ¿Con cuál de los siguientes criterios de valoración de las salidas de existencias, se valoran las salidas al precio de coste de las más nuevas?

a) FIFO.
b) LIFO.
c) PMP.
d) NIFO.

13. ¿En qué tipo de ubicación de materiales en el almacén cada mercancía tiene su espacio reservado?

a) Ubicación aleatoria.
b) Ubicación estática.
c) Ubicación sectorial.
d) Ubicación parcial.

14. Depreciación del valor que sufren los productos almacenados, como consecuencia de la irrupción en el mercado de productos nuevos:

a) Inmovilizado.
b) Coste presumible.
c) Coste financiero.
d) Obsolescencia.

15. Inventario compuesto por los materiales que no pueden ser cuantificados de una manera exacta y con los que se elaboran los productos:

a) Inventario de productos terminados.
b) Inventario de productos en proceso de fabricación.

c) Inventario de materias primas.
d) Inventario de suministros de fábrica.

16. Inventario compuesto de los productos extras adquiridos a un precio reducido:

a) Inventario de anticipación.
b) Inventario de fluctuación.
c) Inventario de protección o especulativo.
d) Inventario de tamaño de lote.

17. NO es cierto que en la preparación de pedidos "producto a hombre":

a) Es el preparador quien realiza un recorrido a lo largo de las ubicaciones para ir cogiendo las cantidades solicitadas por cada pedido.
b) Un sistema automático extrae la referencia que es necesaria hacia una estación de picking para la que el preparador coja la cantidad solicitada para la preparación, volviendo el sistema a ubicar la referencia de forma automática en el almacén.
c) Es muy utilizada en almacenes donde se realizan un número alto de pedidos, se tiene un número alto de referencias y los tiempos de preparación son cortos.
d) El preparador no tiene que desplazarse a buscar el producto y únicamente hace "picking and put" de unidades (coger unidades e introducirlas en los contenedores adecuados para la preparación).

18. ¿Cuál es el prefijo nacional español en el código EAN 13?

a) 27.
b) 58.
c) 84.
d) 128.

19. Un instrumento manual con horquillas que eleva la carga unos pocos centímetros, lo justo para moverla, es:

a) El apilador.
b) La transpaleta.
c) La carretilla.
d) La plataforma con ruedas.

20. Las carretillas elevadoras contrapesadas basan su acción en el principio de la palanca de primer grado, en la cual un peso llamado potente es capaz de elevar otro peso llamado resistente apoyándose en un punto intermedio denominado:

a) Chasis.
b) Eje.
c) Mástil.
d) Fulcro.

21. Es el volumen de ocupación del espacio requerido para albergar las UDC de cada material:

a) Unidad de carga.
b) Unidad de peso.
c) Unidad de pulmón.
d) Unidad de compilación.

22. Entre las desventajas de sistema de almacenamiento caótico encontramos:

a) Aumento del riesgo de pérdidas por caducidad.
b) Buena rotación de los materiales.
c) No se puede programar la rotación de stock por criterios FIFO.
d) Dependencia total de los sistemas de información electrónica (SGA).

23. ¿Qué tipo de stock es aquel en el que su entrada en almacén y su salida a los centros de consumo se realiza en el mismo momento?

a) Máximo.
b) Mínimo.
c) Cero.
d) Operativo.

24. ¿Cuál es uno de los objetivos principales de un sistema de almacenaje?

a) Reducir el número de productos en stock.
b) Minimizar el tiempo de fabricación.
c) Optimizar el espacio.
d) Aumentar el número de estanterías.

25. ¿Qué es un almacén caótico?

a) Aquel donde se almacenan productos en estanterías fijas.
b) Donde se clasifica por familia de productos.
c) Un sistema donde los productos no tienen una ubicación fija asignada.
d) Un almacén sin orden lógico ni gestión.

26. ¿Qué tipo de stock se utiliza para cubrir variaciones inesperadas en la demanda?

a) Stock por tránsito.
b) Stock por tamaño de lote.
c) Stock por fluctuación.
d) Stock sobrante.

27. ¿Qué tipo de stock corresponde a productos que ya están listos para el cliente final?

a) Materias primas.
b) Trabajos en curso.
c) Componentes.
d) Productos acabados.

28. ¿Qué se considera un material indirecto en la fabricación?

a) Acero de chasis.
b) Madera de una puerta.
c) Pegamento para muebles.
d) Tornillo de una bisagra.

29. ¿Cuál es uno de los factores negativos del stock?

a) Disminuye el número de pedidos.
b) Aparecen costes de posesión.
c) Mejora la planificación de compras.
d) Reduce la obsolescencia.

30. ¿Qué representa el stock medio?

a) El mínimo de productos que hay que tener.
b) El total de productos en el almacén.
c) El volumen medio de existencias durante un periodo.
d) El valor contable de las existencias.

31. ¿Cuál es la primera fase del recuento de existencias?

a) Inspección del inventario.
b) Recuento de todas las unidades.
c) Verificación de las cantidades.
d) Corrección en el sistema.

32. ¿Qué acción se sugiere durante el recuento de existencias?

a) Depurar productos deteriorados u obsoletos.
b) Aumentar las unidades disponibles.
c) Descontar automáticamente las mermas.
d) Eliminar las referencias antiguas.

33. ¿Qué función tiene el control de existencias?

a) Eliminar productos sin movimiento.
b) Detectar situaciones inesperadas.

c) Predecir la demanda futura.
d) Gestionar pedidos internacionales.

34. ¿Qué se debe revisar durante una inspección de inventario?

a) El calendario de aprovisionamiento.
b) El estado del embalaje.
c) La cantidad de personal.
d) La tasa de rotación.

35. ¿Qué característica tienen los sistemas integrados?

a) Requieren control manual de stock.
b) Operan con módulos interrelacionados.
c) No dependen de software.
d) Se aplican solo a grandes empresas.

36. ¿Cuál es una función del sistema de gestión de almacenes?

a) Optimizar la producción.
b) Calcular nóminas.
c) Entrar pedidos y preparar picking.
d) Supervisar campañas de marketing.

37. ¿Qué control permite el SGA (Sistema de Gestión de Almacenes)?

a) Solo el inventario.
b) Solo las compras.
c) Toda la actividad operativa del almacén.
d) Solo las devoluciones.

38. ¿Qué zona del almacén permite la preparación inmediata sin almacenaje?

a) Zona de salida.
b) Zona de almacenamiento.
c) Zona de cross docking.
d) Zona de oficinas.

39. ¿Qué zona se destina al descanso del personal en el almacén?

a) Zona de embalaje.
b) Área de devoluciones.
c) Zona de expedición.
d) Área de servicios.

40. ¿Qué representa la demanda?

a) El volumen de almacenaje.
b) La cantidad de stock mínimo.
c) La cantidad que los consumidores quieren comprar.
d) El número de productos rechazados.

41. ¿Qué técnica permite minimizar errores en el recuento?

a) Observación directa.
b) Control visual.
c) Doble conteo.
d) Descarte por muestreo.

42. ¿Qué factor condiciona la ubicación en la zona de almacenamiento?

a) La rotación de productos.
b) El volumen y peso de la carga.
c) El precio de los productos.
d) La estética del almacén.

43. ¿Qué zona está destinada a revisar mercancía defectuosa?

a) Área de servicios.
b) Zona de cross docking.
c) Área de materiales obsoletos.
d) Área de reposición.

Solución al test n.º 9

1. b) Almacenamiento a granel.

2. d) Elevado aprovechamiento del volumen de almacenamiento y optimización de superficies y recorridos.

3. a) Push-back.

4. d) Almacenamiento que permite utilizar de manera eficiente el espacio vertical.

5. d) Almacenamiento ordenado.

6. b) Almacenamiento caótico.

7. a) La cantidad de mercancías que se tienen en depósito.

8. c) Se pueden mantener unos precios más bajos por motivos comerciales.

9. b) Planificación de adquisiciones.

10. c) PMP.

11. a) FIFO.

12. b) LIFO.

13. b) Ubicación estática.

14. d) Obsolescencia.

15. d) Inventario de suministros de fábrica.

16. c) Inventario de protección o especulativo.

17. b) Un sistema automático extrae la referencia que es necesaria hacia una estación de picking para la que el preparador coja la cantidad solicitada para la preparación, volviendo el sistema a ubicar la referencia de forma automática en el almacén.

18. c) 84.

19. b) La transpaleta.

20. d) Fulcro.

21. c) Unidad de pulmón.

22. d) Dependencia total de los sistemas de información electrónica (SGA).

23. c) Cero.

24. c) Optimizar el espacio.

25. c) Un sistema donde los productos no tienen una ubicación fija asignada.

26. c) Stock por fluctuación.

27. d) Productos acabados.

28. c) Pegamento para muebles.

29. b) Aparecen costes de posesión.

30. c) El volumen medio de existencias durante un periodo.

31. b) Recuento de todas las unidades.

32. a) Depurar productos deteriorados u obsoletos.

33. b) Detectar situaciones inesperadas.

34. b) El estado del embalaje.

35. b) Operan con módulos interrelacionados.

36. c) Entrar pedidos y preparar picking.

37. c) Toda la actividad operativa del almacén.

38. c) Zona de cross docking.

39. d) Área de servicios.

40. c) La cantidad que los consumidores quieren comprar.

41. c) Doble conteo.

42. b) El volumen y peso de la carga.

43. c) Área de materiales obsoletos.

TEST N.º 10

Conocimientos para la realización de labores básicas de
mantenimiento-conservación de jardines y zonas verdes: Conceptos
básicos. Herramientas: Manuales, eléctricas y motorizadas. Uso
y manejo. Limpieza y mantenimiento. Limpieza de zonas verdes.
Riego: Sistemas de riego. Elementos del sistema de riego. Época y
momento de riego. Abonado de zonas verdes: Tipos de abono.
Época de abonado. Poda: Época de poda. Tipo de poda

1. Sin ser normas estrictas, de forma general en el laboreo debemos procurar:

a) Incorporar en profundidad la materia orgánica fresca.

b) Trabajar el suelo en el momento adecuado (cuando haya tempero, es decir la humedad adecuada).

c) Labrar por rutina, al menos dos veces al mes, aumentando al máximo el número de labores.

d) Todas son correctas.

2. El laboreo excesivo produce:

a) Pérdida de materia orgánica por exceso de aireación.

b) Disminución de riesgos de enfermedades producidas por hongos del suelo.

c) Crea lo que se llama suela de labor, la cual disminuye el riesgo de encharcamiento.

d) El laboreo nunca es excesivo.

3. En cuanto a la profundidad de la labor, se considera baja cuando se actúa sobre los primeros:

a) 10 cm.

b) 20 cm.

c) 30 cm.

d) 40 cm.

4. Señala la afirmación correcta sobre los parámetros adecuados de un suelo de calidad:

a) Topografía: menos de 20 % de pendiente.
b) Retención de agua: 40-50 % (referido a suelo seco).
c) Materia orgánica: 10-20 %. Preferiblemente más de 15 %.
d) Granulometría: ningún elemento mayor de 10 cm de diámetro. Menos del 8 % de elementos comprendidos entre 1 y 5 cm.

5. ¿Cuál de las siguientes es una planta de tierra ácida?

a) Azaleas.
b) Begonias.
c) Crisantemos.
d) Geranio.

6. ¿Qué enmienda se utiliza para disminuciones de sodio en suelos sódicos?

a) Aplicación de yeso.
b) Productos orgánicos que aportan humus.
c) Calizas.
d) Azufre.

7. El suelo arenoso o suelto se caracteriza por:

a) Es pegajoso en tiempo lluvioso, y por consiguiente difícil de trabajar.
b) Se calienta rápidamente y absorbe bien el agua.
c) Retiene bien el agua.
d) No permiten la aportación de elementos minerales en forma de abono químico.

8. Señala la afirmación correcta:

a) No hay ninguna diferencia entre fertilizante y abono.
b) El abono se puede aplicar directamente sobre el suelo mientras que los fertilizantes necesitan agua para poder disolverse y poder ser absorbidos por las raíces de las plantas.
c) Los fertilizantes se pueden aplicar directamente sobre el suelo mientras que el abono necesita agua para poder disolverse y poder ser absorbido por las raíces de las plantas.
d) Los fertilizantes son de origen vegetal y el abono, de origen mineral.

9. El potasio es:

a) Un macronutriente primario.
b) Un macronutriente secundario.
c) Un micronutriente.
d) Un microelemento.

10. ¿Para qué utilizan las plantas el nitrógeno?

a) Facilita la transmisión, el almacenamiento de energía química, la diferenciación de las células, el desarrollo de los tejidos y la formación de las raíces.
b) Es el motor del crecimiento y regeneración de la planta.
c) Se encarga de la absorción del agua (aumenta su tolerancia a la sequía, heladas y salinidad) y es clave para el balance hídrico de la planta y en la síntesis de carbohidratos y de proteínas.
d) Todas son correctas.

11. ¿Qué época es la más apropiada para las grandes labores de jardín?

a) El final de la primavera.
b) El final del verano.
c) El final del otoño.
d) El final del invierno.

12. El rebaje del terreno que se hace alrededor de una planta para almacenar el agua de riego o lluvia e incluso el abono u otro fertilizante se denomina:

a) Desbroce.
b) Alcorque.
c) Aporcado.
d) Rastrillado.

13. ¿Qué herramienta tiene en un extremo dos cucharas con las que recoge toda tierra, y en el otro extremo cuenta con unas palancas para hacer presión a esas cucharas?

a) Azada.
b) Barrenadora manual.
c) Guadaña.
d) Azadilla.

14. ¿Qué herramienta está compuesta de una hoja acerada, curva, con filo en la parte cóncava, afianzada en un mango de madera, y se puede utilizar con una sola mano?

a) Hoz.
b) Guadaña.
c) Azadilla.
d) Las opciones a) y b) son correctas.

15. Cuando se utiliza un hacha de podar hay que tomar algunas precauciones como:

a) Cuando cortemos con un hacha la regla general es cortar "hacia dentro".
b) Cuando paremos de trabajar o se interrumpa debemos poner las herramientas con filo o puntas en un lugar y de una manera que no constituyan un peligro para otras personas.

c) Cuando no estemos usando herramientas con filo o con puntas, siempre las colocaremos con las puntas o filos para arriba para prevenir posibles accidentes.

d) Todas son correctas.

16. ¿Qué herramienta es más apropiada para preparar y remover la tierra para plantar y además sacar malezas pequeñas?

a) Pala ancha.
b) Tenedor.
c) Palote.
d) Pico de loro.

17. ¿Qué herramienta tiene dientes redondos y sirve para acarrear cantidades grandes de materiales ligeros, el abono orgánico, los matorrales y, por supuesto, la hierba tanto en seco como en verde?

a) Rastrillo.
b) Rastrillo o escoba de jardinero.
c) Horquilla.
d) Guadaña.

18. ¿Qué herramienta se utiliza para hacer cortes rápidos en ramas grandes cuando el corte no presenta obstáculos?

a) Sierra de arco.
b) Sierra de poda.
c) Tijeras cortasetos.
d) Tijeras de podar.

19. ¿Qué tipo de cortacésped es más apropiado para un jardín pequeño?

a) Cortacésped manual.
b) Cortacésped eléctrico.
c) Cortacésped de gasolina.
d) Es indiferente.

20. Señala la afirmación correcta sobre los cortasetos:

a) El buen acabado del corte lo determina el afilado y espaciado de los dientes de la cuchilla.

b) Cuando hay escasa separación entre los dientes se obtiene un acabado parejo y liso, mientras los dientes separados producen un corte más irregular.

c) Para crear una altura uniforme en los setos, un buen truco es colocar una cuerda tensa entre postes resistentes si la distancia es corta.

d) Todas son correctas.

21. Para utilizar una desbrozadora es necesario un equipo de protección individual que debe incluir:

a) Protectores auditivos con visor protector.
b) Botas de protección homologada contra desbroce y suela antideslizante.
c) Zahón para desbroce.
d) Todas son correctas.

22. ¿Qué herramienta de jardinería con motor es la responsable del mayor número de accidentes graves que se ocasionan en la agricultura?

a) Desbrozadora.
b) Motosierra.
c) Motoazada.
d) Cortasetos de gasolina.

23. Señala lo incorrecto sobre la máquina de escarificado o regenerador:

a) También es conocida con el nombre de aireadora.
b) El escarificado ha de hacerse en dos pasadas, una en sentido horizontal y otra en sentido perpendicular a la primera, es decir, entrecruzándose.
c) El regenerador debe pasarse al menos una vez cada quince días.
d) Tras pasar el regenerador, el césped tiene una apariencia muy poco estética, ya que parece arrasado.

24. Los sopladores de mano:

a) Son los que cubren más terreno.
b) Funcionan únicamente con gasolina.
c) Son portátiles, cómodos y potentes, pero pueden acabar por pesar demasiado mientras se están usando.
d) Todas son correctas.

25. A la hora de usar el soplador de mochila hay que tener en cuenta que:

a) Para soplar hojas se usará el equipo en la velocidad más alta posible.
b) Se utilizará la velocidad más baja para polvo de construcción o de yeso o tierra seca.
c) Nunca se debe rociar con agua las áreas con polvo para utilizar el soplador, pues se podría atascar el mecanismo.
d) No se debe usar el soplador para mover grandes cantidades de desechos de un lugar a otro.

26. ¿Qué es el compost?

a) Una máquina que se utiliza para triturar todos los restos de huerto y del jardín.
b) Un abono natural.

c) Un insecticida usado en jardinería.
d) Un abono específico para plantas con flor.

27. Las operaciones básicas de mantenimiento se deben realizar con una frecuencia casi diaria y en ellas se incluye:

a) Gestión de los residuos.
b) Tratamientos de suelos.
c) Manejo de hierbas adventicias.
d) Todas son correctas.

28. ¿Qué son árboles y arbustos caducifolios?

a) Los que pierden las hojas.
b) Los que no pierden las hojas.
c) Los que tienen flores.
d) Los que no tienen flores.

29. La mayor parte de agua que asciende hasta las hojas se evapora en ellas a través de los estomas con el fin de refrigerar la planta. Este fenómeno recibe el nombre de:

a) Fotosíntesis.
b) Transpiración.
c) Respiración.
d) Aporte hídrico.

30. Para que las raíces de la planta puedan respirar:

a) Es importante dejar las macetas permanentemente en un plato con agua que empape el sustrato.
b) Debemos procurar utilizar un sustrato que sea poroso.
c) Ambas respuestas son correctas.
d) Las plantas no respiran, ya que realizan la fotosíntesis.

31. Las distintas especies vegetales tienen necesidades hídricas diferentes. En general:

a) Todas las plantas, en periodo vegetativo tienen mucha más resistencia a la sequedad que en estado de reposo.
b) Todas necesitan menos agua en periodo de crecimiento, ya que, aunque necesiten más alimento, evaporan menos.
c) Las especies arbóreas y arbustivas, una vez completado su desarrollo, apenas necesitan agua de riego. Sus raíces buscarán la humedad de la tierra, aunque sea lejos de la planta.
d) Cuando se aumenta la cantidad de alimento suministrado, se debe disminuir proporcionalmente el agua, de ahí la necesidad de disminuir la frecuencia de riego después de abonar las plantas.

32. En jardinería es necesaria la adopción de medidas que permitan reducir un excesivo consumo de agua hacia cantidades que permitan asegurar el mantenimiento de las plantas en estado óptimo. Entre estas medidas cabe destacar:

a) La adopción, siempre que sea posible, de sistemas de riego con una mayor eficiencia de aplicación.

b) La adecuada determinación de las necesidades hídricas de las plantas que componen el jardín; la realización de los riegos al atardecer o durante la noche, con la mayor periodicidad posible entre ellos.

c) La práctica del riego deficitario, consistente en la aplicación de cantidades inferiores a las necesarias, pero suficientes para la supervivencia de la vegetación.

d) Todas son correctas.

33. Entre otras medidas más drásticas para reducir un excesivo consumo de agua, sobre todo en época de extrema sequía podemos citar:

a) Aumentar el aporte de fertilizantes, ya que la cantidad de agua que la planta requiere es menor en este caso.

b) Eliminar los frutos, siempre que sea posible, ya que consumen gran cantidad de savia.

c) Evitar realizar podas de reequilibrio.

d) Todas son correctas.

34. Señala la afirmación correcta sobre la frecuencia de riego según la estación del año:

a) Invierno: solo riegos de apoyo o mantenimiento una vez a la semana, si la lluvia no es suficiente.

b) Primavera: en los meses de marzo, abril y mayo se darán los riegos dos veces a la semana.

c) Verano: los meses de junio, julio y agosto requieren riego en días alternos, aumentando el tiempo de riego según se incrementa el calor.

d) Otoño: el mes de septiembre, sobre todo en la primera quincena, requiere normalmente riegos con la misma frecuencia que el mes de junio. En el resto de los meses de otoño se regará con una frecuencia de dos veces por semana e interrumpiendo los mismos según la frecuencia de lluvias otoñales. Si azotan vientos secos se debe regar más porque se deshidratan los vegetales.

35. La mejor hora para regar es:

a) A primera hora de la mañana o del anochecer.

b) A mediodía.

c) Por la tarde.

d) Es indiferente.

36. En general se puede considerar que la eficiencia de aplicación utilizando el riego por aspersión es del:

a) 100 %.

b) 85-90 %.

c) 70-80 %.
d) 60 %.

37. Según el tipo de sustrato, especialmente en el caso de la turba, la mejor forma de regar una maceta es:

a) Echar el agua por encima lentamente.
b) Sumergir la maceta en un cubo con agua durante unas dos horas.
c) Por abajo, colocándola permanentemente en un plato con agua.
d) La turba ya lleva suficiente aporte hídrico, por lo que no debe regarse.

38. Según la forma de distribución del agua, los principales sistemas de riego pueden ser clasificados en (señala el incorrecto):

a) Inundación.
b) Por energía motriz.
c) Aspersión.
d) Goteo.

39. Una ventaja del riego por surcos es:

a) Las plantas no se mojan, evitando de esta manera posibles enfermedades.
b) Escasa pérdida de agua en suelos arenosos, por lo que se economiza el uso de la misma.
c) Rapidez del riego y escasa necesidad de mano de obra.
d) Todas son correctas.

40. ¿En qué consiste el riego por fajas o tablares?

a) Consiste en que el agua escurra lentamente en una lámina delgada durante el transcurso del riego.
b) Consiste en cubrir el suelo con una capa de agua a la que se deja reposar para que penetre por infiltración.
c) Consiste en la instalación de una manga en una boca de riego.
d) Consiste en hacer fluir el agua por pequeños canales a distintas zonas de cada parcela.

41. El riego por goteo:

a) Presenta el inconveniente de que consumen más agua y energía.
b) Mantienen un nivel de humedad en el suelo constante, sin encharcamiento.
c) Producen mayor compactación del terreno.
d) Todas son correctas.

42. Las cintas de exudación:

a) Son tuberías de material poroso que distribuyen el agua de forma continua a través de los poros, lo que da lugar a la formación de una franja continua de humedad.
b) No pueden utilizarse en el riego de árboles.

c) Humedecen una gran superficie por lo que no pueden utilizarse en suelo arenoso.
d) Todas son correctas.

43. Podemos tomar como norma general que la mejor época para abonar el jardín es:

a) Primavera y verano.
b) Verano y otoño.
c) Otoño e invierno.
d) Invierno y primavera.

44. Para abonar jardineras y grandes macetas los mejores resultados se obtienen con:

a) Abono orgánico.
b) Abono químico granulado especial para césped.
c) Abono químico de liberación rápida.
d) Humus de lombriz mezclado con la tierra.

45. Para subir el pH del suelo se utiliza:

a) Enmienda de azufre.
b) Enmienda de calcio.
c) Enmienda de azufre.
d) Enmienda de yeso.

46. Los abonos verdes:

a) Consisten en cultivar una leguminosa para enterrarla y que aporte así nitrógeno al suelo.
b) No son propiamente un abono, sino el soporte para cultivar plantas ornamentales en maceta y para hacer semilleros.
c) Se componen de sangre seca, harina de huesos, cuernos y pezuñas molidos, etc.
d) Son ácidos húmicos y fúlvicos extraídos de sustancias orgánicas.

47. Un abono de uso general en el jardín (excepto césped), para todas las épocas y sin buscarse demasiadas complicaciones sería el:

a) 12:12:12.
b) 15:15:15.
c) 12:15:12.
d) 15:12:15.

48. El objetivo de la poda de formación es:

a) Situar a una determinada altura del suelo la copa del árbol (por ejemplo, para que pueda pasar por debajo una persona, un coche, etc.).
b) Formar una estructura de ramas sólidas y bien distribuidas alrededor del tronco.

357

c) Algunas especies de árboles se pueden conducir hacia formas artificiales: formas talladas, emparrado, en pirámide, cónica, cortina, marquesina, etc. Estas formas requerirán en el futuro más poda de mantenimiento o recorte que las formas naturales.

d) Todas son correctas.

49. Señala la afirmación correcta sobre la época de poda:

a) El mejor momento para podar es cuando el árbol tiene sus reservas de alimentos altas ya que estas son esenciales para generar el sistema de defensa. Este momento corresponde a la primavera.

b) El peor momento para podar es cuando las hojas se están formando, es decir, en invierno.

c) Aunque hay especies que pueden podarse en cualquier época del año, la poda en la temporada latente reduce al mínimo la pérdida de savia y resina por el corte de ramas.

d) Todas son correctas.

50. ¿Qué herramienta se utiliza para cortar ramas, raíces y troncos de pequeña entidad, teniendo dos filos opuestos?

a) Hacha de tala.
b) Zapapico.
c) Pulaski o hacha-azada.
d) Hacha de doble punta.

51. ¿Cuál de las siguientes herramientas se utiliza en obras para cavar zanjas o remover materiales sueltos?

a) Escardilla.
b) Zapapico o espiocha.
c) Tijera cortacésped.
d) Almocafre.

52. ¿Cuál es la principal característica del hacha de división frente a la de tala?

a) Tiene un mango más corto.
b) Es más pesada.
c) Tiene una hoja más cóncava para dividir por la fibra.
d) No tiene cabeza metálica.

53. ¿Qué herramienta es similar al hacha pero se usa para tallar y alisar madera?

a) Hacha de doble punta.
b) Almocafre.
c) Azuela.
d) Hacha de cabeza de púa.

54. ¿Qué herramienta tiene la hoja curvada hacia el interior y puede tener forma de corazón o lanceolada?

a) Hacha de pico de loro.
b) Horca de ganchos.
c) Almocafre.
d) Escardilla.

55. ¿Qué herramienta se utiliza para cortar ramas finas de hasta 2,5 cm con una sola mano?

a) Podadora con pértiga.
b) Podadora de dos manos.
c) Tijeras de podar de una mano.
d) Tijeras de bordillos.

56. ¿Qué tipo de podadora realiza cortes limpios en ramas verdes con movimiento de tijera?

a) De yunque.
b) Bypass o de corte deslizante.
c) Podadora de nariz de aguja.
d) Cortacésped.

57. ¿Qué herramienta de poda usa una cuchilla contra un yunque para cortar ramas secas?

a) Tijera bypass.
b) Podadora de yunque.
c) Pértiga.
d) Tijera de bordillos.

58. ¿Qué tipo de tijera permite alcanzar ramas de hasta 5 m sin escalera?

a) Tijeras de una mano.
b) Tijeras de bordillo.
c) Podadora de dos manos.
d) Tijeras tipo pértiga o telescópicas.

59. ¿Qué tipo de herramienta manual corta ramas delgadas con forma ancha, plana y curva?

a) Podadora.
b) Tijera cortacésped.
c) Podón.
d) Machete.

60. ¿Qué tipo de herramienta se recomienda para airear la tierra y reducir desperdicios del césped?

a) Podadora manual.
b) Cortacésped rotativo.
c) Escarificadora.
d) Almocafre.

61. ¿Qué tipo de escarificador se recomienda para un terreno menor de 50 m²?

a) Escarificador de púas.
b) Escarificador rotativo.
c) Escarificador de mano.
d) Escarificador térmico.

62. ¿Cuál es el principal uso de un soplador en jardinería?

a) Cortar el césped.
b) Acumular y aspirar hojas.
c) Pulverizar fertilizantes.
d) Podar ramas pequeñas.

63. ¿Qué tipo de soplador se recomienda para grandes superficies?

a) Soplador eléctrico.
b) Soplador de gasolina.
c) Soplador manual.
d) Soplador térmico.

64. ¿Cuál es la función de la biotrituradora?

a) Sembrar césped.
b) Cortar setos.
c) Reducir residuos vegetales a virutas.
d) Podar ramas altas.

65. ¿Cuál es la diferencia principal entre motoguadaña y desbrozadora?

a) La motoguadaña es más ligera.
b) La motoguadaña usa cuchillas en lugar de hilos de nylon.
c) La desbrozadora tiene más potencia.
d) La motoguadaña es eléctrica.

66. ¿Qué útil se emplea para medir distancias en jardines?

a) Estrobo.
b) Cinta métrica.

c) Cajillo.
d) Trepolines.

67. ¿Cuál es la función del pulverizador de mochila?

a) Cortar ramas altas.
b) Transportar fertilizante sólido.
c) Aplicar tratamientos químicos.
d) Medir el nivel de humedad.

68. ¿Qué herramienta se usa para proteger pequeños árboles o plantas?

a) Trepolines.
b) Tutor.
c) Cajillo.
d) Estrobo.

69. ¿Qué herramienta está equipada con un cable de acero en su interior para evitar cortes accidentales?

a) Trepolines.
b) Estrobo.
c) Cinta métrica.
d) Podadora de pértiga.

Solución al test n.º 10

1. b) Trabajar el suelo en el momento adecuado (cuando haya tempero, es decir la humedad adecuada).

2. a) Pérdida de materia orgánica por exceso de aireación.

3. b) 20 cm.

4. a) Topografía: menos de 20 % de pendiente.

5. a) Azaleas.

6. a) Aplicación de yeso.

7. b) Se calienta rápidamente y absorbe bien el agua.

8. b) El abono se puede aplicar directamente sobre el suelo mientras que los fertilizantes necesitan agua para poder disolverse y poder ser absorbidos por las raíces de las plantas.

9. a) Un macronutriente primario.

10. b) Es el motor del crecimiento y regeneración de la planta.

11. c) El final del otoño.

12. b) Alcorque.

13. b) Barrenadora manual.

14. a) Hoz.

15. b) Cuando paremos de trabajar o se interrumpa debemos poner las herramientas con filo o puntas en un lugar y de una manera que no constituyan un peligro para otras personas.

16. b) Tenedor.

17. c) Horquilla.

18. a) Sierra de arco.

19. a) Cortacésped manual.

20. d) Todas son correctas.

21. d) Todas son correctas.

22. b) Motosierra.

23. c) El regenerador debe pasarse al menos una vez cada quince días.

24. c) Son portátiles, cómodos y potentes, pero pueden acabar por pesar demasiado mientras se están usando.

25. b) Se utilizará la velocidad más baja para polvo de construcción o de yeso o tierra seca.

26. b) Un abono natural.

27. d) Todas son correctas.

28. a) Los que pierden las hojas.

29. b) Transpiración.

30. b) Debemos procurar utilizar un sustrato que sea poroso.

31. c) Las especies arbóreas y arbustivas, una vez completado su desarrollo, apenas necesitan agua de riego. Sus raíces buscarán la humedad de la tierra, aunque sea lejos de la planta.

32. d) Todas son correctas.

33. b) Eliminar los frutos, siempre que sea posible, ya que consumen gran cantidad de savia.

34. c) Verano: los meses de junio, julio y agosto requieren riego en días alternos, aumentando el tiempo de riego según se incrementa el calor.

35. a) A primera hora de la mañana o del anochecer.

36. c) 70-80 %.

37. a) Echar el agua por encima lentamente.

38. b) Por energía motriz.

39. a) Las plantas no se mojan, evitando de esta manera posibles enfermedades.

40. a) Consiste en que el agua escurra lentamente en una lámina delgada durante el transcurso del riego.

41. b) Mantienen un nivel de humedad en el suelo constante, sin encharcamiento.

42. a) Son tuberías de material poroso que distribuyen el agua de forma continua a través de los poros, lo que da lugar a la formación de una franja continua de humedad.

43. a) Primavera y verano.

44. d) Humus de lombriz mezclado con la tierra.

45. b) Enmienda de calcio.

46. a) Consisten en cultivar una leguminosa para enterrarla y que aporte así nitrógeno al suelo.

47. b) 15:15:15.

48. d) Todas son correctas.

49. c) Aunque hay especies que pueden podarse en cualquier época del año, la poda en la temporada latente reduce al mínimo la pérdida de savia y resina por el corte de ramas.

50. c) Pulaski o hacha-azada.

51. b) Zapapico o espiocha.

52. c) Tiene una hoja más cóncava para dividir por la fibra.

53. c) Azuela.

54. c) Almocafre.

55. c) Tijeras de podar de una mano.

56. b) Bypass o de corte deslizante.

57. b) Podadora de yunque.

58. d) Tijeras tipo pértiga o telescópicas.

59. c) Podón.

60. c) Escarificadora.

61. c) Escarificador de mano.

62. b) Acumular y aspirar hojas.

63. b) Soplador de gasolina.

64. c) Reducir residuos vegetales a virutas.

65. b) La motoguadaña usa cuchillas en lugar de hilos de nylon.

66. b) Cinta métrica.

67. c) Aplicar tratamientos químicos.

68. c) Cajillo.

69. b) Estrobo.

TEST N.º 11

Conocimientos para la realización de labores básicas de mantenimiento eléctrico: Conceptos básicos. Herramientas manuales del electricista: Uso y manejo. Mecanismos eléctricos. Lámparas: Tipos de lámparas. Alumbrado de emergencia. Cuadros de distribución eléctrico

1. Cuando se realizan mediciones con un aparato de medida convencional, necesitamos cortar el cable y conectar el instrumento al circuito que estamos midiendo tal como se muestra en el dibujo. ¿De qué instrumento estamos hablando?

a) Voltímetro.
b) Amperímetro.
c) Vatímetro.
d) Luxómetro.

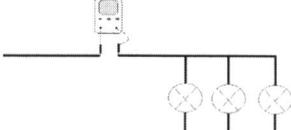

2. ¿Cómo se denomina el aparato que nos sirve para medir las iluminaciones, es decir, el número de lux existente en un punto determinado en el momento de efectuar la medición?

a) Luxómetro.
b) Galvanómetro.
c) Fluxor.
d) Sonómetro.

3. En el interior (del mango) lleva una lámpara de neón. ¿Cómo se llama este destornillador?

a) Buscapolos.
b) Carrocero.
c) De carraca.
d) Torx.

4. El siguiente soldador eléctrico, por su forma, lo podemos clasificar como del tipo:

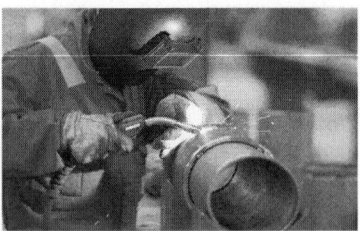

a) Lápiz.
b) Pistola.
c) Martillo.
d) Instantáneo.

5. Si usamos el buscapolos en un circuito con tensión, se encenderá al tocar el conductor de color:

a) Marrón.
b) Azul.
c) Amarillo con franja verde.
d) Azul con franja marrón.

6. El siguiente esquema representa la instalación de un instrumento de medida. ¿Cuál es de los siguientes?

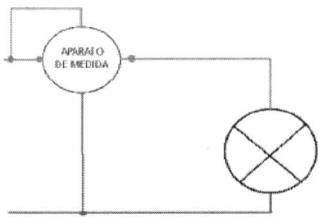

a) Amperímetro.
b) Voltímetro.
c) Vatímetro.
d) Óhmetro.

7. ¿Qué destornillador es el que si la luz se enciende significa que tocamos la fase y si, por el contrario, no lo hace, será el neutro?

a) Pozodriv.
b) Torx.
c) Phillips.
d) Buscapolos.

8. Son herramientas que los electricistas emplean para quitar la capa o funda de aislamiento a los conductores cubiertos, al objeto de realizar empalmes, embornamientos o conexionados con terminales de cables. ¿De qué tipo de alicates estamos hablando?

a) Universal.
b) Planas.
c) De corte.
d) Pelacables.

9. Para que los alicates sean resistentes a la oxidación, estos deberán estar:

a) Cromados.
b) Corroídos.
c) Calafateados.
d) Dúctiles.

10. ¿Cuál de los siguientes alicates es el que realiza una misión múltiple?

a) De corte.
b) Universal.
c) De puntas.
d) De arandelas.

11. El soldador eléctrico se conoce con otro nombre que se debe al tipo de material que suelda. Ese material es el:

a) Latón.
b) Estaño.
c) Rutilo.
d) Bronce.

12. Para que un amperímetro pueda medir la intensidad de corriente de un circuito, este se deberá conectar con una de las ramas del circuito en:

a) Serie.
b) Paralelo.
c) Shunt.
d) Es indiferente el tipo de conexión.

13. ¿Cómo se llama la herramienta que sirve para cortar los cables de forma adecuada, funciona al igual que una cizalla, y corta los materiales sin desprender virutas?

a) Cutter.
b) Alicate de corte.
c) Paicker.
d) Guillamen.

14. Si un buscapolos se enciende, nos indicará que hemos tocado:

a) Fase.
b) Tierra.
c) Neutro.
d) Que hay un cortocircuito.

15. ¿Cómo se denomina la herramienta que consta de dos pinzas unidas por medio de un cable, y una de ellas lleva unos diodos luminosos que indican la cantidad de tensión?

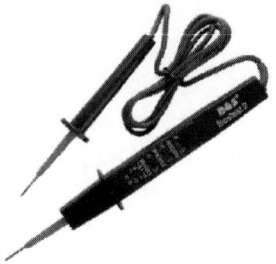

a) Polímetro.
b) Comprobador de tensión.
c) Pinza amperimétrica.
d) Buscapolos.

16. El óhmetro es el aparato destinado a medir:

a) Resistencia.
b) Potencia.
c) Intensidad.
d) Fuerza.

17. ¿En qué unidad se mide la intensidad de un circuito eléctrico?

a) Amperios.
b) Voltios.
c) Vatios.
d) Ohmios.

18. ¿Qué nombre recibe el elemento que nos facilitan el acceso a rincones de mecanismos o lugares a los que de otra forma no podemos llegar?

a) Alicates universales.
b) Alicates pelacables.
c) Alicates de punta fina.
d) Alicates de corte.

19. Es un instrumento de medición muy útil que permite medir intensidades en conductores activos sin la necesidad de interrumpir el circuito. ¿Qué nombre recibe?

a) Polímetro.
b) Comprobador de tensión.
c) Pinza amperimétrica.
d) Vatímetro.

20. Los siguientes alicates, cuando son cromados, se caracterizan por ser:

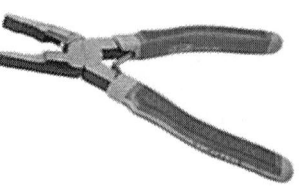

a) Resistentes al óxido.
b) Resistentes al paso de la corriente eléctrica.
c) Resistentes a la conducción de calor.
d) Todo lo anterior es falso.

21. En un circuito eléctrico, si usamos un buscapolos podremos:

a) Saber si el conductor tiene corriente.
b) Saber si el conductor tiene tensión y medirla.
c) Solo puede medir tensión.
d) Solo se puede medir la intensidad.

22. Se trata de dos pinzas unidas por medio de un cable. En una de las pinzas se alojan unos diodos luminosos que indican la cantidad de tensión. ¿Cómo se llama este instrumento?

a) Polímetro.
b) Buscapolos.
c) Comprobador de tensión.
d) Voltímetro.

23. ¿Qué herramienta es la que ha sido ideada con el objetivo de cortar los cables de forma adecuada, de manera más práctica que los universales?

a) Cutter.
b) Alicates de corte.
c) Paicker.
d) Alicates universales.

24. La unidad de resistencia eléctrica es:

a) Ohmio.
b) Vatio.
c) Amperio.
d) Voltio.

25. Se fabrica con forma de destornillador en cuyo interior (del mango) lleva una lámpara de neón. El vástago del destornillador deberá estar casi en su totalidad de longitud aislado. ¿Con qué nombre se conoce?

a) Pozodriv.
b) Torx.

c) Phillips.
d) Buscapolos.

26. El comprobador de tensión, nos indica si un circuito tiene tensión mediante el encendido de una luz o de varias, en función de la tensión de red. Si tenemos un comprobador de este tipo (tres luces) y se nos han encendido los tres diodos luminosos, nos indica una tensión de:

a) 135 V.
b) 220 V.
c) 380 V.
d) 400 V.

27. Los alicates cromados se caracterizan por ser resistentes a la:

a) Oxidación.
b) Conductividad eléctrica.
c) Conductividad térmica.
d) Galvanización.

28. ¿Qué nombre recibe el instrumento adecuado para realizar múltiples mediciones eléctricas?

a) Polímetro.
b) Comprobador de tensión.
c) Pinza amperimétrica.
d) Vatímetro.

29. La soldadura con estaño, por su resistencia, se conoce como soldadura:

a) Blanda.
b) Semidura.
c) Fuerte.
d) Extrafuerte.

30. ¿Cómo se conocen las herramientas utilizadas para el agarre y curvado de alambres y piezas de chapa?

a) Alicates de bocas redondas.
b) Alicates de corte.
c) Alicates de puntas planas.
d) Alicates para clips.

31. ¿En qué unidad se mide la tensión de un circuito eléctrico?

a) Amperios.
b) Voltios.
c) Vatios.
d) Ohmios.

32. ¿Qué instrumento es el que nos permite saber si hay tensión entre el conductor, con el que se pone en contacto con el vástago del destornillador, y la tierra?

a) Polímetro.
b) Luxómetro.
c) Phillips.
d) Buscapolos.

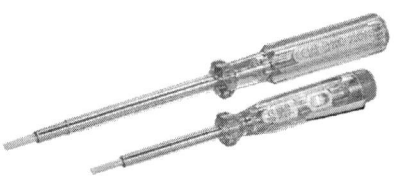

33. Al soldador eléctrico se le conoce, también, con el nombre de:

a) Soldador TIG.
b) Soldador MIG.
c) Autógeno.
d) Estañador.

34. ¿Qué nombre recibe el instrumento para alumbrado de mano, que se alimenta con pilas o batería?

a) Diodo.
b) Bombilla.
c) Generador.
d) Linterna.

35. ¿Cómo se llama el instrumento que realiza las funciones combinadas del amperímetro y del voltímetro?

a) Amperímetro.
b) Voltímetro.
c) Vatímetro.
d) Óhmetro.

36. Se define como un instrumento de medición muy útil que permite la medición de intensidades en conductores activos sin la necesidad de interrumpir el circuito. ¿De qué instrumento estamos hablando?

a) Amperímetro.
b) Vatímetro.

c) Pinza amperimétrica.
d) Óhmetro.

37. El luxómetro sirve para la medición precisa de los acontecimientos luminosos en diferentes lugares como son: la industria, el comercio, la agricultura, la docencia, etc. ¿En qué unidad mide este instrumento?

a) Ohmio.
b) Vatio.
c) Amperio.
d) Lux.

38. ¿Cómo se llama el instrumento que señala directamente la potencia consumida por un circuito eléctrico?

a) Amperímetro.
b) Voltímetro.
c) Vatímetro.
d) Óhmetro.

39. ¿Cómo se llama el destornillador que para usarlo lo cogeremos de modo que uno de los dedos se apoye sobre la placa metálica que lleva en el extremo del mango, y tocaremos con la punta del destornillador el cable que queramos comprobar si tiene tensión?

a) Pozodriv.
b) Torx.
c) Phillips.
d) Buscapolos.

40. ¿Cómo se ha de conectar el voltímetro con los elementos que se miden en un circuito eléctrico?

a) En serie.
b) En paralelo.
c) En shunt.
d) Es indiferente el tipo de conexión.

41. ¿Cómo se llama el destornillador en cuyo interior del mango se encuentra alojada una lámpara de neón?

a) Phillips.
b) Pozidriv.
c) Polímetro.
d) Buscapolos.

42. Es un instrumento que se usa para medir la intensidad de una corriente eléctrica, es decir, la cantidad de electricidad que circula por un conductor eléctrico durante la unidad de tiempo (un culombio por segundo). Su unidad es:

a) Amperio.
b) Voltio.
c) Ohmio.
d) Vatio.

43. ¿Cómo se llama la herramienta que se utiliza para agarre y plegado en ángulo recto de alambres y piezas de chapa y cuyas áreas de agarre son dentadas?

a) Alicate de bocas redondas.
b) Alicate de corte.
c) Alicate de puntas planas.
d) Alicate para clips.

44. ¿Qué instrumento mide la diferencia de potencial entre los puntos a los que se conecta?

a) Amperímetro.
b) Voltímetro.
c) Vatímetro.
d) Óhmetro.

45. Es un instrumento de medida eléctrico que está ideado para medir la tensión, y recibe el nombre de:

a) Amperímetro.
b) Voltímetro.
c) Vatímetro.
d) Óhmetro.

46. ¿Qué herramienta no se ha de utilizar para aflojar o apretar tuercas o tornillos, ya que deforman las aristas de unas y otros?

a) Llave fija.
b) Llave inglesa.
c) Llave de tubo.
d) Alicates universales.

47. No es una pieza del portalámparas:

a) La funda metálica.
b) El casquete.

c) El yunque.
d) El aro de porcelana.

48. Es un componente principal del cuadro de alumbrado el:

a) Interruptor de accionamiento principal.
b) Reloj.
c) Selector.
d) Señalizador.

49. Los magnetotérmicos:

a) Protegen la línea de sobrecarga.
b) Protegen los aparatos eléctricos en caso de derivación a tierra.
c) Sirven para conectar aparatos.
d) Permiten la apertura y cierre de los circuitos.

50. Las lámparas incandescentes:

a) Funcionan a través de un transformador a baja tensión.
b) Son de encendido progresivo.
c) Funcionan mediante una bombilla de reactancia.
d) Son las mal llamadas bombillas.

51. Para instalar una lámpara conmutada desde tres puntos necesito:

a) Dos interruptores simples y un conmutador.
b) Dos conmutadores y un conmutador de cruzamiento.
c) Dos conmutadores de cruzamiento y un interruptor.
d) Dos conmutadores de cruzamiento y un conmutador.

52. Para instalar una lámpara conmutada desde cuatro puntos necesito:

a) Dos interruptores simples y un conmutador.
b) Dos conmutadores y dos conmutadores de cruzamiento.
c) Dos conmutadores de cruzamiento y un interruptor.
d) Dos conmutadores de cruzamiento y un conmutador.

53. Para instalar una lámpara conmutada desde cinco puntos necesito:

a) Dos interruptores simples y dos conmutadores.
b) Dos conmutadores y tres conmutadores de cruzamiento.
c) Dos conmutadores de cruzamiento y tres interruptores simples.
d) Dos conmutadores de cruzamiento y un conmutador.

54. En la instalación de una lámpara conmutada desde dos puntos, ¿qué interruptores utilizaremos?

a) Dos conmutadores simples.
b) Un interruptor y un conmutador simples.
c) Un conmutador de cruzamiento y un conmutador simple.
d) Dos pulsadores.

55. ¿A qué tipo de alumbrado se denomina de luz fría?

a) Al que se realiza con fluorescentes.
b) Al que se realiza con bombillas.
c) Al que se realiza con alógenos.
d) Lámparas de mercurio.

56. Para que los fluorescentes emitan la luminosidad apropiada deben situarse en un local que tenga una temperatura adecuada y una altura idónea. ¿Cuáles son las ideales?

a) Temperatura entre 20 y 25 ºC y una altura del suelo a la luminaria de 200 cm.
b) Temperatura entre 20 y 25 ºC y una altura del suelo a la luminaria de 300 cm.
c) Temperatura entre 10 y 15 ºC y una altura del suelo a la luminaria de 200 cm.
d) Temperatura entre 10 y 15 ºC y una altura del suelo a la luminaria de 300 cm.

57. En términos luminosos, la eficacia de los fluorescentes puede llegar a ser de:

a) 60 lúmenes por vatio.
b) 90 lúmenes por vatio.
c) 160 lúmenes por vatio.
d) 190 lúmenes por vatio.

58. La duración media de un tubo fluorescente es de:

a) 90 horas.
b) 900 horas.
c) 9.000 horas.
d) 90.000 horas.

59. Los fluorescentes generalmente fallan por agotamiento, y cuando están a punto de hacerlo los tubos toman un color:

a) Negro – grisáceo.
b) Verde – grisáceo.
c) Azul – grisáceo.
d) Azul – verde.

60. El cebador en un circuito de encendido de un fluorescente tiene la misión de hacer de:

a) Interruptor térmico.
b) Fusible.
c) Elevador de tensión.
d) Rectificador de corriente.

61. La reactancia en un circuito de encendido de un fluorescente tiene la misión entre otras de hacer de:

a) Interruptor térmico.
b) Fusible.
c) Proporcionar la corriente de arranque.
d) Rectificador de corriente.

62. Los cebadores se utilizan en alumbrado, con qué tipo de luminaria:

a) Incandescencia.
b) Halógena.
c) Fluorescente.
d) Con todas las anteriores.

63. Con independencia del conductor eléctrico, enumere los componentes de un equipo fluorescente simple:

a) 2 cebadores, 1 reactancia, 1 tubo fluorescente.
b) 1 cebador, 1 tubo fluorescente, 1 reactancia.
c) 1 interruptor y 1 tubo fluorescente.
d) 1 condensador, 1 tubo fluorescente y 1 cebador.

64. ¿Qué elemento no es imprescindible para originar el encendido de un tubo fluorescente?

a) Filamento.
b) Reactancia.
c) Condensador.
d) Cebador.

65. Si en una sala de lectura tenemos 40 tubos fluorescentes y se nos funden varios, cuando realicemos el pedido al almacén de obras del Ayuntamiento deberemos indicar en él, aparte de la cantidad, lo siguiente:

a) Potencia del fluorescente y tipo de luz.
b) Potencia del fluorescente y longitud.

c) Potencia simplemente del fluorescente.
d) Las respuestas a) y b) son correctas.

66. La media de vida de funcionamiento de una bombilla de incandescencia está situada en:

a) 900 - 1.000 horas.
b) 90 - 100 horas.
c) 9.000 - 10.000 horas.
d) 4.500 - 5.000 horas.

67. Globo de cristal en el que se ha hecho el vacío y dentro del cual va colocado un hilo de platino, carbón, tungsteno, etc., que al paso de una corriente eléctrica se pone incandescente y sirve para alumbrar:

a) Fluorescente.
b) Bombilla.
c) León.
d) Diodo.

68. Las bases de enchufe con toma a tierra tienen en su simbología multifilar:

a) Dos muelles opuestos en la base.
b) Un círculo negro.
c) Un círculo blanco.
d) Dos líneas cruzadas.

69. ¿Se le ha hecho el vacío al interior de las ampollas de las lámparas halógenas?

a) Sí.
b) No.
c) Depende de la lámpara halógena.
d) Ninguna de las anteriores es correcta.

70. Para comprobar la continuidad de un conductor se usa:

a) El óhmetro.
b) El ohmnímetro.
c) El polímetro.
d) Todas las respuestas anteriores son correctas.

71. La intensidad de corriente se mide con:

a) El polímetro, modo tensión.
b) El óhmetro.

c) El voltímetro.
d) El amperímetro.

72. La tensión se mide con:

a) El polímetro, modo amperios.
b) El óhmetro.
c) El voltímetro.
d) El amperímetro.

73. El amperímetro se conecta a la instalación en:

a) Paralelo.
b) Modo apagado.
c) Serie.
d) Modo detección.

74. El voltímetro se conecta a la instalación en:

a) Paralelo.
b) Modo apagado.
c) Serie.
d) Modo detección.

75. Para medir la potencia eléctrica con el vatímetro hace falta:

a) Un voltímetro.
b) Un vatímetro.
c) Un voltímetro y un amperímetro.
d) Un amperímetro.

76. Las pinzas amperimétricas:

a) Miden la tensión en un punto de la instalación.
b) Mide la intensidad punta de un punto de la instalación.
c) Mide exhaustivamente la intensidad de una instalación.
d) Mide la intensidad en un punto de la instalación.

77. Las regletas de conexión unen:

a) Conductores.
b) Resistencias.
c) Tensiones.
d) Intensidades.

78. ¿De qué color es el cable de la toma de tierra?

a) Verde con franja amarilla.
b) Amarillo con franja verde.
c) Azul.
d) Marrón.

79. Las bases de enchufes o toma de corriente indiferentemente de la disposición de las clavijas de la base pueden tener 4 tipos de bases. Indica la incorrecta:

a) Empotradas.
b) De superficie.
c) Aéreas.
d) De petaca.

80. Se estima que una bombilla LED tiene una duración aproximada de:

a) 100 horas.
b) 7000 horas.
c) 70000 horas.
d) 100000 horas.

81. ¿Qué instrumento permite medir varias magnitudes como tensión, intensidad, resistencia y potencia?

a) Amperímetro.
b) Voltímetro.
c) Polímetro.
d) Osciloscopio.

82. ¿Qué unidad se emplea para medir la resistencia eléctrica?

a) Amperio (A).
b) Voltio (V).
c) Ohmio (Ω).
d) Vatio (W).

83. ¿Qué parte de una instalación eléctrica doméstica permite la interrupción de todos los circuitos en caso necesario?

a) Interruptor diferencial.
b) Interruptor general automático.
c) Disyuntor bipolar.
d) Magnetotérmico auxiliar.

84. ¿Cuál es el circuito destinado a alimentar la lavadora, lavavajillas y termo eléctrico?

a) C3.
b) C2.
c) C4.
d) C5.

85. ¿Qué se utiliza como punto de puesta a tierra en nuevas edificaciones?

a) Un electrodo de zinc.
b) Una pica de cobre enterrada verticalmente.
c) Un cable rígido de cobre desnudo formando un anillo cerrado.
d) Una conexión a la red de agua.

86. ¿Cuál es la sección mínima de los conductores principales de tierra?

a) 10 mm^2.
b) 20 mm^2.
c) 16 mm^2.
d) 25 mm^2.

87. ¿Qué color debe tener el aislamiento del conductor de protección?

a) Azul claro.
b) Negro.
c) Amarillo-verde.
d) Marrón.

88. ¿Qué grado de protección deben tener las cajas de conexión bajo una bañera con equipo eléctrico?

a) IPX2.
b) IP20.
c) IPX5.
d) IP4X.

89. ¿Qué tipo de instalación se puede utilizar en cocinas y baños si las cajas son metálicas?

a) Canaletas abiertas.
b) Empotrada en yeso sin aislamiento.
c) Empotrada con cajas metálicas aisladas o puestas a tierra.
d) Sin ningún tipo de caja.

90. ¿Qué significa el volumen 0 en baños o duchas según la normativa?

a) El área alrededor del espejo.
b) El espacio a más de 2,25 m de altura.
c) El interior de la bañera o ducha.
d) El perímetro de la habitación.

91. ¿Qué colores se pueden utilizar para identificar conductores de fase?

a) Azul claro y negro.
b) Marrón, negro o gris.
c) Amarillo y azul.
d) Verde y marrón.

92. ¿Qué dispositivos se instalan en los cuadros para proteger los circuitos contra cortocircuitos?

a) Fusibles.
b) Termostatos.
c) Interruptores automáticos de corte omnipolar.
d) Temporizadores.

93. ¿Cuál es el valor de tensión considerado para alimentación monofásica en viviendas?

a) 110 V.
b) 400 V.
c) 230 V.
d) 360 V.

94. ¿Qué norma deben cumplir los aparatos eléctricos en bañeras o cabinas con MBTS?

a) UNE-20460.
b) UNE-EN 60335-1.
c) UNE-EN 60335-2-60.
d) UNE-EN 50.200.

95. ¿Qué color identifica al conductor neutro en una instalación eléctrica?

a) Amarillo.
b) Verde.
c) Azul claro.
d) Gris.

Solución al test n.º 11

1. b) Amperímetro.

2. a) Luxómetro.

3. a) Buscapolos.

4. c) Martillo.

5. a) Marrón.

6. c) Vatímetro.

7. d) Buscapolos.

8. d) Pelacables.

9. a) Cromados.

10. b) Universal.

11. b) Estaño.

12. a) Serie.

13. b) Alicate de corte.

14. a) Fase.

15. b) Comprobador de tensión.

16. a) Resistencia.

17. a) Amperios.

18. c) Alicates de punta fina.

19. c) Pinza amperimétrica.

20. a) Resistentes al óxido.

21. a) Saber si el conductor tiene corriente.

22. c) Comprobador de tensión.

23. b) Alicates de corte.

24. a) Ohmio.

25. d) Buscapolos.

26. d) 400 V.

27. a) Oxidación.

28. a) Polímetro.

29. a) Blanda.

30. a) Alicates de bocas redondas.

31. b) Voltios.

32. d) Buscapolos.

33. d) Estañador.

34. d) Linterna.

35. c) Vatímetro.

36. c) Pinza amperimétrica.

37. d) Lux.

38. c) Vatímetro.

39. d) Buscapolos.

40. b) En paralelo.

41. d) Buscapolos.

42. a) Amperio.

43. c) Alicate de puntas planas.

44. b) Voltímetro.

45. b) Voltímetro.

46. d) Alicates universales.

47. c) El yunque.

48. a) Interruptor de accionamiento principal.

49. a) Protegen la línea de sobrecarga.

50. d) Son las mal llamadas bombillas.

51. b) Dos conmutadores y un conmutador de cruzamiento.

52. b) Dos conmutadores y dos conmutadores de cruzamiento.

53. b) Dos conmutadores y tres conmutadores de cruzamiento.

54. a) Dos conmutadores simples.

55. a) Al que se realiza con fluorescentes.

56. a) Temperatura entre 20 y 25 ºC y una altura del suelo a la luminaria de 200 cm.

57. b) 90 lúmenes por vatio.

58. c) 9.000 horas.

59. c) Azul – grisáceo.

60. a) Interruptor térmico.

61. c) Proporcionar la corriente de arranque.

62. c) Fluorescentes.

63. b) 1 cebador, 1 tubo fluorescente, 1 reactancia.

64. c) Condensador.

65. d) Las respuestas a) y b) son correctas.

66. a) 900 - 1.000 horas.

67. b) Bombilla.

68. b) Un círculo negro.

69. a) Sí.

70. d) Todas las respuestas anteriores son correctas.

71. d) El amperímetro.

72. c) El voltímetro.

73. c) Serie.

74. a) Paralelo.

75. b) Un vatímetro.

76. d) Miden la intensidad en un punto de la instalación.

77. a) Conductores.

78. b) Amarillo con franja verde.

79. d) De petaca.

80. c) 70000 horas.

81. c) Polímetro.

82. c) Ohmio (Ω).

83. b) Interruptor general automático.

84. c) C4.

85. c) Un cable rígido de cobre desnudo formando un anillo cerrado.

86. c) 16 mm².

87. c) Amarillo-verde.

88. c) IPX5.

89. c) Empotrada con cajas metálicas aisladas o puestas a tierra.

90. c) El interior de la bañera o ducha.

91. b) Marrón, negro o gris.

92. c) Interruptores automáticos de corte omnipolar.

93. c) 230 V.

94. c) UNE-EN 60335-2-60.

95. c) Azul claro.

Conocimientos para la realización de labores básicas de mantenimiento de fontanería, calefacción y saneamiento. Conceptos básicos. Herramientas manuales de fontanería: Uso y manejo. Aparatos sanitarios. Mantenimiento aparatos sanitarios. Grifería: Tipos. Averías y reparaciones. Tuberías y accesorios: Tipos. Sistemas de unión. Elementos componentes de una instalación de fontanería: Tipos. Función. Elementos componentes de una instalación de calefacción: Función. Emisores: Tipos. Válvulas de emisores: Tipos y función de válvulas de emisores. Circuitos de calefacción. Llenado, vaciado y purgado de instalación de calefacción. Saneamiento: Canalones. Bajantes. Arquetas: Tipos y función

1. La soldadura de tubos de cobre que se realiza con aglutinantes y funden a más de 700 ºC se denomina:

a) Soldadura blanda.
b) Soldadura por capilaridad.
c) Soldadura fuerte.
d) Soldadura en frío.

2. ¿Qué tipo de herramienta utilizaremos para el corte de tubos de PVC?

a) Cortatubos.
b) Racores de compresión de arandelas de plástico.
c) Tijeras de corte.
d) Cualquier tipo de sierra.

3. Para desatascar los bajantes, lo mejor es desmontarlos de su conexión con canalones y arquetas y proceder a su desembozado mediante el sistema de:

a) Uso de ventosas.
b) Varillado.
c) Uso de desatascadores químicos.
d) Uso de paleta apropiada.

4. Una de las medidas provisionales de urgencia que podemos tomar en la reparación de escapes y reventones de tuberías es:

a) Cortar la sección donde esté la fisura e insertar una nueva sección del mismo grosor y material, enroscada mediante dos racores.

b) Si el escape se produce en un racor que soporta una elevada presión, desmontarlo y envolver la rosca en cinta de teflón.

c) Cubrir la zona de fuga, agujero o grieta, con una tira de goma plástica sujeta mediante abrazaderas de tornillos bien apretadas.

d) Cortar la tubería a ambos lados de la fuga a una distancia de 2 cm. de longitud para intercalar un racor a presión, comprimiéndolo entre las dos bocas de tubería y ajustándolo mediante el giro opuesto de dos llaves.

5. Los malos olores procedentes de los desagües se deben de detener mediante los sifones. ¿Qué forma debería tener un sifón para mantener un nivel permanente de agua que choque contra los malos olores?

a) P.
b) Z.
c) S.
d) Las respuestas a) y c) son correctas.

6. La parte de la cisterna que impide que siga entrando agua cuando la cisterna o depósito están llenos es:

a) Válvula de charnela.
b) Válvula del flotador.
c) Sifón.
d) Palanca de descarga.

7. El mantenimiento de los aparatos de calor se reduce al control de los dispositivos que los regulan. De ellos, el dispositivo que permite seleccionar las zonas donde queremos distribuir el calor, dejando cerradas las zonas no habitadas de un edificio, es:

a) El termostato.
b) El interruptor de encendido-apagado.
c) El sistema de válvulas del circuito de calefacción.
d) El radiador.

8. ¿Qué nombre reciben las piezas de metal u otro material que sirven para asegurar algunas cosas ciñéndolas?

a) Junta plana.
b) Abrazaderas.

c) Junta tórica.
d) Latiguillos.

9. Las juntas que están diseñadas para contener el paso del humo y gases de un compartimento a otro dentro de un mismo edificio se denominan:

a) Estancas.
b) Intumescentes.
c) Planas.
d) Tóricas.

10. La llave de paso que en posición abierta deja el paso del agua de forma total y en posición de cerrado, cierra el paso herméticamente, se denomina:

a) De compuerta.
b) De escuadra.
c) Normal.
d) De empotrar cuello largo.

11. Los grifos que tienen una boquilla fija o móvil, por la cual puede pasar el agua caliente o fría, o también mezcladas si lo precisamos, se denominan:

a) Sencillos.
b) Dosificador termostático.
c) Mezcladores.
d) De dos palancas.

12. En las pilas de dos senos, ¿cuántos sifones colocaremos?

a) No es necesario un sifón.
b) Uno para cada seno.
c) Uno para ambos senos.
d) Ninguna de las anteriores es correcta.

13. De las siguientes características, indica cuál no es propia de las tuberías de cobre:

a) Es un metal de color rojo salmón.
b) Es un buen conductor de la electricidad.
c) Con la humedad se recubre de una capa de óxido llamada "cardenillo".
d) Es un mal conductor del calor.

14. En la acometida o entrada general de agua en las viviendas, las tuberías suelen tener el siguiente diámetro de tubo:

a) 18 mm.
b) 22 mm.

c) 15 mm.
d) 20 mm.

15. ¿Cuál no es una ventaja de las tuberías de PVC?

a) No les afectan las heladas.
b) Son muy ligeras.
c) Son económicas.
d) Se oxidan.

16. ¿Cuál es el sistema que debemos usar para la unión de tuberías de PVC?

a) Pegado.
b) Soldado.
c) Roscado.
d) Ninguna de las anteriores es correcta.

17. La pasta hecha de tiza y aceite de linaza, usada para sujetar cristales es:

a) Masilla.
b) Silicona.
c) Pasta de papel.
d) Goma-espuma.

18. ¿Cuál es una característica de la goma-espuma?

a) Tiene baja adhesión.
b) Los restos de goma-espuma no se pueden eliminar.
c) No se puede pintar cuando está seca.
d) Crece 2 o 3 veces de volumen en una hora.

19. La herramienta que se utiliza para ensanchar o ampliar la boca de los tubos se conoce con el nombre de:

a) Abocinador.
b) Abocardador.
c) Mandril.
d) Curvadora.

20. ¿Qué otro nombre recibe el soplete que suele utilizar el fontanero para soldar cobre, plomo, etc.?

a) Sopletín.
b) Pistola de soldar.

c) Lámpara de soldar.
d) Todas las respuestas son correctas.

21. Señala el nombre que reciben las herramientas que se utilizan para realizar roscas a mano para pernos, tornillos y otras piezas cilíndricas:

a) Terrazas.
b) Terrajas.
c) Tinajas.
d) Tenazas.

22. La llave que proporciona potencia de agarre sin arañar ni deformar los tubos de plástico o metal pulido, que se utiliza en tubos de plástico, filtros o cualquier superficie resbaladiza o lisa, se denomina:

a) Llave dullan.
b) Tenazas para tubos.
c) Pico de loro.
d) Llave de cinta.

23. La llave que se caracteriza por tener un pivote en uno de sus extremos que se introduce en el chavetero o ranura de algunas tuercas especiales para aflojar o apretar estas se llama:

a) Stillson.
b) De medio punto.
c) Grip de cadena.
d) Grip de correa.

24. ¿Cómo se llama el tornillo para sujetar tubos en el que se realiza el apriete por medio de una manivela situada en la parte superior del mismo ?

a) Mordaza.
b) Cadena.
c) Cortatubos.
d) Ninguna de las anteriores es correcta.

25. La herramienta diseñada para dar diferentes formas a las bocas de los tubos de metal es:

a) Abocinador.
b) Abocardador.
c) Cortatubo telescópico.
d) Curvadora.

26. Elemento de la red de desagüe de los cuartos de baños en el que se centralizan las aguas sucias procedentes del lavabo, bañera, bidé, etc., para su posterior evacuación a través de la bajante general:

a) Canalón.
b) Bote sifónico.
c) Fluxor.
d) Válvula de mariposa.

27. Pieza metálica con dos roscas internas en sentido inverso, que sirve para unir tubos y otros perfiles cilíndricos:

a) Fluxor.
b) Mandril.
c) Válvula de retención.
d) Racor.

28. En fontanería, la función del mandril es:

a) Limpiar el interior del tubo de las rebabas que quedan al ser cortado.
b) Cortar tubos de hierro, cobre, acero inoxidable, PVC, etc.
c) Realizar roscas a mano para pernos, tornillos y otras piezas cilíndricas.
d) Sujetar un tubo por medio de una cadena regulable y las estrías de la mordaza fija.

29. ¿Cuál de estas llaves se conoce también como "llave grifa"?

a) Llave grip de correa.
b) Llave de medio punto.
c) Llave stillson.
d) Llave dullan.

30. Los lavabos integrales se instalan:

a) Sobre un pedestal.
b) Sobre un mueble o soporte.
c) En la pared.
d) Dentro de una encimera.

31. El rebosadero de un lavabo se sitúa en:

a) La parte más alta de la pileta.
b) La parte más baja de la pileta.
c) Donde se sitúa la grifería.
d) Todas las respuestas anteriores son correctas.

32. En los inodoros de salida vertical, el desagüe está orientado hacia:

a) La pared, ligeramente inclinado hacia arriba.
b) La pared, ligeramente inclinado hacia abajo.
c) El suelo.
d) Ninguna de las respuestas es correcta.

33. ¿Qué elemento se coloca en la rótula de un grifo de bidé?

a) El cartucho.
b) La zapata.
c) El husillo.
d) El aireador.

34. ¿Qué nombre reciben también las griferías de cuarto de vuelta?

a) Grifería de montura cerámica.
b) Grifería monoblock.
c) Grifería termostática.
d) Grifería monomando.

35. Los desagües de los inodoros tendrán un diámetro, como mínimo, de:

a) 40 mm.
b) 60 mm.
c) 80 mm
d) 20 cm.

36. No están permitidas para la conducción de agua potable:

a) Tuberías de PVC.
b) Tuberías de hierro galvanizado.
c) Tuberías de cobre.
d) Tuberías de hierro negro.

37. No es un tipo de red de desagüe:

a) Mixta.
b) Separativa.
c) Compensada.
d) Unitaria.

38. Cuando instalamos una columna de ventilación paralela a la bajante y conectada con ésta, hablamos de ventilación:

a) Secundaria.
b) Primaria.

c) Por tubo.
d) Terciaria.

39. Llamamos "aguas negras" a:

a) Las que proceden de la lluvia.
b) Las que proceden de la red de saneamiento.
c) Las que proceden de un uso industrial.
d) Las aguas de consumo humano.

40. En las instalaciones de desagüe el agua se mue_ve por medio de:

a) Una bomba.
b) Un depósito en altura.
c) Presión.
d) Gravedad.

41. Tubos de desagüe, normalmente fabricados en PVC, encargados de recoger los desagües propios de todos los elementos de un cuarto húmedo:

a) Detectores.
b) Cazoletas.
c) Manguetones.
d) Sumideros.

42. Línea de intersección de dos vertientes del tejado que se juntan. Lleva el agua de lluvia, por el ángulo que forman, hasta el canalón:

a) Limahoya.
b) Sumidero.
c) Cazoleta.
d) Ramal de enlace.

43. ¿Cómo se llama el circuito que instalamos en el grupo de presión para asegurar la alimentación directa a todos los usuarios?

a) Distribuidor.
b) By pass.
c) Tubo de alimentación.
d) Montante.

44. Las montantes se alojarán en:

a) Recintos o huecos construidos para ellos.
b) Un armario.

c) Un cuarto específico.
d) Las fachadas.

45. Las calderas atmosféricas recogen el aire de:

a) El exterior, por medio de un conducto.
b) El lugar en donde están situadas.
c) Un ventilador habilitado para ello.
d) Ningún sitio, puesto que no necesitan aire.

46. No es un aparato emisor:

a) El radiador.
b) El fan-coil.
c) El termo.
d) El convector.

47. El emisor que se utiliza en una "Bomba de Ca_lor" es:

a) El radiador.
b) El aerotermo.
c) El convector.
d) El fan-coil.

48. Los purgadores se usan para:

a) Disminuir la presión del agua.
b) Aumentar la temperatura a la que debe ir el agua.
c) Dar más o menos paso al caudal del agua.
d) Eliminar las burbujas de aire del agua.

49. ¿Qué otro nombre recibe la estopa?

a) Pita.
b) Cáñamo.
c) Tefrol.
d) Rafia.

50. La pulgada es una unidad de medida antigua que se usa mucho en tuberías y accesorios de fontanería. En la actualidad se toma como estándar la medida inglesa en la que la pulgada equivale a:

a) 25,4 mm.
b) 30 mm.
c) 20, 5 mm.
d) 30,4 mm.

51. ¿Dónde se instalan normalmente los canalones para recoger el agua de los tejados?

a) En el centro del tejado.
b) Dentro de las bajantes.
c) En el borde del alero.
d) En las arquetas de desagüe.

52. ¿Qué tipo de sección puede tener un canalón?

a) Circular o trapezoidal.
b) Rectangular o cilíndrica.
c) Ovalada o cuadrada.
d) Triangular o pentagonal.

53. ¿Cuál es la diferencia principal entre cazoletas y sumideros?

a) El material de fabricación.
b) El diámetro, siendo los sumideros de menor tamaño.
c) La posición de instalación.
d) La necesidad de sifón.

54. ¿Qué sistema evita la salida de malos olores en los sumideros?

a) Cazoleta con tapadera.
b) Rejilla metálica.
c) Canalón sifonado.
d) Sifón de cierre hidráulico.

55. ¿Qué herramienta se recomienda para lograr la pendiente necesaria en la instalación de un canalón?

a) Llave inglesa.
b) Sierra de arco.
c) Nivel y bota de trazar.
d) Pistola de silicona.

56. ¿Qué desarrollo de canalón corresponde a una superficie de tejado superior a 80 m²?

a) 16 cm.
b) 25 cm.
c) 33 cm.
d) 50 cm.

57. ¿Qué elementos se emplean para unir las tuberías ascendentes a las paredes?

a) Rejillas.
b) Cazoletas.
c) Abrazaderas o collarines.
d) Conectores flexibles.

58. ¿Cuál es la función de la válvula de retención en una montante?

a) Controlar el nivel del agua.
b) Evitar el retroceso del agua.
c) Aumentar la presión del sistema.
d) Reducir los ruidos en la red.

59. ¿Qué material se utiliza habitualmente en bajantes actuales por su resistencia acústica y al fuego?

a) Fibrocemento.
b) Plomo.
c) Tubos multicapas.
d) Chapa galvanizada.

60. ¿Por qué se instala la parte superior de las bajantes abierta?

a) Para facilitar la entrada del agua.
b) Para que no se atasquen.
c) Para permitir la ventilación.
d) Para facilitar el mantenimiento.

Solución al test n.º 12

1. c) Soldadura fuerte.

2. a) Cortatubos.

3. b) Varillado.

4. c) Cubrir la zona de fuga, agujero o grieta, con una tira de goma plástica sujeta mediante abrazaderas de tornillos bien apretadas.

5. d) Las respuestas a) y c) son correctas.

6. b) Válvula del flotador.

7. c) El sistema de válvulas del circuito de calefacción.

8. b) Abrazaderas.

9. b) Intumescentes.

10. a) De compuerta.

11. c) Mezcladores.

12. c) Uno para ambos senos.

13. d) Es un mal conductor del calor.

14. b) 22 mm.

15. d) Se oxidan.

16. a) Pegado.

17. a) Masilla.

18. d) Crece 2 o 3 veces de volumen en una hora.

19. b) Abocardador.

20. a) Sopletín.

21. b) Terrajas.

22. d) Llave de cinta.

23. b) De medio punto.

24. a) Mordaza.

25. a) Abocinador.

26. b) Bote sifónico.

27. d) Racor.

28. a) Limpiar el interior del tubo de las rebabas que quedan al ser cortado.

29. c) Llave stillson.

30. b) Sobre un mueble o soporte.

31. a) La parte más alta de la pileta.

32. c) El suelo.

33. d) El aireador.

34. a) Grifería de montura cerámica.

35. c) 80 mm.

36. d) Tuberías de hierro negro.

37. c) Compensada.

38. a) Secundaria.

39. b) Las que proceden de la red de saneamiento.

40. d) Gravedad.

41. c) Manguetones.

42. a) Limahoya.

43. b) By pass.

44. a) Recintos o huecos construidos para ellos.

45. b) El lugar en donde están situadas.

46. c) El termo.

47. d) El fan-coil.

48. d) Eliminar las burbujas de aire del agua.

49. b) Cáñamo.

50. a) 25,4 mm.

51. c) En el borde del alero.

52. a) Circular o trapezoidal.

53. b) El diámetro, siendo los sumideros de menor tamaño.

54. d) Sifón de cierre hidráulico.

55. c) Nivel y bota de trazar.

56. c) 33 cm.

57. c) Abrazaderas o collarines.

58. b) Evitar el retroceso del agua.

59. c) Tubos multicapas.

60. c) Para permitir la ventilación.

TEST N.º 13

Conocimientos para la realización de labores básicas de mantenimiento de albañilería y pintura. Conceptos básicos. Herramientas de albañilería: Herramientas manuales y eléctricas. Uso y manejo. Limpieza y mantenimiento. Pastas, morteros y adhesivos. Medios auxiliares: Tipos. Medidas de seguridad. Herramientas manuales y útiles de pintura: Uso y manejo. Limpieza y mantenimiento. Pinturas: Tipos de pinturas. Métodos de aplicación de pinturas. Barnices: Tipos de Barnices. Métodos de aplicación de barnices

1. En una obra de construcción, ¿quién es el encargado de hacer la mezcla?

a) El ayudante de albañil.
b) El oficial.
c) El auxiliar de mantenimiento.
d) El peón de albañilería.

2. ¿Cómo se llama la operación que consiste en forrar muros y tabiques tanto en paramentos exteriores como en interiores?

a) Aplacado.
b) Encofrado.
c) Revestimiento.
d) Alicatado.

3. ¿Cómo se llama al compuesto de conglomerantes inorgánicos, agregados finos y agua, y posibles aditivos que sirven para pegar elementos de construcción tales como ladrillos, piedras, bloques de hormigón, etc.?

a) Mezcla.
b) Mortero

c) Encofrante.
d) Lechada.

4. En relación con el encofrado, debemos evitar (señala la respuesta incorrecta):

a) Repartir el hormigón para evitar hendiduras por donde se escape el material y la segregación del agua.
b) Usar gasóleo o grasa.
c) Arrojar el hormigón a gran distancia
d) Introducir los clavos en su totalidad en la madera.

5. Un guarnecido completo consta de tres fases. Señala la que no corresponda:

a) Enfoscado.
b) Fraguado.
c) Enlucido.
d) Revoque.

6. ¿Qué tipo de material se debe pasar al terminar el enfoscado para conseguir un acabado rugoso?

a) Fratás.
b) Llana.
c) Talocha.
d) Regla.

7. ¿Qué tipo de acabado se dará a un enfoscado que va a soportar un tipo de pintura rugosa?

a) Bruñido.
b) Rugoso.
c) Fratasado.
d) Fraguado.

8. ¿En qué consiste el revoque?

a) En extender una segunda capa de mortero de cemento, cal o de resinas sintéticas, de 0,5 a 1 cm de espesor, sobre el enfoscado.
b) En nivelar las irregularidades que presenta la superficie del paramento.
c) En dar una capa de mortero, elaborado con árido mucho más fino, y perfectamente alisado con la llana.
d) En revestir un paramento con una pasta compuesta por escayola o yeso blanco muy fino y polvo de mármol, amasados con agua en la que previamente se habrá disuelto una cierta cantidad de cola.

9. Señala cuál de los siguientes pavimentos continuos no está indicado para su aplicación en suelos que han de soportar cargas ligeras:

a) Con hormigón tratado superficialmente.
b) Con lechada bituminosa.
c) Con mortero sintético elástico.
d) Con engravillado.

10. ¿Cómo se llaman las juntas horizontales resultantes de la superposición que se realiza de ladrillos para la construcción de una pared?

a) Hiladas.
b) Tendeles.
c) Llagas.
d) Huellas.

11. ¿Qué es la "adaraja o enjarje"?

a) La disposición sobre cómo se colocan los ladrillos.
b) Los surcos que se realizan en las paredes, techos, etc.
c) Unos entrantes y salientes de una pared para asegurar la unión con otra, cuando se prosiga con la obra.
d) El proceso de revestimiento y protección de una pared.

12. Tienen función evitar la filtración de agua por el suelo, e impedir que la humedad salga por los muros debido a las fuerzas capilares. Nos referimos a:

a) Las barreras capilares.
b) Las juntas impermeables.
c) Las juntas de dilatación.
d) Las cámaras de aire.

13. Si tenemos que eliminar el enyesado o revoque de una pared para sanearla, en caso que hayamos detectado humedad, lo primero que habrá que saber es:

a) Cómo ajustar tanto la fuerza como los materiales que se han de emplear para evitar deteriorar la pared oculta por la capa de yeso.
b) Cómo quitar las placas de revoque duro que se hayan quedado en la pared a medida que se desprendía la mayoría del mismo.
c) Cómo utilizar una rasqueta o un cepillo de cerdas metálicas para hacer desaparecer todas las irregularidades, así como las juntas y llagas de los ladrillos y los rastros de material, que pueden ser perjudiciales para posteriores trabajos.
d) El material del que se conforma el muro sobre el que va el revoque.

14. De los siguientes revestimientos, indica cuál de ellos no lleva un acabado de pintura:

a) Enlucido.
b) Chapado.
c) Enfoscado.
d) Guarnecido.

15. Indica qué tipo de producto usaría para la limpieza de un pavimento de mármol:

a) Lejía.
b) Detergente con bioalcohol.
c) Amoniaco.
d) Agua con cera.

16. Útil generalmente de madera con dos lados bordeados sujetados de forma horizontal; esta superficie tiene un mango para sujetar con la mano. Con este útil podemos transportar morteros y demás masas y se llama:

a) Artesa.
b) Esparavel.
c) Llana.
d) Bujarda.

17. Los recipientes que se utilizan para realizar pequeñas masas, bien sea de hormigón, cemento, yeso, etc., se llaman:

a) Carrillos.
b) Cestillas.
c) Artesas.
d) Divisas.

18. Una buena defensa contra los golpes son las cantoneras, también conocidas como esquineras, que pueden ir, entre otros:

a) Bajo el nivel.
b) Bajo el revoco.
c) Bajo la esquina.
d) Sobre el revoco.

19. En las reparaciones de albañilería, la herramienta que seleccionaremos para trabajos de acabado será:

a) Cortafrío.
b) Puntero.
c) Maceta.
d) Cincel.

20. La antigua forma de tratamiento superficial de todos los materiales pétreos para revestimientos de exteriores y otros trabajos artesanales y uno de los efectuados manualmente más utilizados se llama:

a) Albardado.
b) Estucado.
c) Abujardado.
d) Embastado.

21. Como característica de una buena paleta podríamos hacer alusión a la:

a) Largura del mango.
b) Anchura de la hoja.
c) Forma de la punta de la hoja.
d) Rigidez de la hoja.

22. ¿Cómo se denomina el revestimiento o segunda mano de revoque que se da a los muros realizados con material para que presenten una superficie unida y tersa?

a) Enlucido.
b) Enfoscado.
c) Enyesado.
d) Alicatado.

23. La mezcla natural de grava, gravilla y arena se llama:

a) Mortero.
b) Zumaya.
c) Aglomerante.
d) Zahorra.

24. ¿Qué tipo de ladrillos tienen agujeros que los atraviesan de lado a lado y que cumplen la función del hundido de los ladrillos estándar?

a) Hueco.
b) Macizo.
c) Cara vista.
d) Perforado.

25. ¿Qué material obtendremos si mezclamos cemento, agua, arena y grava?

a) Cemento Portland.
b) Hormigón.
c) Mortero.
d) Aglomerante.

26. El hormigón, según su composición, puede clasificarse en diversos tipos. De los siguientes, indica cuál:

a) Ciclópeo.
b) Armado.
c) En masa.
d) Pretensado.

27. ¿Cuál es el material inerte que no participa en el fraguado y endurecimiento del hormigón, pero sin embargo desempeña un papel muy importante, ya que le dan compacidad, estabilidad ante la retracción y economía?

a) Grava.
b) Arena.
c) Árido.
d) Cemento.

28. ¿Qué tipo de cemento se utiliza en obras marítimas?

a) Puzolánicos.
b) Aluminosos.
c) Portland.
d) Siderúrgicos.

29. Material que, además de fraguar y endurecer en el aire, lo hace debajo del agua. Se obtiene de la calcinación de rocas calizas a elevada temperatura:

a) Cal dolomítica.
b) Cal viva.
c) Cal grasa.
d) Cal hidráulica.

30. ¿Qué tipo de humedades son las que aparecen en las zonas bajas de los muros que absorben el agua del terreno a través de la cimentación, pueden ser permanentes, cuando el nivel freático del terreno está muy alto, o temporales, cuando están relacionadas con las condiciones meteorológicas?

a) Humedad de filtración.
b) Humedad de remonte capilar.
c) Humedad de condensación.
d) Humedad meteórica.

31. Señale cuál de las siguientes tareas no es propia para ser desarrollada por el conserje:

a) Emplastecer pequeñas superficies.
b) Pintar fachadas.

c) Preparar mezclas de pintura.
d) Mantener la distancia de seguridad entre el público y el lugar donde se desarrolle el trabajo.

32. Si queremos pintar ángulos o rincones de una gran superficie, utilizaremos:

a) Almohadilla.
b) Pistola.
c) Rodillo.
d) Brocha.

33. ¿Cómo se llama la técnica de pintura que se obtiene mezclando polvo de tiza y pintura acrílica para dar a la pared un efecto agrietado?

a) Estucado.
b) Craquelado.
c) Trapeado.
d) Lacado.

34. Técnica en la que se aplica primero una capa de pintura, antes de que seque se pasa un trapo, después se hacen líneas con un pincel fino para hacer efecto de vetas y por último, se difuminan las líneas con una brocha. Nos referimos al:

a) Lacado.
b) Patinas.
c) Bruñido.
d) Marmolado.

35. A la hora de preparar el soporte donde se va a pintar, eliminar los restos de capa de un antiguo recubrimiento que se halla en mal estado por medio de calor o acciones químicas se denomina:

a) Decapado.
b) Rascado.
c) Lavado.
d) Desengrasado.

36. Debemos tener en cuenta algunas pautas para pintar. De manera general, no se pintará:

a) De abajo hacia arriba.
b) Primero el techo.
c) Si está lloviendo.
d) Empezando por la pared de la ventana.

37. Las pinturas al aceite, esmalte oleosintéticos y sintéticos secan por:

a) Secado físico.
b) Secado químico.
c) Secado por oxidación.
d) Secado artificial.

38. Para resolver el problema de las señales de brochazos sobre la pintura es preciso:

a) Lijar la superficie y darle una capa muy fina.
b) Dar varias capas para lograr igualar la superficie.
c) Extender una capa gruesa de pintura.
d) Repasar la pintura cuando aún no está totalmente seca.

39. ¿A qué se debe que, conforme se realiza el trabajo de pintura, pueden aparecer películas elásticas que se mezclan con ella?

a) El paramento no está bien alisado.
b) El paramento posee humedades o filtraciones.
c) Se carga en exceso el pincel o el rodillo.
d) La pintura ha estado expuesta al aire.

40. Cuando la pintura no se extiende de forma uniforme puede deberse a varias razones. Señale la que no corresponda:

a) Uso excesivo de diluyente.
b) Falta de homogeneización de la pintura.
c) Poca calidad de la pintura empleada.
d) Presencia de agua en los útiles de trabajo.

41. Para pintar techos de pequeño tamaño se utilizará preferentemente:

a) Pistola.
b) Brocha redonda y gruesa.
c) Rodillo.
d) Almohadilla.

42. ¿Qué tipo de restos de pintura eliminaremos con cepillo de púas y rasqueta?

a) Temple.
b) Gotelé.
c) Plástica.
d) Cal.

43. Para pintar fachadas exteriores procederemos:

a) De abajo a arriba.
b) Desde la zona más cercana a la puerta.
c) Por arriba y en sentido horizontal.
d) Formando ángulos rectos para solapar cada pasada.

44. ¿Cómo se debe limpiar una superficie plástica que se prepara para la imprimación?

a) Con agua y jabón.
b) Con disolvente.
c) Con lejía.
d) Con dispersante.

45. Para la limpieza de pinturas al silicato y al cemento, se utilizará:

a) Bayetas secas o un plumero.
b) Un cepillo suave con agua abundante.
c) Bayeta húmeda con agua jabonosa.
d) Detergente no agresivo.

46. Aparato óptico que, montado sobre un trípode, describe un plano horizontal y puede realizar lecturas a miras metálicas graduadas y así obtener los distintos desniveles de los puntos:

a) Nivel de láser.
b) Nivel de burbuja.
c) Nivel de agua.
d) Nivel de línea.

47. El tiralíneas es una herramienta que se utiliza para:

a) Medición y replanteo de obra.
b) Preparar.
c) Aplicación.
d) Limpieza.

48. La pieza que une el mango de la brocha con las cerdas se denomina:

a) Vitola.
b) Visera.
c) Virola.
d) Vinola.

49. Para pintar grandes superficies con pintura pura se utiliza:

a) Mango telescópico.
b) Pistola sin aire.
c) Pistola de aire comprimido.
d) Brocha.

50. De las siguientes características, señale aquella que no es propia de la pintura al temple:

a) Resistente al agua.
b) Baja el tono al secarse.
c) Suelta polvo si tiene poca cola.
d) Se desconcha si tiene exceso de cola.

51. Es una pintura barata que se puede utilizar en exteriores; con ella se pueden pintar las zonas menos nobles, como son: garajes, talleres, sótanos, etc.:

a) Pintura al cemento.
b) Pintura a la cal.
c) Pintura a la cola.
d) Pintura al silicato.

52. Se trata de un tipo de pintura que, bajo la influencia del calor de una llama, reacciona cambiando su estructura física y química, para hincharse a continuación formando una capa esponjosa que al carbonizarse se convierte en una cámara alveolar aislante del calor:

a) Pintura ignífuga.
b) Pintura de PVC.
c) Pintura Intumescente.
d) Pintura aislante.

53. En un esmalte brillante cuanto más disolvente apliquemos más:

a) Resistente será.
b) Brillante será.
c) Reducirá el brillo.
d) Difícil será extenderlo.

54. Cuando los operarios se encuentren en el interior de la cabina de pintado, estén aplicando o no, y la ventilación no sea suficiente para controlar continuamente la concentración de partículas y el vapor del disolvente, deberán llevar:

a) Un distintivo visible.
b) Un equipo respiratorio con suministro de aire.

c) Un equipo eléctrico protegido según las normas adecuadas.

d) Un antídoto y otros productos antitóxicos.

55. ¿Qué tipo de barniz se utiliza para la protección temporal de carpintería de aluminio y otros objetos metálicos de hierro galvanizado, cromados, niquelados, etc.?

a) Barniz galvanizado.

b) Barniz pelable.

c) Barniz maleable.

d) Barniz Nitrocelulósico.

56. El diluyente y disolvente de las de pinturas plásticas y esmaltes acrílicos será:

a) Aguarrás.

b) White spirit.

c) Amoniaco.

d) Agua.

57. ¿Cuál es el uso habitual del decapante en gel?

a) En superficies verticales.

b) En lugares de difícil acceso.

c) Para tabiques desmontables.

d) Sobre superficies plásticas.

58. Cuando se vuelva a utilizar pintura que haya quedado de un año para otro es conveniente:

a) Ligarla con agua.

b) Agitarla enérgicamente.

c) Filtrarla.

d) Desecharla.

59. Las rasquetas, raspadores, espátulas y raederas, que poseen hojas de acero, se recuperan con facilidad:

a) Sumergiéndolas en agua al menos 12 horas.

b) Pasando otra hoja de metal sobre ellas.

c) Añadiéndoles disolventes si fuera preciso.

d) Eliminando el polvo que haya podido quedar incrustado.

60. La pintura al silicato puede aplicarse con (señale la respuesta incorrecta):

a) Brocha.

b) Rodillo.

c) Pistola.

d) Almohadilla.

61. Existen varios tipos de mantenimiento. El preventivo es:

a) Realizado antes de que sean necesarias las reparaciones.
b) Corregir errores y reparación una vez se ha producido el fallo o avería.
c) Se inicia en una situación de corrección y comienza a evaluar periódicamente las instalaciones para garantizar su funcionalidad.
d) Consiste en investigar las causas de las averías y busca remedios para evitar que se repitan y así aumentar la fiabilidad.

62. Conocido como ingeniería del mantenimiento, es el mantenimiento de tipo:

a) Predictivo.
b) Correctivo.
c) Proactivo.
d) Preventivo.

63. El separador del cortazulejos sirve para:

a) Rayar el azulejo.
b) Tronzar la cerámica.
c) Hacer el corte al azulejo.
d) Ninguna de las anteriores es correcta.

64. ¿Qué consecuencia trae consigo la perdida de agua rápida antes de que el hormigón adquiera sus propiedades?

a) Curado del hormigón.
b) Secado rápido y compacto del hormigón.
c) Agrietamiento, impidiendo su resistencia adecuada.
d) Fraguado y endurecimiento adecuados.

65. Técnica que consiste en estampar sobre una superficie el dibujo que queda en el hueco de una plantilla perforada, pasando sobre ella un pincel o trapo empapados en pintura:

a) Estucado.
b) Patinado.
c) Craquelado.
d) Estarcido.

66. ¿Cuál es una de las características principales de la escayola frente al yeso?

a) Tiene un fraguado más lento.
b) Es más porosa que el yeso.
c) Es más blanca, de mayor calidad y más fina.
d) Se mezcla con menos agua.

Solución al test n.º 13

1. d) El peón de albañilería.

2. c) Revestimiento.

3. b) Mortero.

4. d) Introducir los clavos en su totalidad en la madera.

5. b) Fraguado.

6. d) Regla.

7. c) Fratasado.

8. a) En extender una segunda capa de mortero de cemento, cal o de resinas sintéticas, de 0,5 a 1 cm de espesor, sobre el enfoscado.

9. c) Con mortero sintético elástico.

10. b) Tendeles.

11. c) Unos entrantes y salientes de una pared para asegurar la unión con otra, cuando se prosiga con la obra.

12. b) Las juntas impermeables.

13. d) El material del que se conforma el muro sobre el que va el revoque.

14. b) Chapado.

15. d) Agua con cera.

16. b) Esparavel.

17. c) Artesas.

18. b) Bajo el revoco.

19. d) Cincel.

20. c) Abujardado.

21. d) Rigidez de la hoja.

22. a) Enlucido.

23. d) Zahorra.

24. d) Perforado.

25. b) Hormigón.

26. a) Ciclópeo.

27. c) Árido.

28. a) Puzolánicos.

29. d) Cal hidráulica.

30. b) Humedad de remonte capilar.

31. b) Pintar fachadas.

32. d) Brocha.

33. b) Craquelado.

34. d) Marmolado.

35. a) Decapado.

36. c) Si está lloviendo.

37. c) Secado por oxidación.

38. a) Lijar la superficie y darle una capa muy fina.

39. d) La pintura ha estado expuesta al aire.

40. d) Presencia de agua en los útiles de trabajo.

41. b) Brocha redonda y gruesa.

42. d) Cal.

43. c) Por arriba y en sentido horizontal.

44. a) Con agua y jabón.

45. b) Un cepillo suave con agua abundante.

46. d) Nivel de línea.

47. a) Medición y replanteo de obra.

48. c) Virola.

49. c) Pistola de aire comprimido.

50. a) Resistente al agua.

51. a) Pintura al cemento.

52. c) Pintura Intumescente.

53. c) Reducirá el brillo.

54. b) Un equipo respiratorio con suministro de aire.

55. b) Barniz pelable.

56. d) Agua.

57. a) En superficies verticales.

58. c) Filtrarla.

59. b) Pasando otra hoja de metal sobre ellas.

60. d) Almohadilla.

61. a) Realizado antes de que sean necesarias las reparaciones.

62. c) Proactivo.

63. b) Tronzar la cerámica.

64. c) Agrietamiento, impidiendo su resistencia adecuada.

65. d) Estarcido.

66. c) Es más blanca, de mayor calidad y más fina.

Conocimientos para la realización de labores básicas de mantenimiento de carpintería de madera y metálica. Conceptos básicos. Metrología. Tipos de brocas. Herramientas de carpintería de madera: Manuales y eléctricas. Uso y manejo. Limpieza y mantenimiento. Herramientas de carpintería Metálica: Manuales y eléctricas. Uso y manejo. Mantenimiento. Sistemas de unión. Herrajes de puertas y ventanas: Tipos. Cerraduras y bombines: Tipos. Mantenimiento

1. Las cerraduras son elementos de seguridad que bloquean el paso de ventanas y puertas. ¿Cuál de estos modelos de cerradura son las que se introducen en el canto de la puerta mediante una caja lograda con escoplo?

a) Cerraduras de embutir.
b) Cerraduras superpuestas.
c) Cerradura de tambor.
d) Ninguna de las anteriores es correcta.

2. En algunas ocasiones, las puertas se descuelgan o rozan con el suelo o el marco de la puerta, ¿cuál de estas respuestas indica la solución a los rozamientos de las puertas?

a) Para su arreglo se utiliza una masilla para PVC.
b) Pueden fijarse con listones de madera o masilla (marcos de madera) o con tiras de goma elástica (marcos de aluminio).
c) Se pueden introducir arandelas gruesas entre las bisagras para elevar 1 o 2 milímetros su altura.
d) Puede ser reparada con relativa facilidad siempre y cuando se trate de piezas engarzadas.

3. ¿Cuál de las siguientes afirmaciones es correcta en lo relativo al barnizado?

a) La fuerza y la velocidad pueden, generalmente, graduarse en todos los modelos.
b) Entre mano y mano de cualquier barniz, meteremos la brocha en agua, al no secarse el barniz las cerdas no se pegan.

c) El efecto de la veladura coloreada, a la vez que asoma la beta de la madera, se logra añadiendo el color en el diluyente y no directamente sobre el barniz.

d) Las respuestas b) y c) son correctas.

4. Dentro del canteado de tableros, hay dos técnicas interesantes, según sea el canto que usemos. Señala una de esas dos técnicas, que aparece entre las opciones:

a) Melamínico.
b) Algodón.
c) Rechapado.
d) Encolado.

5. Señala a qué clase de contrachapado corresponde la siguiente definición: "está indicado para usos industriales en los que la resistencia y durabilidad son las características primordiales. Las caras suelen ser de peor calidad":

a) Contrachapado náutico.
b) Contrachapado estructural.
c) Contrachapado exterior.
d) Contrachapado interior.

6. Señala cuál de las opciones es un ejemplo de madera blanda:

a) Cerezo.
b) Tilo.
c) Roble.
d) Ciprés.

7. El hierro fue el primer material usado, de forma general, para complementar las construcciones de madera; ¿qué nombre reciben estos elementos metálicos incorporados?

a) Herramientas.
b) Herrajes.
c) Armas.
d) Útiles.

8. Los clavos son unas piezas metálicas, largas, delgadas y afiladas. Las puntas, por su parte, son clavos pequeños usados para trabajos finos y se distinguen según la forma de su cabeza. Siendo así, ¿cuál de las siguientes definiciones se corresponde con la punta de cabeza perdida?

a) Es un clavo de fuste delgado, se utiliza en las juntas a tope y a inglete. La cabeza se oculta en la superficie.

b) Sirven para sujetar vidrios, chapas de madera, etc.

c) Tienen un fuste de sección ovalada, lo que reduce el riesgo de rayar la madera. La cabeza se puede ocultar en la madera.

d) Se usa para sujetar alambradas o telas metálicas.

9. Las bisagras son los herrajes que utilizan los bastidores que tienen movimiento de rotación. De entre los más usados, cuál se corresponde con la siguiente definición: "Son parecidos a las bisagras y con idéntica finalidad; también de ellos hay una gran variedad":

a) Bisagras.
b) Goznes.
c) Pernios.
d) Pivotes.

10. Las cerraduras son los herrajes más empleados para la función de cierre. Su órgano principal es el pestillo, que, como movimiento de deslizamiento rectilíneo, se introduce en una armella que va asegurada en un montaje fijo. Se distinguen entre ellas según su función, materiales y utilidad y constitución. En esta línea, ¿cuál de las siguientes opciones caracteriza a las cerraduras según su función?

a) Hierro.
b) Seguridad.
c) Cerraduras de carpintería.
d) Todas las anteriores son correctas.

11. Los tiradores son herrajes esencialmente funcionales, pero también se usan con frecuencia como elemento decorativo para embellecer cajones y muebles. Clasificados según su diseño, señala cuál de estas opciones se ajusta a la siguiente definición: "Se compone de una chapa de latón en la que se embute un asa pivotante o un aro. El tirador se empotra en el frente del cajón y se fija atornillado":

a) Tirador común.
b) Tirador de aldabilla.
c) Tirador de anilla.
d) Tirador de empotrar.

12. ¿Cuál de las siguientes afirmaciones se corresponde con la lezna?

a) Se utiliza solo para hacer pequeños agujeros en madera o para iniciar el atornillado de un tirafondo.

b) Es un instrumento para realizar pequeños agujeros en maderas, cueros, etc., con el objeto de que los tornillos agarren bien y no resbalen antes de usar el destornillador.

c) Es una herramienta en desuso debido a la proliferación de los taladros eléctricos y a los taladros o atornilladores de batería.

d) Es una barrena sin manija. Instrumento, generalmente de acero, para taladrar o hacer agujeros en superficies duras.

13. De entre estas herramientas manuales de carpintería, ¿cuál es la herramienta antecesora del taladro?

a) Barreno.
b) Berbiquí.
c) Broca.
d) Las respuestas a) y b) son correctas.

14. Las siguientes opciones responden a herramientas de corte, a excepción de:

a) Serrucho de costilla.
b) Segueta.
c) Brocas largas.
d) Sierra de bastidor o de San José.

15. Son herramientas de corte y vaciado:

a) Formones, gubias y escoplos.
b) Cuchillas, garlopas y guillamen.
c) Escofinas, limas y papel de lija.
d) Serruchos, sierras y seguetas.

16. La diferencia fundamental entre la escofina y la lima es que la lima se utiliza tanto para madera como para metales; en cambio, la escofina, solo se utiliza en maderas, ¿por qué?

a) La escofina no puede afilarse, por lo cual deberemos evitar el roce con clavos, tornillos, etc.
b) Los dientes de la escofina están completamente separados unos de otros. Para limpiar las limas y escofinas se utiliza una carda o cepillo de alambre.
c) Los cepillos o cardas sirven para aflojar las virutas de madera que se atascan entre los dientes de la escofina; después de la limpieza no se aplica aceite puesto que la escofina pierde mordida y la grasa se introduce en la madera y la ensucia.
d) Todas las anteriores son correctas.

17. ¿Cuál de las siguientes definiciones se corresponde con el martillo de ebanista?

a) Es un martillo con dos bocas diferentes, una plana para trabajo normal, clavar, golpear, etc., y la otra, con forma de cuña, sirve para golpear en algunos puntos inaccesibles, generalmente lo emplean los cristaleros, carpinteros y chapistas.
b) Este martillo es conocido por algunos autores como de peña, es un martillo ligero de poco peso, se utiliza para clavar clavos pequeños, grapas, etc.
c) Es un martillo ligero. La cabeza es redonda y alargada y la parte opuesta es ancha y dividida en dos sectores. Se usa para poner pequeños clavos y tachuelas.
d) Es una herramienta manual, cuya utilización principal es la de golpear, encajar partes o incluso romper objetos.

18. En los talleres de carpintería se usa tanto herramientas motorizadas como manuales. Señala cuál de ellas es la herramienta motorizada:

a) Cinceles.
b) Cepilladoras.
c) Barrenas.
d) Cepillos.

19. Señala cuál de las siguientes opciones se identifica con la siguiente definición: "generalmente, esta máquina es una sierra portátil. Se trata de una máquina diseñada para realizar cortes en diferentes ángulos y biseles, con la que se pueden realizar cortes de precisión y calidad":

a) Sierras circulares.
b) Ingletadora.
c) Lijadora de banda.
d) Sierra de calar empuñadura de pomo y de puente.

20. Este tipo de lijadora es de reciente aparición en la carpintería:

a) Lijadora mouse.
b) Lijadora triangular o delta.
c) Lijadora orbital.
d) Lijadora rotorbital.

21. Relativo a la lima eléctrica, una de estas afirmaciones es falsa:

a) Es útil para madera, metal, plástico, mampostería, cerámicos en superficies curvas y lugares pequeños, se utiliza para dar forma, limar y afilar. Posee un brazo estrecho, y como extras, tensión de la banda y colector de polvo.
b) Instrumento de trabajo tradicional en la carpintería y ebanistería. Es una herramienta ligera, puesto que no suelen ser de gran peso. Trabaja a una tensión de 220 voltios, debiendo, por tanto, adoptar las precauciones para máquinas eléctricas. Siempre trabaja sobre las piezas, para rebajarlas y en algunos casos labrarlas, logrando con varias pasadas devastar varios milímetros.
c) Esta máquina tiene el mismo principio de funcionamiento de una lijadora de banda. El papel de lija es angosto, de unos 13 mm, aproximadamente.
d) El sistema de tensar la banda en estas máquinas suele ser fácil de usar para prevenir que la cinta se salga de los rodillos mientras la herramienta está trabajando.

22. ¿Cuál de estas máquinas es fresadora?

a) Talladora.
b) Ranuradora.
c) Engalletadora.
d) Todas las anteriores son correctas.

23. ¿Qué tipo de lijadora describe una órbita y gira sobre sí misma?

a) Lijadora de banda.
b) Lija rotorbital.
c) Lijadora triangular.
d) Lima eléctrica.

24. En relación a las sierras circulares, ¿cuál de estas afirmaciones es cierta?

a) Tienen un motor con empuñadura y plataforma de apoyo y una guía lateral. Su hoja gira a gran velocidad, siendo más rápida que las sierras de calar.
b) Sirven para realizar cortes largos en línea recta en grandes superficies, fundamentalmente en aglomerados, maderas macizas, plásticos, etc. Estas máquinas nos permiten realizar cortes tanto en ángulo recto como en chaflán.
c) Las respuestas a) y b) son correctas.
d) Ninguna de las anteriores es correcta.

25. Esta máquina suele ser de gran tamaño de superficie lijadora, gira como lo haría un rodillo, la banda abrasiva alcanza hasta velocidades de 6,6 metros por segundo. Suelen tener mucha potencia de motor. Es una máquina que "muerde mucho"; si se desequilibra deforma la pieza, por tanto, nunca la deberemos usar con maderas chapeadas. ¿Qué tipo de lijadora es?

a) Lijadora orbital.
b) Lima eléctrica.
c) Lijadora mouse.
d) Lijadora de banda.

26. NO es una característica de los tableros estratificados:

a) Resisten perfectamente la humedad, por lo cual se pueden usar en ambientes húmedos.
b) Resisten prácticamente a la mayoría de los productos químicos, pues no atacan la superficie decorativa.
c) Resisten a temperaturas muy altas sin sufrir cambios en su acabado.
d) Sufren alteraciones por contracciones y se agrietan.

27. Capas del tronco del árbol que han adquirido la máxima consistencia, desarrollo y resistencia:

a) Meollo.
b) Duramen.
c) Albura.
d) Cámbium.

28. Madera rosada asalmonada, resistente a pudriciones y fácilmente labrable:

a) Pino carrasco.
b) Caoba.

c) Okumé
d) Ébano.

29. Brocas conocidas también como brocas de widia:

a) Brocas de mampostería.
b) Brocas de tres puntas.
c) Brocas Forstner.
d) Brocas escofina.

30. Acción de torcer alternativamente y a uno y otro lado los dientes de la sierra para que la hoja corra sin dificultad por la hendidura:

a) Barrenado.
b) Avellanado.
c) Triscado.
d) Deltado.

31. La bota de trazar se utiliza para:

a) Trazar curvas.
b) Marcar un punto en materiales blandos.
c) Trazar líneas rectas.
d) Para marcar un punto en materiales duros.

32. En el nivel de burbuja, las burbujas están llenas de:

a) Agua.
b) Aire.
c) Éter.
d) Alcohol.

33. El modo indirecto de conseguir una medida se vale de:

a) Una fórmula.
b) Un aparato.
c) Una estimación.
d) Un metro.

34. Para marcar un punto en una chapa utilizaremos:

a) El granete.
b) El lápiz.
c) Una broca.
d) Un compás.

35. El nivel de vasos comunicantes se utiliza para:

a) Nivelar en vertical.
b) Nivelar en horizontal.
c) Desnivelar.
d) Trasladar puntos de nivel de un lugar a otro.

36. El corte será lento y preciso cuando la sierra posea:

a) Un mayor número de dientes.
b) Un menor número de dientes.
c) Es independiente del número de dientes.
d) Ninguno de las anteriores.

37. Cepillo de carpintero caracterizado porque su hierro es de la misma anchura que la caja que lo contiene. Se utiliza para hacer rebajes:

a) Formón.
b) Gubia.
c) Guillamen.
d) Garlopa.

38. Herramienta cilíndrica fabricada en acero utilizada para extraer o esconder las cabezas de puntas, clavos o clavijas de diferentes superficies:

a) Botador.
b) Jubia.
c) Escoplo.
d) Formón.

39. Parte con la que golpea el martillo:

a) Mango.
b) Ojo.
c) Oreja.
d) Cotillo.

40. ¿Qué es un inglete?

a) Sierra para cortar láminas de madera.
b) Corte en ángulo de 45º.
c) Agujero pasante de gran diámetro.
d) Herramienta mezcla de cepillo y escofina.

41. Herramienta manual que se compone de dos mordazas, regulables con un tornillo que al girar en uno de sus extremos ejerce presión sobre la pieza de madera colocada entre dichas mordazas:

a) Cuña.
b) Garlopa.
c) Sargento.
d) Azuela.

42. Sierra también llamada sierra de vaivén:

a) Sierra de trasdós.
b) Sierra de San José.
c) Sierra Paicker.
d) Sierra de calar.

43. Lijadora cuya placa de pulido es un triángulo, ideal para esquinas y ángulos de acceso complicado:

a) Lijadora Mouse.
b) Lijadora delta.
c) Lijadora orbital.
d) Lijadora de banda.

44. Especie de martillo con el corte afilado:

a) Maza.
b) Cortafríos.
c) Tas.
d) Tajadera.

45. Yunque con dos puntas opuestas:

a) Tas.
b) Tajadera.
c) Bigornia.
d) Berbiquí.

46. ¿Cómo se denomina al cuerpo del destornillador?

a) Vástago.
b) Mango.
c) Carraca.
d) Huella.

47. Tipo de ranura de un destornillador caracterizada por una forma estrellada de 6 puntas:

a) Phillips.
b) Pozidriv.
c) Torx.
d) Espiral.

48. Herramienta usada para atornillar/desatornillar tornillos. Se utilizan para tornillos cuya huella sea un hexágono en el interior de la cabeza del tornillo. Se caracterizan porque en lugar de abrazar la tuerca entran en la ranura de la cabeza que lleva el tornillo:

a) Llave inglesa.
b) Llave allen.
c) Llave de tubo.
d) Llave dinamométrica.

49. Una lima de 10 a 15 entalladuras por centímetro cuadrado, es una lima:

a) Fina.
b) Extrafina.
c) Semifina.
d) Basta.

50. Es una pieza de metal que impide que dos piezas resbalen una sobre otra. Se utilizan mucho en ejes de motores que llevan carretes para poleas:

a) Pasadores.
b) Abrazaderas.
c) Chavetas.
d) Grapas.

51. En caso de que un marco de puerta este muy afectado por la carcoma, ¿cómo deberá procederse?

a) Sustituir todo el marco de la puerta.
b) Cortar la madera afectada y sustituirla por una nueva, aunque quedasen líneas de unión visibles.
c) Aplicar una masilla de madera sintética.
d) Ninguna de las anteriores.

52. ¿Qué porcentaje de lignina tiene la madera?

a) 50 %.
b) 40 %.

c) 30 %.
d) 20 %.

53. ¿De qué tipo es la madera que presentan 2 grietas como máximo, una en cada extremo de la pieza?

a) 1.ª clase.
b) 2.ª clase.
c) 3.ª clase.
d) 4.ª clase.

54. Indica lo correcto en relación con la colocación de las bisagras:

a) Primero se coloca en el marco.
b) Primero se coloca siempre en la puerta.
c) Al marcar su tamaño sobre el canto de la madera hay que asegurarse que la espiga (parte articulada) no sobresale del perfil.
d) Taladramos los agujeros y posteriormente abrimos la caja donde se encajará la bisagra.

55. ¿Qué tipo de fresa es adecuada para realizar ranuras?

a) Fresa con forma de "V".
b) Fresa recta.
c) Fresa de cuarto bocel.
d) Fresa helicoidal.

56. ¿Qué fresas se deben utilizar para trabajar maderas duras, aglomerado y tablas de fibra?

a) Fresas de acero.
b) Fresas de metal duro o carbono de tungsteno.
c) Fresas de media caña.
d) Fresas helicoidales.

57. ¿Qué tipo de fresa es idónea para realizar juntas tipo cola de milano?

a) Fresa de media caña.
b) Fresa de doble filo.
c) Fresa de cuarto bocel.
d) Fresa de cola de milano.

Solución al test n.º 14

1. a) Cerraduras de embutir.

2. c) Se pueden introducir arandelas gruesas entre las bisagras para elevar 1 o 2 milímetros su altura.

3. d) Las respuestas b) y c) son correctas.

4. a) Melamínico.

5. b) Contrachapado estructural.

6. b) Tilo.

7. b) Herrajes.

8. a) Es un clavo de fuste delgado, se utiliza en las juntas a tope y a inglete. La cabeza se oculta en la superficie.

9. c) Pernios.

10. b) Seguridad.

11. d) Tirador de empotrar.

12. b) Es un instrumento para realizar pequeños agujeros en maderas, cueros, etc., con el objeto de que los tornillos agarren bien y no resbalen antes de usar el destornillador.

13. b) Berbiquí.

14. c) Brocas largas.

15. a) Formones, gubias y escoplos.

16. d) Todas las anteriores son correctas.

17. c) Es un martillo ligero. La cabeza es redonda y alargada y la parte opuesta es ancha y dividida en dos sectores. Se usa para poner pequeños clavos y tachuelas.

18. b) Cepilladoras.

19. b) Ingletadora.

20. a) Lijadora mouse.

21. b) Instrumento de trabajo tradicional en la carpintería y ebanistería.

22. d) Todas las anteriores son correctas.

23. b) Lija rotorbital.

24. c) Las respuestas a) y b) son correctas.

25. d) Lijadora de banda.

26. d) Sufren alteraciones por contracciones y se agrietan.

27. b) Duramen.

28. c) Okumé.

29. a) Brocas de mampostería.

30. c) Triscado.

31. c) Trazar líneas rectas.

32. d) Alcohol.

33. a) Una fórmula.

34. a) El granete.

35. d) Trasladar puntos de nivel de un lugar a otro.

36. a) Un mayor número de dientes.

37. c) Guillamen.

38. a) Botador.

39. d) Cotillo.

40. b) Corte en ángulo de 45º.

41. c) Sargento.

42. d) Sierra de calar.

43. b) Lijadora delta.

44. d) Tajadera.

45. c) Bigornia.

46. a) Vástago.

47. c) Torx.

48. b) Llave allen.

49. d) Basta.

50. c) Chavetas.

51. a) Sustituir todo el marco de la puerta.

52. c) 30 %.

53. c) 3.ª clase.

54. b) Primero se coloca siempre en la puerta.

55. b) Fresa recta.

56. b) Fresas de metal duro o carbono de tungsteno.

57. d) Fresa de cola de milano.

TEST N.º 15

Ley 31/1995, de 8 de noviembre, de Prevención de Riesgos Laborales: capítulo I: Objeto, ámbito de aplicación y definiciones. Ergonomía en el puesto de trabajo. El manejo manual de cargas. Riesgos inherentes al esfuerzo físico. Riesgos biológicos. Riesgos químicos. Equipos de protección individual y normas de seguridad asociadas a la actividad de jardinería, corrientes eléctricas, fontanería, albañilería y pintura y carpintería de madera y carpintería metálica

1. ¿Cuál es la vigente Ley de Prevención de Riesgos Laborales?

a) Ley 32/1995, de 8 de noviembre.
b) Ley 30/1996, de 8 de noviembre.
c) Ley 31/1995, de 6 de noviembre.
d) Ley 31/1995, de 8 de noviembre.

2. ¿Qué se entiende por "riesgo laboral"?

a) La posibilidad de que un trabajador sufra un determinado daño derivado del trabajo.
b) La posibilidad de que un trabajador sufra una enfermedad en el trabajo.
c) La posibilidad de que un trabajador sufra acoso.
d) El riesgo que supone el ir a trabajar.

3. Indica cuál es la definición de prevención:

a) La probabilidad racional de que un riesgo se materialice de forma inminente.
b) El estudio de los procesos potencialmente peligrosos para el trabajo.
c) Conjunto de actividades o medidas adoptadas o previstas en todas las fases de actividad de la empresa con el fin de evitar o disminuir los riesgos derivados del trabajo.
d) Posibilidad de que un trabajador sufra un determinado daño derivado del trabajo.

4. Según establece el art. 4 de la Ley 31/1995, de 8 de noviembre, de Prevención de Riesgos Laborales, se define como daños derivados del trabajo:

a) La posibilidad de que un trabajador sufra un determinado daño derivado del trabajo.
b) El que resulte probable racionalmente que se materialice en un futuro inmediato y pueda suponer y pueda suponer un daño grave para la salud de los trabajadores.
c) Las enfermedades, patologías o lesiones sufridas con motivo u ocasión del trabajo.
d) Cualquier máquina, aparato, instrumento o instalación utilizada en el trabajo.

5. Cualquier característica del trabajo que pueda tener una influencia significativa en la generación de riesgos para la seguridad y la salud del trabajador, es:

a) Una condición de trabajo.
b) Un factor de riesgo.
c) Un proceso potencialmente peligroso.
d) Una zona peligrosa.

6. Toda lesión corporal que el trabajador sufra con ocasión del trabajo que ejerza por cuenta ajena:

a) Es un riesgo laboral.
b) Es un accidente.
c) Es una enfermedad profesional.
d) Es una simple circunstancia.

7. ¿Qué artículo de la Constitución Española indica que los poderes públicos deben velar por la seguridad e higiene en el trabajo?

a) Artículo 28.
b) Artículo 35.
c) Artículo 40.
d) Artículo 43.

8. Para calificar un riesgo desde el punto de vista de su gravedad, se valorarán conjuntamente la severidad del daño y:

a) La probabilidad de que se produzca.
b) La cantidad de trabajadores de la empresa.
c) La existencia o no de equipos individuales de protección.
d) Las condiciones de trabajo.

9. Respecto a la inclinación del tronco en la manipulación manual de cargas, es correcto afirmar que:

a) La manipulación de una carga vigilando el centro de gravedad disminuye el riesgo de lesión en la zona.
b) La postura correcta al manejar una carga es con el tronco inclinado hacia adelante.

c) La postura correcta al manejar una carga es con la espalda derecha.

d) La postura correcta al manejar una carga es con el tronco inclinado hacia adelante.

10. En general, el peso máximo que se recomienda no sobrepasar en la manipulación manual de cargas es de:

a) 25 Kg.
b) 30 Kg.
c) 40 Kg.
d) 50 Kg.

11. A efectos prácticos, la Guía Técnica para la evaluación y prevención de los riesgos derivados de la manipulación manual de cargas considera carga a los objetos de:

a) Más de 1 kg.
b) Más de 3 kg.
c) Más de 5 kg.
d) Más de 10 kg.

12. ¿Cuál es la recomendación para prevenir lesiones cuando se realizan trabajos repetitivos?

a) Realizar estiramientos durante la jornada de trabajo.
b) Evitar, siempre que sea posible, manipulaciones manuales.
c) Imponer un ritmo de trabajo adecuado.
d) Alternar los grupos musculares activos.

13. Indica en cuál de las siguientes zonas corporales las patologías del sistema músculo esquelético afectan especialmente a los hombres:

a) La zona dorsal.
b) La zona lumbar.
c) Cuello.
d) Extremidades superiores.

14. Una medida recomendada para prevenir riesgos de caídas al mismo nivel es:

a) Evitar almacenamiento de materiales sobre armarios, especialmente si se trata de materiales que por su peso u otras características puedan ocasionar daños al caer mientras se manipulan.

b) No utilizar sillas, mesas, estanterías o papeleras como "escaleras".

c) Mantener ordenados los materiales inflamables o combustibles y evitar acumulaciones innecesarias.

d) Mantener los suelos de los pasillos y zonas de paso limpias y libres de cualquier obstáculo (carpetas, bolsos, libros, papeleras, cables).

15. ¿Cuántas vértebras conforman la columna vertebral?

a) 16.
b) 23.
c) 27.
d) 33.

16. Músculos que se extienden por toda la parte posterior del tronco, desde la nuca hasta la pelvis y se coordinan con los abdominales y el músculo psoas para dar estabilidad a la columna vertebral:

a) Abdominales.
b) Isquiotibiales.
c) Paravertebrales.
d) Ilíacos.

17. Con el paso del tiempo la presión ejercida sobre los discos intervertebrales hace que el núcleo pulposo se vaya desgastando y perdiendo altura, produciéndose lo que se conoce como:

a) Artrosis vertebral.
b) Hernia discal.
c) Osteofito.
d) Apófisis espinosa.

18. ¿Cuándo se deben utilizar los equipos de protección individual?

a) Siempre.
b) Cuando los riesgos no hayan sido evaluados.
c) Cuando los riesgos no se puedan evitar o no puedan limitarse.
d) Cuando el trabajador lo estime oportuno.

19. Una medida preventiva que se aconseja para evitar caídas de personas al mismo nivel es:

a) Que los cables, conducciones y mangueras vayan al nivel del suelo de la zona de trabajo.
b) Que las puertas de vaivén carezcan de partes transparentes.
c) Evitar medios auxiliares de iluminación en zonas poco iluminadas.
d) Señalizar las puertas transparentes a la altura de la vista.

20. Para evitar riesgo de caídas de objetos en manipulación mediante carretillas, se recomienda como medida colectiva de prevención:

a) Procurar que la horquilla sobresalga del palet.
b) Introducir la horquilla hasta el fondo por la parte más ancha del palet.

c) Evitar la elevación de la carga con un único brazo de la horquilla.

d) Estacionar la carretilla con la horquilla en lo más alto.

21. Entre las reglas de oro para trabajar sin tensión NO figura:

a) Verificar la presencia de realimentación.

b) Desconectar.

c) Poner a tierra y en cortocircuito.

d) Señalizar la zona de trabajo.

22. El síndrome de Burnout refiere una situación de:

a) Estrés laboral.

b) Riesgo ergonómico.

c) Exposición a ruido.

d) Riesgo químico.

23. ¿Cuál es el objeto de la Ley 31/1995 según su artículo 2.1?

a) Proteger exclusivamente a los trabajadores del sector privado.

b) Promover la seguridad y la salud de los trabajadores mediante la aplicación de medidas y el desarrollo de las actividades necesarias para la prevención de riesgos derivados del trabajo.

c) Garantizar la indemnización en caso de accidente laboral.

d) Supervisar los contratos laborales.

24. ¿Qué relaciones regula la Ley 31/1995 en cuanto a su ámbito de aplicación?

a) Solo relaciones privadas.

b) Solo el trabajo por cuenta ajena.

c) Relaciones laborales reguladas en el Estatuto de los Trabajadores y relaciones de carácter administrativo o estatutario del personal al servicio de las Administraciones Públicas.

d) Solo las actividades de las fuerzas armadas.

25. ¿Cuáles son las zonas anatómicas más afectadas por las posturas forzadas?

a) Pies y rodillas.

b) Cabeza y manos.

c) Hombros y cuello.

d) Codos y manos.

26. ¿Cuál es una medida preventiva para posturas inadecuadas al empujar carros?

a) Empujar con una mano desde el lateral.

b) Tirar de los carros.

c) Empujar los carros con las dos manos y por detrás de los mismos.
d) Empujar con los pies.

27. ¿Qué patología está asociada a los movimientos repetitivos?

a) Migraña crónica.
b) Lumbalgia.
c) Síndrome del túnel carpiano.
d) Tendinitis rotuliana.

28. ¿Cuál es un ejemplo de indicación de peligro para la salud humana según el CLP?

a) Riesgo de incendio.
b) Gases comprimidos.
c) Tóxico en contacto con la piel.
d) Corrosivo para metales.

29. ¿Qué palabra de advertencia se usa para indicar una categoría de peligro menos grave?

a) Cuidado.
b) Peligro.
c) Atención.
d) Alerta.

30. ¿Qué tipo de EPI protege contra el riesgo de atrapamiento?

a) Protección ocular.
b) Guantes térmicos.
c) Mascarillas.
d) Ropa de protección.

31. ¿Qué pictograma se utiliza para sustancias tóxicas?

a) Exclamación.
b) Llama.
c) Calavera con tibias cruzadas.
d) Bote presurizado.

32. ¿Qué se considera equipo de protección auditiva?

a) Casco.
b) Gafas.
c) Tapones para los oídos.
d) Chaleco reflectante.

33. ¿Qué órganos pueden resultar dañados por las posturas forzadas prolongadas?

a) Hígado y riñones.
b) Piel y huesos.
c) Tendones y sus vainas, nervios, venas y arterias.
d) Pulmones y corazón.

34. ¿Cuál es el principal trastorno asociado a los movimientos repetitivos?

a) Artrosis de rodilla.
b) Síndrome del túnel carpiano.
c) Escoliosis.
d) Fibromialgia.

35. ¿Qué se recomienda al coger bolsas de basura para evitar lesiones?

a) Manipular varias a la vez.
b) Usar guantes metálicos.
c) Manipular las bolsas de una en una.
d) Depositar las bolsas con una sola mano.

36. ¿Qué indica la palabra de advertencia "peligro" en una etiqueta?

a) Producto inflamable.
b) Categoría de peligro más grave.
c) Producto ecológico.
d) Pictograma obligatorio.

37. ¿Qué frase de peligro corresponde a "tóxico en contacto con los ojos"?

a) EUH401.
b) EUH070.
c) H300.
d) H314.

38. ¿Qué indica la frase EUH401?

a) Instrucciones de reciclaje.
b) Riesgo de incendio.
c) Evitar mezclar con agua.
d) Seguir instrucciones de uso para evitar riesgos.

39. ¿Qué tipo de sustancias se consideran peligrosas para la capa de ozono?

a) Las inflamables.
b) Aquellas que pueden suponer un peligro para la estructura o el funcionamiento de la capa de ozono estratosférico.

c) Las solubles en agua.

d) Las que contienen plomo.

40. ¿Cuál es una indicación de peligro para la salud humana?

a) H300: Explosivo inestable.

b) H301: Tóxico en caso de ingestión.

c) H210: Gases inflamables.

d) H400: Tóxico para peces.

41. ¿Cómo es la composición gráfica de los pictogramas de peligro?

a) Triángulo amarillo.

b) Círculo azul.

c) Símbolo negro sobre fondo blanco con marco rojo en cuadrado en un vértice.

d) Ninguno.

42. ¿Qué significa la frase de prudencia P210?

a) Consultar a un médico.

b) No inhalar el polvo.

c) Mantener alejado de fuentes de calor, chispas, llama abierta o superficies calientes. - No fumar.

d) Almacenar en lugar seco.

Solución al test n.º 15

1. c) Ley 31/1995, de 6 de noviembre.

2. a) La posibilidad de que un trabajador sufra un determinado daño derivado del trabajo.

3. c) Conjunto de actividades o medidas adoptadas o previstas en todas las fases de actividad de la empresa con el fin de evitar o disminuir los riesgos derivados del trabajo.

4. c) Las enfermedades, patologías o lesiones sufridas con motivo u ocasión del trabajo.

5. a) Una condición de trabajo.

6. b) Es un accidente.

7. c) Artículo 40.

8. a) La probabilidad de que se produzca.

9. c) La postura correcta al manejar una carga es con la espalda derecha.

10. a) 25 Kg.

11. b) Más de 3 kg.

12. d) Alternar los grupos musculares activos.

13. b) La zona lumbar.

14. d) Mantener los suelos de los pasillos y zonas de paso limpias y libres de cualquier obstáculo (carpetas, bolsos, libros, papeleras, cables).

15. d) 33.

16. c) Paravertebrales.

17. a) Artrosis vertebral.

18. c) Cuando los riesgos no se puedan evitar o no puedan limitarse.

19. d) Señalizar las puertas transparentes a la altura de la vista.

20. c) Evitar la elevación de la carga con un único brazo de la horquilla.

21. a) Verificar la presencia de realimentación.

22. a) Estrés laboral.

23. b) Promover la seguridad y la salud de los trabajadores mediante la aplicación de medidas y el desarrollo de las actividades necesarias para la prevención de riesgos derivados del trabajo.

24. c) Relaciones laborales reguladas en el Estatuto de los Trabajadores y relaciones de carácter administrativo o estatutario del personal al servicio de las Administraciones Públicas.

25. c) Hombros y cuello.

26. c) Empujar los carros con las dos manos y por detrás de los mismos.

27. c) Síndrome del túnel carpiano.

28. c) Tóxico en contacto con la piel.

29. c) Atención.

30. d) Ropa de protección.

31. c) Calavera con tibias cruzadas.

32. c) Tapones para los oídos.

33. c) Tendones y sus vainas, nervios, venas y arterias.

34. b) Síndrome del túnel carpiano.

35. c) Manipular las bolsas de una en una.

36. b) Categoría de peligro más grave.

37. b) EUH070.

38. d) Seguir instrucciones de uso para evitar riesgos.

39. b) Aquellas que pueden suponer un peligro para la estructura o el funcionamiento de la capa de ozono estratosférico.

40. b) H301: Tóxico en caso de ingestión.

41. c) Símbolo negro sobre fondo blanco con marco rojo en cuadrado en un vértice.

42. c) Mantener alejado de fuentes de calor, chispas, llama abierta o superficies calientes. - No fumar.

Cómo acceder al Curso

Personal de Servicios Generales
Test del temario

El uso de los códigos **es exclusivo de los compradores de los productos de Editorial MAD**. Cada producto posee un código único y de un solo uso. Es personal e intransferible y da acceso a servicios y contenidos adicionales. Editorial MAD se reserva el derecho de hacer cuantas comprobaciones sean necesarias para identificar al legítimo poseedor del código y dejar de dar servicio a quien haga uso fraudulento del mismo, además de emprender cuantas acciones legales estime oportunas según la legislación vigente.

Deberás acceder a:

mad.es/registro-campus

Si una vez aceptadas las condiciones de uso del Campus decides hacer uso del mismo, necesitarás del siguiente código de acceso junto con los códigos del resto de títulos que se exigen (si fuera el caso):

V7J82EBRYF